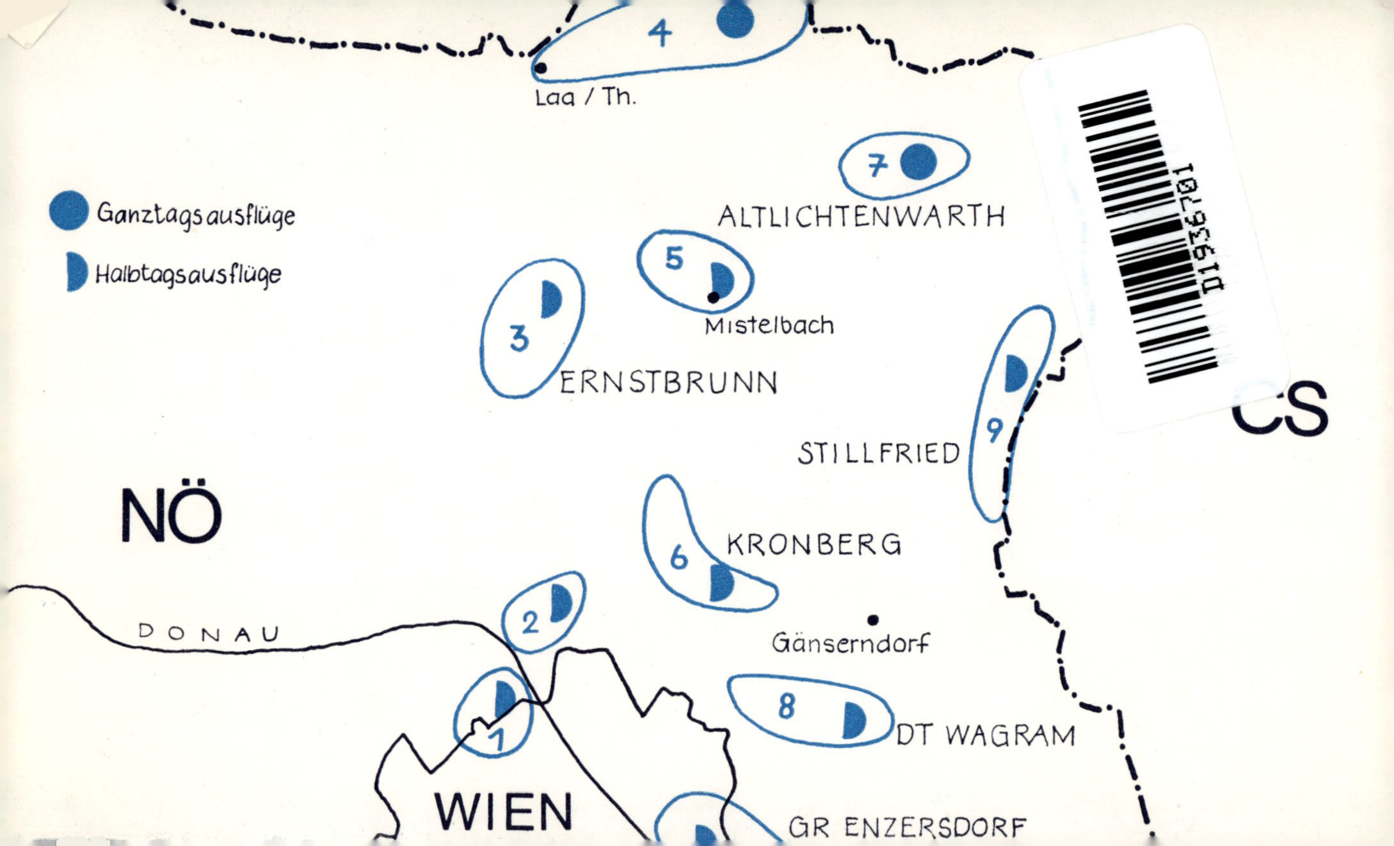
Ganztagsausflüge
Halbtagsausflüge
Laa / Th.
4
7
ALTLICHTENWARTH
5
Mistelbach
3
ERNSTBRUNN
9
CS
STILLFRIED
NÖ
6
KRONBERG
2
DONAU
Gänserndorf
1
8
DT WAGRAM
WIEN
GR ENZERSDORF

KNOLL
ERLEBTE GESCHICHTE
IM LAND UNTER DER ENNS

HELMFRIED KNOLL

ERLEBTE GESCHICHTE IM LAND UNTER DER ENNS

Ein Bildwanderbuch mit
50 Ganztags- und Halbtagsausflügen

Mit 48 Kunstdruckbildern und 2 Übersichtskarten

Tyrolia-Verlag · Innsbruck · Wien · München

Umschlagbild: Dürnstein an der Donau. Foto Löbl, Bad Tölz

Schwarzweißbilder (Nummern nach der Bildfolge):
Bildstelle der NÖ. Landesregierung, Dr. Robert Dix, Wien: 9, 10, 35, 37, 40, 43, 46
Herbert Fasching, Wilhelmsburg: 24, 27, 29, 30, 31, 32, 36, 38, 39
Foto Johann Gürer, Wien: 2, 5, 6, 7, 12, 16, 17, 19, 21, 22, 25, 26, 28, 33, 41, 45
Österreichische Fremdenverkehrswerbung, Wien: 1, 3, 4, 8, 11, 13, 14, 15, 18, 20, 23, 34, 42, 44, 47, 48

ISBN 3-7022-1196-9

1975

Satz, Druck und Buchbinderarbeit in der Verlagsanstalt Tyrolia Gesellschaft m. b. H., Innsbruck

INHALTSVERZEICHNIS

G = Ganztagswanderung
H = Halbtagswanderung

	Einleitung	9	
1.	Als die „Giauren“ siegreich blieben (Raum Kahlenberg–Leopoldsberg–Klosterneuburg–Nußdorf) . . .	13	H
2.	Vom Stadtturm bis zur Schiffswerft (Raum Korneuburg–Bisamberg)	20	H
3.	Von der Steinzeit bis zum „Radom“ (Raum Oberleis–Niederleis–Michelstetten–Ernstbrunn)	24	H
4.	Gedenken am Südmährerkreuz (Raum Drasenhofen–Kleinschweinbarth–Laa/Th.–Staatz)	29	G
5.	Urgeschichte aus erster Hand (Raum Mistelbach–Asparn an der Zaya)	34	H
6.	Brot und Wein (Raum Bockfließ–Pillichsdorf–Wolkersdorf–Ulrichskirchen–Kronberg)	38	H
7.	Von der „Hutsaul“ zur Aussichtswarte (Raum Altlichtenwarth–Großkrut)	43	G
8.	Die Windmühle auf dem Kirchturm (Raum Deutsch-Wagram–Markgrafneusiedl)	46	H
9.	Rudolf siegt für Österreich (Raum Stillfried–Dürnkrut–Jedenspeigen–Drösing)	50	H
10.	Napoleon wird geschlagen! (Raum Aspern–Großenzersdorf–Sachsengang–Probstdorf–Orth an der Donau)	55	H
11.	Wehrbauten an der Porta Hungarica (Raum Hainburg–Deutsch-Altenburg–Hundsheim)	61	H
12.	„Gott erhalte, Gott beschütze . . .“ (Raum Kittsee–Edelstal–Schönabrunn–Rohrau a. d. L.)	67	H

13. Zum Dom des Burgenlandes (Raum Halbturn–Frauenkirchen–Gols–Seewinkel) . . . . 72 G
14. Eine karolingische Kirchenruine (Raum Bruck an der Leitha–Parndorf) . . . . 77 H
15. Der Purbacher Türke (Raum Donnerskirchen–Purbach–Breitenbrunn–Jois) . . . . 81 G
16. Wo Meister Haydn ruht (Raum Unterwaltersdorf–Leithaprodersdorf–Loretto–Eisenstadt–Hornstein) . 86 G
17. Rund um die „Allzeit Getreue" (Raum Wiener Neustadt–Pottendorf–Sollenau–Ebenfurth) . . . . 92 H
18. Wehrkirchen der Buckligen Welt (Raum Pitten–Seebenstein–Thernberg–Lichtenegg–Wiesmath) . . . 98 G
19. Das gestohlene Friedhofstor (Raum Neunkirchen–St. Egyden–Urschendorf–Winzendorf) . . . . 103 G
20. Die Wiege der Badener Kultur (Raum Baden–Pfaffstätten–Gumpoldskirchen) . . . . 107 H
21. In Österreichs „Neuer Welt" (Raum Wöllersdorf–Muthmannsdorf–Bad Fischau–Emmerberg) . . . . . 111 G
22. Der alte „360er" (Raum Rodaun–Perchtoldsdorf–Mödling–Maria Enzersdorf–Brunn am Gebirge) . . . 116 H
23. Ferdinand Raimunds Reich (Raum Gutenstein) . . . . 122 H
24. Tierpark auf historischem Boden (Raum Sittendorf–Wildegg–Sparbach) . . . . 125 H
25. Im Reich der Zisterzienser (Raum Heiligenkreuz–Mayerling–Nöstach–Alland–Arnstein) . . . . 129 H
26. Auslug aus der Vogelschau (Raum Kaumberg–Araburg–Kleinmariazell) . . . . 134 H
27. Zwischen Romanik und Rosenschau (Raum Tulln–Königstetten–St. Andrä v. d. Hagentale) . . . . 139 H
28. Wo einst Mönche wirkten (Raum Ried a. R.–Sieghartskirchen–Murstetten–Raipoltenbach) . . . . 144 H
29. Erlebte Geschichte in Zinn (Raum St. Pölten–Böheimkirchen–Pottenbrunn) . . . . 149 H
30. Höhlen und Ruinen an der Pielach (Raum Rabenstein–Kirchberg/Pielach–Frankenfels) . . . . 154 G

31. Der Herzogshut auf dem Kirchturm (Raum Traismauer–Herzogenburg–Heiligenkreuz/Gutenbrunn–Hollenburg) . . . . 158 H
32. Die Römerbrücke im Wald (Raum Melk–Mauer–Loosdorf–Hafnerbach) . . . . 163 G
33. Österreichs Renaissancejuwel (Raum St. Leonhard am Forst–Zelking–Matzleinsdorf–Schallaburg) . . . . . 168 G
34. Von Adiuvense zum Donaukraftwerk (Raum Ybbs–Säusenstein–Petzenkirchen–Wieselburg a. d. Erlauf) 173 G
35. Wo Österreichs Wiege stand (Raum Neuhofen/Y.–Ulmerfeld–Winklarn–Amstetten) . . . . 179 G
36. Österreichs ältestes Glasfenster (Raum Ardagger–Kollmitzberg) . . . . 184 G
37. Rund um den Taferlberg (Raum Pöchlarn–Marbach–Maria Taferl) . . . . 187 G
38. Schreckenwalds „Rosengärtlein" (Raum Aggstein–Aggsbach/Dorf–Wolfstein–Gansbach–Maria Langegg) . . . . 191 G
39. Maria mit den sechs Fingern (Raum Aggsbach/Markt–Gossam–Maria Laach–Emmersdorf/Donau) . . . . . 196 G
40. „Suche treu, so findest Du!" (Raum Mautern–Rossatz–Dürnstein–Weißenkirchen) . . . . 200 G
41. Die „Dachhasen" von St. Michael (Raum Spitz a. d. Donau–St. Michael–Schwallenbach) . . . . 206 G
42. Die Stadt der Kunstausstellungen (Raum Krems–Stein–Rehberg–Imbach–Senftenberg) . . . . 210 G
43. Von Wotan bis zur Brandungshöhle (Raum Hartenstein–Albrechtsberg a. d. Gr. Krems–Purk) . . . . . 216 G
44. Karner und Burgen am Kamp (Raum Gars am Kamp–Langenlois–Hadersdorf am Kamp) . . . . 221 G
45. Vater Radetzkys Ruhestätte (Raum Limberg–Maißau–Heldenberg) . . . . 227 G
46. Es steht ein Schloß in Österreich . . . (Raum Pernegg–Horn–Rosenburg) . . . . 231 G
47. Unter dem Malteserkreuz (Raum Hollabrunn–Schöngrabern–Wullersdorf–Mailberg) . . . . 236 G

48. Die Stadt unter der Erde (Raum Retz–Pulkau–Schrattental–Zellerndorf) . . . . 241 G

49. Burgen an der Thayalinie (Raum Raabs a. d. Thaya–Weikertschlag–Drosendorf) . . . . 247 G

50. Schienen in das Nichts (Raum Waidhofen an der Thaya–Dobersberg–Fratres) . . . . 252 G

EINLEITUNG

Ich bin kein Datumfetischist. Wenn ich mich jedoch erinnere, daß der Leiter des Tyrolia-Verlags am 8. November 1973 in einem Gespräch zum erstenmal den Gedanken der „Erlebten Geschichte“ in den Raum gestellt hat, dann freue ich mich doch ein wenig, daß ich heute – genau ein Jahr später – den Schlußstrich unter dieses Manuskript ziehen kann.

Man hat es mir nicht leicht gemacht damit; ich selber habe es mir nicht leicht gemacht. Ich war gezwungen, völliges Neuland zu betreten, während bei den beiden vorhergegangenen Wanderführern schon Vorbilder – großartige Vorbilder (Rampold, Hensler) – vorhanden gewesen waren. Hier, bei der „Erlebten Geschichte“, wurde es ein monatelanges Ringen um ein Konzept, um die Abgrenzung der fünfzig Zielgebiete, um einen Gleichklang der persönlichen Vorstellungen mit denen des Verlags. Das Urteil, ob das Werk nun gelungen ist, müssen meine Leser, meine „Nachfahren“ sprechen. Ich weiß nur, daß ich mir mit keinem Manuskript bisher soviel Mühe genommen habe wie mit diesem. Es ist darum auch ein sehr persönliches, individuelles Buch geworden.

Gewiß – ich mußte viel aus einschlägigen Kunstführern exzerpieren. Ich habe mich aber stets nach Kräften bemüht, in die Einleitung, in die Landschaftsbeschreibung, in jeden einzelnen Abschnitt eine eigene Note zu bringen, durch die Auswahl der Zielgebiete auch hier schöpferisch zu wirken. Ich habe zwar nicht alle, aber weitaus die meisten Objekte, die Kirchen,

Museen, Burgen, Schlachtfelder und sonstigen historischen Stätten, selbst besucht und aus den verschiedensten lokalen Publikationen alle notwendigen Informationen zusammengetragen. Für jemanden, der solch ein Manuskript nur nebenberuflich verfaßt, der Hunderte von Kilometern Landstraßen und Wege zu Fuß abklappert, weil er nicht motorisiert ist und nur an den Wochenenden bedingt über seine Freizeit verfügen kann, ist ein lückenloses Begehen in der gesetzten Frist einfach unmöglich.

Nun aber ist's vollbracht, ist die Bahn frei für „Nachfahren" jeglicher Art. Für die Lehrer in erster Linie, die nur zu oft in Verlegenheit geraten, wohin sie ihre Klassen bei Schulausflügen führen könnten. Für die motorisierten Familienväter, die ab und zu ihre Angehörigen auch einmal aus dem Trott des Üblichen reißen, ihnen Neues und zugleich Altehrwürdiges zeigen wollen. Für die Wiener im allgemeinen, die auswärtigen Besuchern sicher gern beweisen möchten, wie geschichtsträchtig der Boden rund um die Bundeshauptstadt in einem Umkreis von ca. 120 km ist. Vielleicht sogar für so manchen Reisebüroinhaber, der in den Berichten Unentdecktes findet...

Ihnen allen, die Geschichte „erwandern" wollen, lege ich hier 50 verschiedene Zielgebiete vor, nach Halbtags- und Ganztagstouren untergliedert. Sie sind von einem persönlichen Erlebnis, einer Sage, Zitaten oder einem Gefechtsbericht eingeleitet, geteilt in einen stichwortartigen landschaftlichen und in einen ausführlichen historischen Teil.

Die „Wandermöglichkeiten" sind nur angedeutet, sollen aber andererseits dynamischen Persönlichkeiten Hinweise auf zusätzliche Betätigung eröffnen. Genaue Wegbeschreibungen vieler Hinweise finden sich in meinen beiden Wanderführern „Wanderungen rings um Wien" und „Vom Nordwald bis zur Puszta".

Unter „Bemerkenswert" habe ich vor allem nichthistorische

oder sonstwie interessante Anziehungspunkte aufgenommen, sie können vielleicht gerade deswegen einen Schul- oder Familienausflug auflockern.

„Zufahrt und Verkehrsverbindungen“ sollen Motorisierten und Nichtmotorisierten in gleicher Weise ein Leitfaden sein, aber auch nicht mehr als dies; um Fahrplan- und Landkartenstudium werden sie trotzdem nicht herumkommen. Doch – wer wollte auch schon alles restlos vorgekaut bekommen?!

„Karten und Führermaterial“ mögen gleichfalls nur Anhaltspunkt und Richtlinien dafür sein, wo man tiefer schöpfen, noch mehr erfahren kann als aus diesem Büchlein. Und mit dem „Sehenswerten unterwegs“ beschränke ich mich auf einige wenige, stichwortartige Tips, damit auf der Fahrt nach dem Zielgebiet nicht ein abseits liegendes Objekt übersehen wird.

So bleibt mir zum Schluß nur noch der Dank: der Dank an den Verlag für die Idee und ihre drucktechnische Verwirklichung, der Dank an meine liebe Frau und an meine Kinder für das entbehrungsreiche Jahr, der Dank an all diejenigen, die mich mitgenommen oder auf meinen Forschungsfahrten begleitet haben.

Ich weiß, daß nichts vollendet sein kann. Bei einem solchen Band mußte man auch den „Mut zur Lücke“ besitzen. So übergebe ich hiemit die „Erlebte Geschichte im Land unter der Enns“ der Öffentlichkeit. Möge sie ein kundiger Führer nicht nur in eine herrliche Landschaft, sondern auch in die erregende Zeit unserer österreichischen Geschichte sein.

Mitterndorf – Bad Heilbrunn, 8. November 1974

Helmfried Knoll

1 (H)

ALS DIE „GIAUREN" SIEGREICH BLIEBEN

Raum Kahlenberg – Leopoldsberg – Klosterneuburg – Nußdorf

„. . . Sonntag, 12. September (1683).

Am frühen Morgen kam die Meldung, daß die Truppen der unseligen Giauren in Stärke von zweihunderttausend Mann über den Berg am Donauufer anrückten und daß auf der Seite, wo Kara Mehmed Pascha stand, der Kampf und Streit bereits entbrannt sei. Darauf bestiegen der Großwesir, der Kethüdâ Bey, das gesamte Gefolge, der Scheich Vani Mehmed Efendi, die Sipâh und Silihdar und alle übrigen unverzüglich ihre Pferde und zogen mit der heiligen Fahne nach der erwähnten Stelle ab. Für den Großwesir wurde ungefähr in Reichweite der Giaurengeschütze ein Schattendach aufgeschlagen, unter dem er sich niederließ . . ."

„Die Giauren hatten die Palanke auf dem Berg erreicht und tauchten nun mit ihren Abteilungen auf den Hängen auf, starrend vor dunkelblauem Erz. Mit dem einen Flügel bis zu den äußersten Abteilungen der Tataren hinüberreichend, bedeckten sie Berg und Feld und formierten sich in sichelförmiger Schlachtordnung. Es war, als wälze sich eine Flut von schwarzem Pech bergab, die alles, was sich ihr entgegenstellt, erdrückt und verbrennt. So griffen sie an mit der eitlen Absicht, die Streiter des Islams von beiden Seiten zu umfassen . . ."

„Dann unternahmen die Giauren einen Sturmangriff und drängten die Unseren aus ihren Stellungen; darauf gingen die Unseren zum Gegenangriff über und trieben die Giauren wieder die Anhöhen hinauf. Schließlich stürmten die Giauren, das Fußvolk mit seinen spanischen Reitern vorne und dahinter die Reiterei, wie wildgewordene Schweine auf die Unseren los und drängten sie bergab bis in das zerstörte Dorf hinunter. Dort ging der Kampf noch eine Zeitlang hin und her, und dann konnten die Schurken, die in dichtgedrängten Massen anstürmten, links und rechts durchbrechen und griffen nun die Streiter des Islams von allen Seiten an. Sie führten ihre Sâhî-Geschütze aufgeprotzt mit und überschütteten aus ihnen das Heer des Islams mit einem Hagel von Geschossen. Am Donauufer warfen sie die Truppen, die unter dem Befehl des Wesirs Koca Arnaut Ibrahim Pascha standen, und drangen in das Tal und gegen das großherrliche Heerlager vor . . ."

„Da erkannten die Muslims, daß alles verloren war und die Katastrophe nicht mehr abgewendet werden konnte. Kämpfend und fechtend wandten sich die Massen der Krieger in der Umgebung des Großwesirs zur Flucht; die meisten flohen geradewegs zu ihren Zelten hin und dachten nur noch daran, ihr Leben und ihre Habe zu retten . . ."

Diese anschauliche Schilderung von der gegnerischen (türkischen) Seite steht in dem Taschenbuch „Kara Mustafa vor Wien" (Türkisches Tagebuch der Belagerung Wiens 1683), in der Reihe „dtv-Dokumente". Es ist eine gute Ergänzung zu dem, was in unserem Geschichtsunterricht aus der eigenen Perspektive heraus gelehrt wird. Unternimmt man dann dazu noch eine Wanderung oder einen Lehrausflug auf die Wiener Hausberge, dann wird die „erlebte Geschichte" angesichts der Bastionen auf dem Leopoldsberg, der Erinnerungen in der Kahlenberger Kirche und des herrlichen Blicks auf die Wienerstadt plastisch und anschaulich.

1. Das Zielgebiet

a) Landschaftliches: Donaudurchbruch durch den Wienerwald, von dem der Bisamberg abgesprengt wurde und nun isoliert am nördlichen Donauufer steht. Leopoldsberg Eckpfeiler des Wienerwalds aus Sandstein mit 260 m hohem, teilweise felsigem Abbruch zur Donau. Kahlengebirge waldreich mit relativ wenigen Lichtungen und Wiesen. Süd- und Südosthänge bekannte Weinbaugebiete. Aulandschaft der Donau im Vorfeld von Klosterneuburg mit Inseln und Halbinseln. Aufgliederung des Wienerwalds westlich der Babenbergerstadt in dicht besiedelte Täler (Weidlingbach- und Kierlingbachtal), getrennt durch aussichtsreiche Höhenrücken.

b) Historisches: Schon Ende der jüngeren Steinzeit Höhensiedlung auf dem Leopoldsberg. Kontinuität der Besiedlung mindestens bis zur Keltenzeit zurückzuverfolgen. Römerstraße Wien – Klosterneuburg, die dann weiter über Gugging – St. Andrä vor dem Hagental ins Tullner Becken führte.

Nußdorf: Teil des 19. Wiener Gemeindebezirks Döbling. Kern der mittelalterlichen Siedlung vermutlich schon im 9. Jh. entstanden. 1114 urkundlich als „Nuzdorf" belegt. Severinkirche 1330 urkundlich erwähnt, 1348 Pfarre. Verputzter Bruchsteinbau mit sehr hohem Satteldach, Kern vielleicht romanisch, dreimal gründlich restauriert. Ölbergrelief aus der ersten Hälfte des 16. Jh.s. Halle mit gotischen Scheidebogen und barock ummauerten gotischen Pfeilern. Relief der Geburt Christi und der Anbetung der Könige um 1500. Grabstein von 1357, Taufbecken vermutlich aus dem 16. Jh.

Kahlenbergerdorf: 1133/36 „Chalwenperge" benannt, dürfte schon aus dem 11. Jh. stammen. Bis zum 14. Jh. Sitz der Herren von Chalwenperg. 1168 Erwähnung alter Wehrkirche. Heute, nach Zerstörung 1529, kleine, spätgotische Dorfkirche in erhöhter Lage. Spätgotische Holzfigur Maria mit dem Kind um 1500. Hölzerne Johannesschüssel in Sakristei vom Anfang des 16. Jh.s. Bildstock, Tabernakel mit vier Reliefdarstellungen, 1470/80 geschaffen, vor der Kirche aufgestellt.

Kahlenberg: Bis ins 17. Jh. „Schweinsberg" oder „Sauberg" genannt, dann erst Name vom Leopoldsberg übernommen. Josefskirche Kamaldulenser-Eremie, 1629/39 erbaut. Einzelne Zellen noch erhalten. 1683 beschädigt und nur zögernd wiederaufgebaut. In Sobieskikapelle Erinnerungen an Entsatzschlacht und Polenkönig. Aussichtsturm mit großartigem Fernblick.

Leopoldsberg: Bis ins 17. Jh. „mons calvus" (Kahlenberg) genannt. Wegen Fernsicht und Schutzlage immer schon befestigt, doch keine der früheren Burgen für längere Zeit Residenz. Leopoldskirche anstelle einer im 14. Jh. gestifteten Georgs-Burgkapelle errichtet. 1679 Neubau, 1683 beschädigt, bald wiederhergestellt. Später Erweiterungen und Veränderungen, 1945 nach schweren Beschädigungen restauriert. Nur mehr Teile der befestigten Umfassungsmauer erhalten. Schloß des Fürsten de Ligne heute Gastwirtschaft. Im 1. Stock Habsburgerporträts. Aussicht an klaren Tagen bis zur „Porta Hungarica".

Klosterneuburg: Stadt mit 21.912 Einwohnern. Ausgrabung urnenfeldzeitlicher Wohngrube. 2. bis 4. Jh. Römersiedlung Asturis. Bodenfunde von römischem Kastell damit in Zusammenhang gebracht. Auf Stiftsplatz Freilegung römischer, spätantiker und frühmittelalterlicher Bauten. Anfang des 12. Jh.s. Klosterneuburg unter Markgraf Leopold III. Residenz (Mauerreste noch gegenüber Stift erhalten). Kurzfristig auch Residenz Herzog Leopolds VI. um 1220. Ursprünglich ein Gemeinwesen mit Korneuburg, 1298 eigenes Stadtrecht. 1683 Türkenbelagerung, aber bis Entsatz verteidigt. Von 1938 bis 1954 26. Wiener Gemeindebezirk.

Im 12. Jh. Anlage des „Traditionsbuchs", einer der wichtigsten Geschichtsquellen Niederösterreichs. Osterspiel um 1200. Wichtige Stätte astronomischer und kartographischer Forschung. „Fridericuskarte" und vermutlich älteste Globen der Welt hier hergestellt.

Sehenswürdigkeiten (auszugsweise): Martinskirche, vor 1050 erwähnt, Pfarre für untere Stadt. Im Kern romanisches Langhaus, dreijochig, kreuzgewölbt, angebautes spätgotisches Steinschiff, hoher gotischer Chor von 1419. Turm von 1363. Gotisches Westportal mit Fensterrose. Portal mit Umfriedungsmauer spätgotisch mit spätgotischer Kreuzigungsgruppe, links davon frühgotisches Portal vom Ende des 13. Jh.s. 16 überlebensgroße Barockstatuen aus Kamaldulenser-Eremie des Kahlenbergs. Ölberg 1498. Gotische Friedhofsleuchte vom Ende des 15. Jh.s.

Rathaus mit schöner Renaissancehalle aus dem 17. Jh. Weinmuseum: Im Kern romanisch, aus dem 12. Jh. mit Rundbogenfenstern im Erdgeschoß. Umgestaltung zu zweischiffiger Halle im 15. Jh.

Zahlreiche sehenswerte Häuser reichen bis ins 13. Jh. zurück. Gotische Gerichtssäule aus dem 15. Jh.

Augustiner-Chorherrenstift vor 1108 von 12 weltlichen Kanonikern unter einem Propst gegründet. Liebfrauen-Stiftskirche 1114 Gründung und Pfarre. Romanisches Kreuzrippengewölbe und nördliches Seitentor aus der zweiten Hälfte des 12. Jh.s erhalten. Gotischer Südturm, barockisierter gotischer Westturm, beide von Friedrich Schmidt neugotisch verändert. Zweigestreiftes romanisches Relief an Südmauer (Ranken und Drachen). Kircheninneres barockisiert. Besonders sehenswert: Marmorhochaltar, Chorgestühl und „Festorgel" unter

Verwendung des Pfeifenwerks zweier Orgeln des 15. Jh.s. Muttergottesstatue vom Ende des 15. Jh.s in Kapelle des Südeingangs. In Sakristei Muttergottesstatue vom Ende des 15. Jh.s.

Stift: Kreuzgang mit je sieben spitzbogigen, kreuzrippengewölbten Jochen in jedem Flügel aus 13./14. Jh., gegenüberliegende Fenster gotisch, aus dem 14. Jh.

Leopoldskapelle (ehemaliger Kapitelsaal) Anlage aus dem 12. Jh., 1677 barockisiert. Hinter Gitter Verduner Altar, eines der wichtigsten mittelalterlichen Emailkunstwerke des Abendlandes. 27 Bildtafeln im Mittelteil, je 12 auf Seitenflügeln mit 3 Bilderreihen übereinander: Vormosaische Geschichte, Lebensgeschichte Christi und nachmosaische Geschichte. 1330/31 nach Brand um 6 Tafeln erweitert. Damals Rückseiten mit vier Temperabildern verkleidet, älteste datierbare Tafelbilder Österreichs (1331). Darüber seit 1936 Reliquienschrein mit Gebeinen des heiligen Leopold. In drei Fenstern Glasgemälde aus dem 14./15. Jh. aus zwei Kapellen und Kreuzgang. Siebenarmiger romanischer Bronzeleuchter aus dem 12. Jh. über 4,5 m hoch mit baumartig angeordneten Leuchterarmen.

Freisinger Kapelle mit dreierlei Kreuzrippengewölben, 1394 geweiht. Refektorium, jetzt Lapidarium, mit „Klosterneuburger Muttergottes", einem der wichtigsten Denkmale frühgotischer Plastik aus dem ersten Viertel des 14. Jh.s. Heiligen- und Herrscherfiguren des Südturms und romanische Bauplastik des Kirchenbaus aus dem 12. Jh.

Kapitelhaus mit stark erneuertem romanischen Portal. Römersteine und bis ins 13. Jh. zurückreichende Grabsteine.

Spätgotisches Portal und gotische Spindelstiege in den „Gotischen Saal". Temperatafeln des Albrechtsmeisters auf Holz um 1440.

Leopoldihof ehemaliger äußerer Klosterhof mit spätgotischer Vorhalle aus dem Ende des 15. Jh.s. Leopoldsbrunnen von 1592.

Stiftsneubau sollte auf Wunsch Kaiser Karls VI. österreichischer Escorial werden. Entscheidend von Fischer von Erlach beeinflußt, von Kornhäusel dann bescheidener und vereinfacht vollendet.

Stiftsmuseum mit Elfenbein-, Bronze- und Goldschmiedearbeiten. Reiche Schatzkammer mit Babenbergerstammbaum.

Vor Stiftskirche sechsseitige gotische Lichtsäule.

Ehemalige gotische Augustiner-Chorfrauenkirche, jetzt Vereinshaus, aus dem 14./15. Jh. Strebepfeiler und Maßwerkfenster, 1722 entweiht.

Gertruden-Filialkirche romanisch, nach 1133 erbaut. Flachgedecktes Langhaus. Ostturm mit gekuppelten romanischen Fenstern, Halbkreisapsis. Romanische Halbsäulen mit Pflanzenornamenten und Tierkapitellen aus dem Ende des 12. Jh.s. Fresko am Triumphbogen um 1280. Fenster und Portal gotisch. Über Eingang romanischer Löwe aus der ersten Hälfte des 12. Jh.s eingemauert.

c) Bemerkenswert: Wiener Höhenstraße auf Kahlenberg und Leopoldsberg mit Auffahrten von Salmannsdorf, Sievering, Grinzing und Klosterneuburg. – Klosterneuburger Kulturtage Anfang Oktober jeden Jahres mit Dichterlesungen und Buchausstellung. – Klosterneuburger „Faßlrutschen" am Leopolditag (15. November). – Schafberg- und Krapfenwaldlbad als Sommerbäder noch im Wiener Stadtgebiet. Strom- und Strandbad in Klosterneuburg, Sommerbad in Weidling. – Motorboothafen in der Kuchelau. – Flußbad in Kritzendorf. – Aussichtsturm auf dem Kahlenberg, Aussichtsterrasse auf dem Leopoldsberg.

2. *Wandermöglichkeiten*

Netz von markierten und unmarkierten, zum Teil asphaltierten Wanderwegen auf die Wiener Hausberge und weiter nach Klosterneuburg. (Siehe Wienerwald-Wanderatlas!)

3. *Zufahrt und Verkehrsverbindungen*

Franz-Josefs-Bahn von Wien-Franz-Josefs-Bahnhof oder Heiligenstadt mit Stationen Nußdorf, Kahlenbergerdorf (Achtung! Hier halten nur wenige Züge!), Klosterneuburg-Weidling und Klosterneuburg-Kierling.

Private Autobuslinie von Heiligenstadt-Bahnhofvorplatz nach Klosterneuburg mit vielen Haltestellen unterwegs.

Städtische Autobuslinie mit Sondertarif von Grinzing über die Höhenstraße bis Parkplatz Kahlenberg.

Pkw-Fahrer: Bundesstraße 225 über Heiligenstadt – Nußdorf – Kahlenbergerdorf nach Klosterneuburg (ca. 13 km). Kahlenberg von Klosterneuburg über Höhenstraße (ca. 5 km), von Salmannsdorf (ca. 8 km), von Grinzing (ca. 4 km).

4. *Sehenswertes unterwegs*

Heiligenstadt, Beethovengedenkstätten. Ortsbild Grinzing.

5. *Karten und Führermaterial*

Generalkarte Österreich, 1:200.000, Kartenblatt 1; Freytag-Berndt & Artaria, Wanderatlas Wienerwald, 1:50.000, Blätter 2 und 3;

Freytag-Berndt & Artaria, Großer Buchplan Wien, 1:25.000, Blätter 13, 14 und 15; Dehio-Kunstführer: „Wien"; Dehio-Kunstführer: „Niederösterreich"; Kröner: „Handbuch der historischen Stätten: Österreich", Band I; Reclams Kunstführer: „Österreich", Band I; Hans Edelmann: „Führer durch Niederösterreich"; Helmfried Knoll: „Vom Nordwald bis zur Puszta", Kapitel 34; Helmfried Knoll: „Wanderungen rings um Wien", Kapitel 19.

2 (H)

VOM STADTTURM BIS ZUR SCHIFFSWERFT

Raum Korneuburg – Bisamberg

Der Saal in der Volkshochschule Korneuburg ist gesteckt voll. Die Zuhörer sind begeistert, habe ich ihnen doch „von meinen Wanderpfaden“ auf Dias eine Fülle von Anregungen geben dürfen, wohin sie ihre nächsten Ausflugsschritte lenken, wo sie ihren nächsten Urlaub verbringen könnten. Aber ich bin selbst nicht weniger begeistert: zunächst von diesem Saal im werdenden Heimatmuseum, der hinter den Vorhängen die Tafeln einer barocken Hostienlegende in Bildern verbirgt, die wiederum ihre eigene Nachkriegsgeschichte erzählen könnte. Bin begeistert von dem künftigen Museum, in dem soviel idealistische Kleinarbeit steckt; und von der nächtlichen Stadt, durch die mich dann die alte Dame führt, die der Korneuburger Volkshochschule vorsteht. Ja, da gehen mir richtig die Augen auf! Bisher habe ich wohl von der dortigen Schiffswerft gewußt, habe Angebote und Briefe für diese übersetzt. Doch Korneuburg selbst ist mir bisher nie eine Reise wert gewesen; bestenfalls ein schnelles Durchflitzen mit der S-Bahn oder im Bus, ein Umsteigen in die Bimmelbahn zu den Leiser Bergen.

Nun erlebe ich aus fachkundigem Mund Geschichte, wie sie lebt – den Hauptplatz, den mächtigen Stadtturm, so manches Bürgerhaus, das glücklich oder weniger vorteilhaft die Stürme der Jahrhunderte überdauert hat. Ja, jetzt muß ich wiederkommen, muß mir alles noch eingehender bei Tag besehen.

Und ich tu's, gewinne zwischen Gewitterregen und Aufklaren einen der schönsten Einblicke in das Land um den Bisamberg. Danke, liebe Frau Wladar!

1. Das Zielgebiet

a) Landschaftliches: Abflachende Fortsetzung des Kahlengebirges nördlich der Donau. Langgestreckter Höhenzug in nordostwärtiger Richtung mit Eichen- und Birkenwald auf den Höhen des Bisambergs, gegen das Donautal auch Felsen und Steinbrüche mit interessanten Funden (Versteinerungen von Meeresfauna); Kronawett-, Traden- und Veigelberg fast unbewaldet, auch dort Wein- und Obstbau. Wichtigste Erhebungen der 358 m hohe Bisamberg selbst, der Kronawettberg (295 m) und der Tradenberg (285 m). Im Gebiet von Hagenbrunn starke Zersiedelung der Landschaft. Großartige Fernsicht auf Wien, Teile des Marchfelds, gegen Korneuburg, Burg Kreuzenstein, Wienerwald und Tullner Becken, vom Tradenberg auch auf das Weinviertel. Regenarmes Gebiet mit eigenständiger Flora.

b) Historisches: Bezirkshauptstadt ist Korneuburg mit 8892 Einwohnern. Ursprünglich „Niwenburg" (die „neue Burg"), mit Klosterneuburg vereinigt. Durch Überschwemmungen und Änderungen des Laufs der Donau allmählich Trennung der beiden Siedlungen. Im 13. Jh. bewußte Stadtgründung, neben Wiener Neustadt und Bruck an der Leitha die bedeutendste aus dieser Epoche. Rechteckplatz, ursprünglich 4 Stadttore, die alle wieder verschwunden sind. Wohlstand im Mittelalter. Besetzung durch Matthias Corvinus und Schweden. 1683 Sieg der kaiserlichen Truppen bei Korneuburg und Bisamberg über Emmerich Tököly. 1809 und 1945 Franzosen- bzw. Russennot.

Sehenswürdigkeiten: Renaissancehäuser auf dem Hauptplatz.

Ägydi-Pfarrkirche, urkundlich 1146. Gotische, dreischiffige Staffelkirche an ehemaliger Stadtmauer, äußerlich um 1900 stark restauriert. Sakramentshäuschen 1382. Kreuztragender Christus um 1430, spätgotische Totenleuchte um 1500.

Augustinerkirche, Rokoko, mit hoher, dreiachsiger Fassade, Maulbertschgemälde.

Stadtturm 1440–1447, im Obergeschoß achteckig, Ende 19. Jh. restauriert und in neugotisches Rathaus einbezogen („Grätzl").

Barocke Dreifaltigkeitssäule auf dem Hauptplatz mit Wolkenobelisk. In der Kirchengasse 400 Jahre alte Statue Anna selbdritt. Schiffswerft Korneuburg an einer Donaubucht.

Bisamberg: Straßendorf mit 2674 Einwohnern. Johanneskirche im

Kern romanisch, Netzrippengewölbe aus dem 15. Jh., stark barockisiert. Wuchtiger Westturm. 1974 Generalrenovierung.

Eindrucksvoller Kreuzweg mit 23 Sandsteingruppen als Erinnerung an den Sieg über die Türken, 1696 errichtet.

Teilweise erhaltene Wallanlage gegen die Kleinengersdorfer St.-Veits-Kirche hin. Zahlreiche Funde aus Hallstattzeitsiedlung. Schloß 1568, zweistöckig, mit 4 kleinen Vierecktürmen, beachtliche Renaissancekapelle.

Kleinengersdorf: Straßen- und Uferzeilendorf mit 270 Einwohnern. Veitskirche, Pfarre um 1100, Chor mit gotischen Resten aus dem 14. Jh., Langhaus und Turm Ende des 18. Jh.s. Marterbild des hl. Veit vom Kremser Schmidt, 1775.

Königsbrunn: Weinhauersiedlung mit 230 Einwohnern am Nordabfall des Tradenbergs. Maria-Magdalenen-Kirche romanisch aus dem 12. Jh. mit halbkreisförmiger Apsis, Mauerwerk aus kleinen, flachen Bruchsteinen mit Eckquadern. Heilszeichen über dem Portal, Flachdecke im Langhaus. Naturgeschützte Roßkastanienallee als Zugang.

c) Bemerkenswert: Rollfähre Korneuburg – Klosterneuburg zu den Strandbädern am rechten Donauufer. Burg Kreuzenstein bei Leobendorf als Muster einer wiederaufgebauten mittelalterlichen Burg.

2. Wandermöglichkeiten

Gesamtes Bisamberggebiet durch dichtes Netz markierter Wanderwege erschlossen. Weiterwandern über Kronawett-, Veigl- und Tradenberg bis Königsbrunn (unmarkierte Fahrwege) wegen großartiger Fernsicht sehr empfehlenswert. Richtzeit für die Strecke Korneuburg – Bisamberg – Hagenbrunn – Königsbrunn ca. 3 Stunden.

3. Zufahrt und Verkehrsverbindungen

Schnellbahn Wien – Korneuburg (Stockerauer Ast). Lokalbahn Stammersdorf – Dobermannsdorf mit Haltestellen Hagenbrunn und Königsbrunn jeweils abseits der gleichnamigen Ortschaften.

Diverse staatliche und private Buslinien in alle genannten Orte.

Pkw-Fahrer: Bundesstraße 2 bis Korneuburg (17 km), dann Landesstraßen nach Bisamberg (3 km), Hagenbrunn (4 km), Königsbrunn (3 km). Rückfahrtmöglichkeiten über Stetten – Kreuzenstein oder Enzersfeld – Bundesstraße 7.

4. Sehenswertes unterwegs

Hanak-Freilichtmuseum in Langenzersdorf. Frühgotische Kirche mit Kremser-Schmidt-Gemälde. Heimatmuseum mit urgeschichtlichen Funden (u. a. „Venus von Langenzersdorf“, 5000 Jahre alt).

Bei Umweg über Enzersfeld: Burg Kreuzenstein.

5. Karten und Führermaterial

Generalkarte Österreich, 1:200.000, Kartenblatt 1; Freytag-Berndt & Artaria, Wienerwald-Atlas, 1:50.000, Blatt 2; Bundesamt für Eich- und Vermessungswesen, 1:50.000, Blätter 40 (Stockerau) und 41 (Deutsch-Wagram); Dehio-Kunstführer: „Niederösterreich“; Reclams Kunstführer: „Österreich“, Band I; Kröner: „Handbuch der historischen Stätten: Österreich“, Band I; Helmfried Knoll: „Wanderungen rings um Wien“, Kapitel 16.

3 (H)

VON DER STEINZEIT BIS ZUM „RADOM"

Raum Oberleis – Niederleis – Michelstetten – Ernstbrunn

Über 6000 sind gekommen, um beim Wandertag Leiser Berge mitzumachen. Der Anreiz ist freilich auch besonders groß, soll doch 1974 als erste Medaille einer „Zehnerserie" die von Niederösterreich vergeben werden, in den folgenden acht Jahren je ein anderes Bundesland zum Zug kommen und 1983 die Serie mit dem Porträt des dann gerade amtierenden Bundespräsidenten abgeschlossen werden.

Besonders weit gespannt ist aber auch die „erlebte Geschichte" in diesem Zielgebiet, reicht sie doch von der jüngeren Steinzeit über die Kelten und ein Römerkastell, über Germanenbesiedlung und die mittelalterliche Wehrkirche von Michelstetten bis zur jüngsten Neuzeit mit dem „Radom", der silbernen, weithin sichtbaren Riesenkugel der Flugsicherungsanlage auf dem Buschberg, bis zur entlegensten Alpenvereinshütte auf diesem höchsten, aussichtsreichen Punkt in den Leiser Bergen. Ja, greift man noch weiter zurück in die Vorzeit, dann hat man gar im Buschberg und im Oberleiser Berg Reste der einstigen Gebirgsbrücke zwischen Alpen und Karpaten, die das Kreidemeer stehen gelassen hat, während die anderen Verbindungsstücke – von wenigen Ausnahmen abgesehen – in seinen Fluten versunken sind.

In der mittelalterlichen Kirche von Oberleis, neben dem wuchtigen Wohnturm aus gotischer Zeit, feiert ein alter Priester Abschied von seinen Gläubigen, übergibt in rührender Form sein Amt einem kaum viel jüngeren Seelenhirten. Und alle, die da Zeuge sind, zufällig oder bewußt, Bauern, Wanderer, heute vielfach beides in einem, stimmen machtvoll in den alten Choral ein: „Großer Gott, wir loben dich, Herr, wir preisen deine Stärke!" Die einen, weil sie den Marsch schon hinter sich haben, die anderen, damit der Gesang sie erst auf dem weiten Weg geleite. Es ist eine ähnlich ergreifende Szene, wie ich sie einst auf der ältesten Wallfahrt der Welt erleben durfte: beim Kärntner Vierbergelauf, zu mitternächtlicher Stunde auf dem kaum minder historischen Magdalensberg.

1. Das Zielgebiet

a) Landschaftliches: Quellgebiet von Göllersbach und Zaya, die dann nach verschiedenen Richtungen auseinanderstreben. Reste der einstigen Landverbindung von Alpen und Karpaten durch das Kreidemeer. Ostteil des heute noch riesigen Waldgebiets, das sich von Hollabrunn bis gegen Mistelbach erstreckt. Zwischen Buschberg und Oberleiser Berg freie, aussichtsreiche Höhenrücken mit zum Teil überraschend schroffen Formen und seltener Flora. Siedlungen mit Ausnahme von Oberleis in den Tälern. Höchste Erhebungen im Buschberg (492 m) und Steinmandl (467 m).

b) Historisches:

Oberleis: Dorf, zur Gemeinde Ernstbrunn gehörig. Schon im 3. vorchristlichen Jh. kleine, unbewehrte Ansiedlung auf der 6 ha großen Kalkhochfläche des Oberleiser Berges (Tongefäßfragmente, Steinwerkzeuge). Auch aus der Bronzezeit Funde. Mächtige Kulturschichten und ergrabene Wohnstätten aus der Hallstattzeit. Ende des 1. Jh.s vor Christi Geburt Keltenbesiedlung mit Erd- und Steinmauerbefestigung. Hausbauten und Tonware gefunden, ebenso Schmuckgegenstände. Unter Kaiser Marc Aurel kleines römisches Kastell. Zwischen Thomaßl und Niederleis gemauertes Römerbad anstelle früheren Keltentempels. Bei Germanenaufstand zerstört. Unter Kaiser Valentinian Erweiterung des Kastells und Anlage heizbarer Kasernen. Später germanische Besiedlung. Name „Leiss" von slawisch „lissa" = „kahl". Mittelalterliche Marienkirche (vielleicht noch aus karolingischer Zeit) bis 1786 berühmte Wallfahrtskirche auf dem Gipfel des Oberleiser Bergs; unter Joseph II. niedergerissen.

Heutige Mauritiuskirche im tiefer gelegenen Ort 1135 als babenbergische Eigenpfarre genannt. Gotischer Bau aus dem 15. Jh. mit

$^5/_8$-Schluß und Kreuzrippengewölbe (Birnstab auf Sporenkonsolen) um 1330. West- und Nordmauer im Kern romanisch. Südliches Seitenschiff mit Sternrippengewölbe, Konsolen mit Gesichtsmaske. Priestergrabsteine von 1362 und 1583.

Gotischer Wohnturm aus dem 14. Jh. gegenüber der Kirche. Pfarrhof bezeichnet 1582.

Niederleis: Dorf mit 762 Einwohnern. Himmelfahrtskirche Pfarre um 1414, Kirchenbau erst von 1814. Hälfte eines romanischen Grabsteins, in Friedhofsmauer römische Quader.

Schloß urkundlich 1309. Unregelmäßiges Rechteck um Hof, runde Ecktürme bis Dachhöhe, mächtiger Torturm mit Laterne. Portal bezeichnet 1651. Ehemaliges Wasserschloß, Graben mit Steinbrücke. Besuch an Sonntagnachmittagen von April bis Oktober möglich. Steinskulpturen von der Antike bis zur Klassizistik. Möbel, Gobelins, Fayencen und sonstige kunstgewerbliche Arbeiten. Stündlich Führungen. (Außerhalb der Saison nur Gruppenführungen von mindestens 15 Personen gegen Voranmeldung.)

Michelstetten: Dorf mit 252 Einwohnern. Schon um 1140 hochadeliges Herrengeschlecht genannt. 1128 Eigenpfarre.

Veits-Wehrkirche spätromanischer Quaderbau mit Turmeinstieg im Obergeschoß. In der Giebelwand Schießscharten und Pechnasen. Halbkreisapsis mit Lisenen und Wandsäulen mit Knospenkapitellen, Basen mit Eckblättern. Wuchtiger Ostturm mit neueren Rundbogenfenstern. Romanische Langhausmauern. Im Chorinneren Ecksäulchen mit Knospenkapitellen und Kreuzrippengewölbe, frühgotische Dreipässe. In Apsis, am Chorbogen und in den Fensterleibungen schöne Fresken aus dem Ende des 13. Jh.s. Alte Grabsteine.

Schloßruine aus dem Ende des 14. Jh.s. Kreisrundes Renaissance-Wasserschloß mit dickem Zinnenturm, innen vieleckig. Nur mehr wenig erhalten.

Ernstbrunn: Marktflecken mit 3288 Einwohnern. Naher Steinberg trug bedeutende Ansiedlung der Urnenfelder- und Hallstattkultur, durch Erdwall bewehrt. Auf Grund des Steinbruchbetriebs leider großteils vernichtet. Hausgrundrisse, Gefäßreste, Mondidole und Bronzemesser mit geschweifter Klinge gefunden. Korallenriffe des Kreidemeers mit schönen Versteinerungen.

Im 11. Jh. „Ernustisprunnin". Wallfahrtskirche Maria Bründl aus dem 15. Jh. fiel josephinischer Reform zum Opfer. Heutige Martinskirche edler Barockbau um 1700. Gotischer Chor der ursprünglichen Kirche mit $^5/_8$-Schluß. Grabplatte um 1556.

Schloß außerhalb im Ernstbrunner Wald. Urkundlich aus dem

11. Jh., 1654 Neubau und 1775 Umbau und Erweiterung. Dreiachsiger Torturm, klassizistische Fassadenwand. Im „Steinsaal" interessante Petrefaktensammlung. Drei Höfe, Barockbrunnen aus der Schloßruine Michelstetten nach Ernstbrunn überstellt.

Klement: Dorf mit 350 Einwohnern der Gemeinde Ernstbrunn. Mittelalterlicher Hausberg mit drei Wällen und drei Gräben. Ehemaliges Schloß 1150 erwähnt, am Fuß des Hausbergs gelegen, aus der zweiten Hälfte des 16. Jh.s. Doppelfenster mit Renaissancezierat. Daneben stattlicher Schüttkasten um 1600.

c) Bemerkenswert: Naturpark Leiser Berge in Ausgestaltung. Aussichtswarte mit prächtiger Fernsicht auf dem Oberleiser Berg. – Bergkreuz auf dem Buschberg. – Alpenvereinshütte (an Wochenenden geöffnet) und „Radom" auf dem Buschberg. – Teich-Waldbad in Ernstbrunn. Waldteich im Ernstbrunner Wald.

2. *Wandermöglichkeiten*

Naturpark Leiser Berge durch zahlreiche Wanderwege erschlossen, jedoch nicht markiert, sondern nur durch fallweise Wegweiser bezeichnet, daher im Waldgelände etwas unübersichtlich. Weitwanderung durch den Ernstbrunner Wald bis Hollabrunn bei entsprechendem Orientierungsvermögen möglich.

3. *Zufahrt und Verkehrsverbindungen*

Lokalbahn Korneuburg – Mistelbach ab Schnellbahnhof Korneuburg mit Stationen Ernstbrunn, Niederleis, Grafensulz, Schletz. Nur je ein Zugspaar morgens und abends. Private Autobuslinie ab Korneuburg-Hauptplatz nach Ernstbrunn. Übrige Ortschaften ohne Anschluß an öffentliche Verkehrsmittel!

Pkw-Fahrer: Bundesstraße 2 über Korneuburg (ca. 17 km), dann Bundesstraße 17 bis Ernstbrunn (ca. 26 km) und Klement (weitere ca. 6 km). Niederleis ab Ernstbrunn auf Bezirksstraße (ca. 6 km), Buschberghütte (ca. 3 km) auf aussichtsreicher Höhenstraße, Abzweigung nach Michelstetten auf halber Höhe (ca. noch 3 km). Oberleis von Klement auf Nebenstraße (ca. 2 km).

4. *Sehenswertes unterwegs*

Hanak-Freilichtmuseum in Langenzersdorf. Korneuburg (Stadtturm, Ortsbild). Burg Kreuzenstein. Wallfahrtskirche Karnabrunn. Urgeschichtsmuseum Asparn an der Zaya.

5. Karten und Führermaterial

Generalkarte Österreich, 1:200.000, Kartenblatt 1; Bundesamt für Eich- und Vermessungswesen, 1:50.000, Blatt 24 (Mistelbach an der Zaya); Dehio-Kunstführer: „Niederösterreich“; Alex. Handler: „Herzstück des Weinviertels“; Reclams Kunstführer: „Österreich“, Band I; Kröner: „Handbuch der historischen Stätten: Österreich“, Band I; Helmfried Knoll: „Vom Nordwald bis zur Puszta“, Kapitel 28.

4 (G)

GEDENKEN AM SÜDMÄHRERKREUZ

Raum Drasenhofen – Kleinschweinbarth – Laa an der Thaya – Staatz

Es ist bestimmt bitter, wenn dir der Autobus vor der Nase davonfährt. Wenn gleich darauf Regen einsetzt und dir stundenlang ins Gesicht peitscht, während du monoton auf der Asphaltstraße Fuß vor Fuß setzt, Kilometer um Kilometer. Zwei davon nimmt dich ein netter Briefträger mit, der aber seine Postfahrt schon im nächsten Dorf wieder endet. Anderthalb Kilometer sitzt du auf einem zugigen Traktor neben einem gutmütigen Bauernpaar und läßt im Fahrtwind den Regen noch stärker auf dich prasseln. Allein – was ist das alles, was sind die ganzen 25 km von Drasenhofen bis Laa an der Thaya, verglichen mit dem Marsch, den mir das stacheldrahtumkränzte Kreuz auf dem Kleinschweinbarther Berg, das Südmährerkreuz, ins Gedächtnis gerufen hat?

Es soll nicht Rache heraufbeschworen werden, jetzt, 30 Jahre nach dem Krieg; wohl aber soll erinnert werden an ein dunkles Ereignis in der Geschichte dieses Grenzlandes: den „Todesmarsch der Brünner" am Fronleichnamstag 1945. 40.000 mußten damals binnen weniger Stunden die mährische Landeshauptstadt verlassen, weil sie deutsch sprachen und keine Tschechen waren. In endlosem Leidenszug wurden sie zu Fuß der rund 50 km entfernten österreichischen Grenze zugetrieben: Greise, Frauen, Kinder. Mehr als ein Drittel davon, 15.000 Menschen, überlebten nicht, und wer auf den liebevoll gepflegten Friedhöfen in Drasenhofen und weiter südlich gegen Wien hin zu lesen vermag, der ahnt, daß die

Tragödie auch auf österreichischem Boden noch nicht zu Ende war. Wenn die Überlebenden heute den Kleinschweinbarther Berg zu einer Gedächtnisstätte ausgestalten und mit uns hinüberblicken nach Nikolsburg und den anderen Ortschaften der verlorenen Heimat, dann tun sie dies in der Hoffnung, daß der inzwischen herangewachsenen nächsten Generation solches Leid erspart bleibe – diesseits und jenseits der Grenzen.

1. Das Zielgebiet

a) Landschaftliches: Grenzland Niederösterreich – Mähren zwischen Thaya und Poybach. Bereits auf mährischem Gebiet das Waldland der bis auf 550 m aufsteigenden Pollauer Berge, in Niederösterreich Waldland rund um Falkenstein, das im 425 m hohen Galgenberg gipfelt. Staatzer Klippe, Kleinschweinbarther Berg und Dévin Fortsetzung der einstigen Verbindung Alpen – Karpaten. Dazwischen welliges Acker- und Weinbaugebiet mit kleineren Ortschaften, von regulierten „Gräben" durchzogen. Felsformationen um Falkenstein, Staatz und Kleinschweinbarth.

b) Historisches: Urgeschichtliche Leeberge von Menschenhand errichtet, mit gleichmäßig abgewölbtem Gipfel. Ebenso Hausberge mit früheren Erdburgen, von Wall und Graben umgeben. Übergang von urgeschichtlichen Ringburgen zu mittelalterlicher Steinburg. Gestaffelte Linien nach Norden und Osten. Immer Grenzland, von Heeren und Völkerschaften nach allen Richtungen durchzogen.

Drasenhofen: Ort mit 1698 Einwohnern. Grenzzollamt zur CSSR an der Brünner Bundesstraße. Name von „Draisen-Hofen", siebenstrahligem Brunnen. Frühbarocke Veitskirche mit wehrhaften Formen der Spätgotik. Prächtige Rundsicht vom Schloßberg bis Nikolsburg und Falkenstein.

Kleinschweinbarth: Dorf mit 400 Einwohnern, zur Gemeinde Drasenhofen gehörig. Südmährer Heimathaus mit Rauchkuchl. Kleinschweinbarther Berg und Wachterberg nördlichste Kalkspitzen der Falkensteiner Berge mit herrlicher Aussicht. Südmährerkreuz 1963 errichtet, Anlage weiter in Ausgestaltung (Stufen, Kapelle). Auf dem Wachterberg Fatima-Heiligtum.

Stützenhofen: Dorf mit 240 Einwohnern, zur Gemeinde Drasenhofen gehörig. Allerheiligenkirche Pfarre vor 1396. Festung Stützenhofen 1450 urkundlich erwähnt. An Burgkapelle aus jener Zeit barockes Kirchenschiff angebaut. Gotische Sakramentsnische.

Wappengrabsteine der Fünfkirchner in Friedhofsmauer bis 1458 zurückreichend. Auf dem Steinberg Kreuzweg und Gelöbniskreuz der Heimkehrer.

Ottenthal: Markt mit 602 Einwohnern. 1140 urkundlich erwähnt, führt Namen auf Otto II. zurück. Martinskirche 1571 Pfarre. Barockbau mit Giebelfassade, Hochaltar aus der Steiner Frauenkirche.

Falkenstein: Markt mit 1344 Einwohnern. Bergland um Falkenstein Eckpfeiler militärischer Sicherung schon zur Zeit der „Böhmischen Mark“ und später in der bairischen Ostmark. Burg und Pfarre bereits um 1050 errichtet, 1120 erstmals urkundlich erwähnt. 1414 Markterhebung. Im Mittelalter jahrhundertelang mit seinem Weinbergrecht Gerichtsort für alle Weinstreitigkeiten zwischen Donau und Prag. (Bergtaidingbuch)

Jakobskirche Pfarre 1096. Hochgelegener Bau. Fassade mit dreifach gestuftem Giebel. Tor mit Sprenggiebel von 1670. Gewölbedecke in kleine Felder mit einfachen Stuckrahmen gegliedert. Moderne Fresken. Quadratischer spätromanischer Turm, oben achteckig gotisch mit Spitzhelm. Sandstein-Muttergottesstatue um 1400.

Burgruine urkundlich 1115 erwähnt, auf steil nach Süden abfallendem Burghügel. Bastionen im Westen und Norden. Kapelle mit Rundtürmen teilweise erhalten. Verfall ab 1645 (Schwedenzeit!).

Spätrenaissancerathaus mit übermalten Sgraffiti. Ratsstube mit geschnitzter Holzdecke, bezeichnet 1668. Holzrelief um 1520: Enthauptung Johannes des Täufers. Bemerkenswerter Kalvarienberg mit in die Felslandschaft gestellten Figuren (erste Hälfte des 18. Jh.s).

Laa an der Thaya: Stadt mit 6938 Einwohnern. Vorgeschobener Grenzposten und Brücke nach Mähren. Bis in Neuzeit von besonderer Bedeutung. 1180 Marktrecht. Im ersten Drittel des 13. Jh.s planmäßige Stadtgründung. Wasserburg im 15./16. Jahrhundert zu Wohnburg ausgebaut. Schwere Schäden durch Böhmen, Hussiten, Schweden und Franzosen. Starke Benachteiligung durch widernatürliche Grenzziehung nach dem Ersten Weltkrieg.

Vorläufer der renovierten Veitskirche: schon vor 1130 gegründete Veitskapelle. Kirche selbst spätromanische, dreischiffige Basilika mit gotischem Westturm, aus der Mitte des 13. Jh.s stammend, fünfjochig mit hohem Mittelschiff, gleich hohem Querschiff und tiefem, einjochigem Chor mit eingezogener Halbkreisapsis. Im Inneren frühgotische Bündelpfeiler, romanische Kämpfer mit Wulstprofil und spätromanische Kapitelle mit Blattwerk und Rundbogenfries.

Gotisches Vesperbild aus Stein um 1400, Kruzifix vom Ende des 13. Jh.s. Wappengrabstein von 1400.

Spitalskirche urkundlich 1295. Zweijochiges Langhaus auf Konsolen mit Kreuzrippengewölbe aus dem 15. Jh. Eingezogener gotischer Chor mit 5/8-Schluß.

Burg in der Nordostecke der Stadt. Einstiges mittelalterliches Wassersperrwerk für Wallgräben. Erste Erwähnung 1413, rechteckiger Eckturm an Stadtmauer und Reckturm an Nordwestecke aus dem 13. Jh. Hoher, runder Turm mit Kragsteinen für Wehrgang aus dem 15. Jh. Pranger auf dem Hauptplatz mit Figuren von 1575. In der Burg Biermuseum.

Pfarrhof mittelalterlicher Bau mit Schlitzfenstern aus dem 14. Jh., romanischer Tür und Renaissancetor.

Altes Rathaus mit gotischen und Renaissanceresten.

Staatz: Markt mit 2118 Einwohnern. Nahezu 100 m hoher Kalkkegel aus Laaer Ebene aufragend, trug seit Mitte des 11. Jh.s eine fast unbezwingliche Burg. Gipfelplatte von eigentlichem Burggebäude gekrönt, durch mehrere Tore und Ringmauern hinab bis zum Haupttor gesichert. 1645 von Schweden in Brand geschossen, 1945 durch Russen zerstört. Heute nur mehr Ruinenreste von Berchfrit und Palas mit romanischem Fenster, Spitzbogentor und Befestigungsmauern. Großartige Fernsicht über die Grenze bis zum Brünner Spielberg.

Kirchstetten: Ort mit 220 Einwohnern der Gemeinde Neudorf. Einstiges Wasserschloß urkundlich 1161 erwähnt, Mitte des 18. Jh.s nach Plänen Fischers von Erlach umgebaut. Wasserleitung eine der ältesten des Weinlands.

Rochuskirche ursprünglich romanisch (freigelegtes Quaderwerk und Fenster aus dem 13. Jh.). Hoher gotischer Rechteckchor mit massigem Turm, kreuzrippengewölbt und mit Maßwerkfenstern.

c) Bemerkenswert: Sommerbad in Staatz. – Weinlehrpfad in Falkenstein, jederzeit frei zugänglich. – Interessante, zum Teil naturgeschützte Flora auf den Kalkklippen. – Biermuseum in Laa an der Thaya sonntags von 10.30 bis 12.00 Uhr geöffnet.

2. Wandermöglichkeiten

Unmarkierte, aber teils beschilderte Aufstiege auf Falkensteiner und Staatzer Klippen, sowie auf den Kleinschweinbarther Berg mit Südmährerkreuz und Wachterberg mit Fatima-Heiligtum. Im Gebiet des Galgenbergs südlich von Falkenstein teilweise gesperrte Wege.

Verduner Altar, Klosterneuburg (Seite 13)

Schloß Ernstbrunn (Seite 24)

Falkenstein mit Ruine (Seite 29)

Urgeschichtsmuseum in Asparn an der Zaya (Seite 34)

3. Zufahrt und Verkehrsverbindungen

Bundesbahnlinie von Wien-Südbahnhof über Mistelbach nach Laa an der Thaya (heute Kopfbahnhof). Haltestellen Enzersdorf und Staatz an der Strecke.

Postautobusse von Wien-Landstraße nach Laa an der Thaya und nach Drasenhofen. Querverbindung zwischen den beiden Orten mit Haltestellen in Stützenhofen, Kleinschweinbarth und Ottenthal.

Postautolinie Wien – Poysdorf – Falkenstein.

Pkw-Fahrer: Bundes-(Europa-)Straße 7 von Wien nach Drasenhofen (ca. 72 km). Landesstraße nach Kleinschweinbarth über Stützenhofen (ca. 5 km), Auffahrt zum Südmährerkreuz (ca. 2 km Feldwege) möglich. Von Kleinschweinbarth nach Falkenstein (ca. 3 km). Zurück nach Kleinschweinbarth, weiter nach Ottenthal (ca. 4 km), nach Kirchstetten über Wildendürnbach (ca. 9 km), nach Laa an der Thaya über Neudorf (ca. 10 km). Rückfahrt über Bundesstraße 46 nach Staatz (ca. 10 km), weiter auf Bundesstraße 46 bis Schrick (ca. 21 km), ab Schrick wieder auf Europastraße 7 zurück nach Wien (ca. 44 km).

4. Sehenswertes unterwegs

Stammersdorf: Napoleonsschanzen; Wolkersdorf: Wasserschloß; Wilfersdorf: Schloß und Kirche; Poysdorf: Barockkirche, Vogelsangmühle; Mistelbach: Pfarrkirche, Karner, Museum.

5. Karten und Führermaterial

Generalkarte Österreich, 1:200.000, Kartenblatt 1; Bundesamt für Eich- und Vermessungswesen, 1:50.000, Blätter 10 (Wildendürnbach), 11 (Drasenhofen) – beide ohne Wegmarkierungen –, 24 (Mistelbach an der Zaya) und 25 (Poysdorf); Dehio-Kunstführer: „Niederösterreich“; Kröner: „Handbuch der historischen Stätten: Österreich“, Band I; Reclams Kunstführer: „Österreich“, Band I; Alex. Handler: „Herzstück des Weinviertels“.

5 (H)

URGESCHICHTE AUS ERSTER HAND

Raum Mistelbach – Asparn an der Zaya

Sommer 1973. Ein heißer Augustsonntag. In Niederösterreich wütet die „MKS“, die heimtückische Maul- und Klauenseuche. Zwar bringen die Zeitungen immer wieder beschwichtigende Meldungen über ein bevorstehendes Erlöschen der Plage, dieser Geißel unseres Viehbestands; allein, die Wirklichkeit sieht etwas anders aus . . . Meine liebe Frau und unsere beiden Jüngsten haben eigens die Mühen des Frühzugs und des weiten Umwegs über Asparn zum Buschberg in Kauf genommen, damit sie mit mir – gleichsam als Ouverture zur Buschbergwanderung – das Urgeschichtsmuseum besichtigen können. Und nun prangt an der verschlossenen Eingangstür der lapidare Zettel: „Wegen MKS geschlossen!“

Ärger und Stöhnen, ein lustloser Rundgang um den Maschenzaun mit dem verbotenen Park, den geheimnisvollen Urzeithütten darin. Es gelingt immerhin ein Schnappschuß durch den Maschenzaun – für eines der Fotos in „Vom Nordwald bis zur Puszta“. Ein langer, wieder von der „MKS“ diktierter und gelenkter Marsch zum Buschberg. Dieser reicht für das Kapitel „Zur entlegensten AV-Hütte“ in demselben Wanderführer. Und im Jahr drauf, am Palmsonntag, da schaffen wir's von der anderen Seite her, treten den faszinierenden Gang von der Entstehung menschlichen Lebens bis in die Gegenwart an. Erlebte Geschichte in des Wortes wahrstem Sinn!

1. Das Zielgebiet

a) Landschaftliches: Herzstück des Weinviertels an der Zaya, die zwar einen beachtlich langen Lauf, jedoch meist nur ein sehr dürftiges Gerinne hat. Im Windschatten der Leiser Berge gelegen, den letzten Resten einer einstigen Brücke von Kalkklippen zwischen Alpen und Karpaten. Abwechslungsreiches, waldarmes Hügelland, Siedlungen in den Tälern. Wein- und Ackerbau.

b) Historisches:

Mistelbach an der Zaya: Bezirkshauptstadt, 10.174 Einwohner, Schulzentrum und Bahnknotenpunkt. Ur- und frühgeschichtliche Funde in der Umgebung und auf dem Stadtgebiet selbst reichen bis in die Jüngere Steinzeit zurück. Ursprüngliche Anlage an der Mistel und am weithin sichtbaren Kirchenberg. Erste urkundliche Erwähnung um 1130. Altpfarre der Passauer Diözese. Markterhebung 1372, Stadt 1874. Im 12. Jh. Burg neben der Pfarrkirche, die aber später verfiel. Maut und Zoll bereits im 14. Jh. Später Sitz wichtiger und seltener Handwerke, Musterungs- und vorgeschobener Kommandoplatz.

Sehenswürdigkeiten: Martinskirche in Hochlage. Dreischiffige, vierjochige gotische Hallenkirche aus dem Ende des 15., Anfang des 16. Jh.s. Sagenhafte Kröte am westlichen Dachsims als einstiger Wasserspeier. Grabsteine bis ins 14. Jh. zurück.

Romanischer Rundkarner mit künstlerisch bedeutendem Relief aus der Zeit um 1200.

Pfarrhof (Propstei), Ende des 17. Jh.s.

Schlössel mit Heimatmuseum.

Gotisches Haus (Barnabitenstraße 18).

Asparn an der Zaya: Die „Siedlung bei den Espen". 1853 Einwohner. Im 11. Jh. auf Reichsgut entstanden. Markt im Zayatal. Burg vor 1300, später vom Schloß abgelöst.

Sehenswürdigkeiten: Urgeschichtsmuseum im wuchtigen, zweistöckigen Schloß aus dem Jahr 1421. Großartige Schausammlung, erstellt unter Mitwirkung namhafter Künstler. Gliederung in: Erdgeschichtliche Einleitung, Anthropologie, Alt-, Mittel- und Jungsteinzeit, Bronzezeit, Kupfererzbau, Ältere und Jüngere Eisenzeit. Hervorragende Lichtbilder, Dioramen, Nachbildungen der Höhlenmalereien von Altamira (Spanien) und Lascaux (Südfrankreich), Nachgestaltung eines Bergwerks, einer Kupferschmelze, eines Backofens u. v. a. m. Im Park Freilichtmuseum mit Hausformen und Zelten aus der Altsteinzeit bis zur Bronzezeit.

Öffnungszeiten: 1. April bis 31. Oktober täglich, außer Montag, von 10 bis 17 Uhr.

Pfarrkirche ursprünglich mittelalterlich, Turm mit Kreuzrippengewölbe aus dem 14. Jh.

Minoritenkloster 1735.

c) Bemerkenswert: Naturpark Leiser Berge im (näher gelegenen) Nordostteil noch im Ausbau. Weinlandbad in Mistelbach mit Wasserrutsche, Tennis, Tischtennis und Sauna.

2. Wandermöglichkeiten

Fußwanderung zwischen Feldern und über die Hügel von Mistelbach durchs Rosental und über den Großgugelberg nach Asparn (unmarkiert, ca. 2 St.).

Von Hüttendorf – zwischen den beiden Orten – rot markiert zur hochgelegenen Waldandacht (ca. 1 St.).

„Totenweg“ von Asparn über Galgenberg zur Wehrkirche Michelstetten (ca. 2 1/2 St.) und weiter in den Naturpark Leiser Berge.

3. Zufahrt und Verkehrsverbindungen

Mit der Schnellbahn nach Korneuburg und von dort mit der Lokalbahn nach Asparn an der Zaya und Mistelbach an der Zaya (derzeit nur ein Zugspaar täglich).

Mit Autobussen der Zistersdorfer Linie von Wien-Landstraße nach Mistelbach.

Asparn an der Zaya mit Autobussen derzeit nur an Sonntagen direkt von Wien-Landstraße erreichbar (Linie nach Laa an der Thaya); jedoch Rückfahrmöglichkeit auch an Wochentagen gegeben.

Mit Pkw: Europastraße 7 (Bundesstraße 7) bis Schrick, dann Bundesstraße 46 bis Mistelbach und Landesstraße nach Asparn an der Zaya. 58 km.

4. Sehenswertes unterwegs

Alte Napoleonsschanzen bei Siedlung Föhrenhain außerhalb Stammersdorfs. Gotische Kirche und mittelalterlich wirkendes Schloß in Wolkersdorf am Rußbach.

5. Karten und Führermaterial

Generalkarte Österreich, 1:200.000, Kartenblatt 1; Bundesamt für Eich- und Vermessungswesen, Blatt 24 (Mistelbach an der

Zaya); Dehio-Kunstführer: „Niederösterreich"; Kröner: „Handbuch der historischen Stätten: Österreich", Band I; Reclams Kunstführer: „Österreich", Band I; Alex Handler: „Herzstück des Weinviertels"; Asparn an der Zaya, Museum für Urgeschichte: Katalog; Hans Edelmann: „Führer durch Niederösterreich"; Helmfried Knoll: „Vom Nordwald bis zur Puszta", Kapitel 28.

6 (H)

BROT UND WEIN

Raum Bockfließ – Pillichsdorf – Wolkersdorf – Ulrichskirchen – Kronberg

Der Anlaß allein ist nicht alltäglich: Eine Mutter, die bereits drei Kinder großgezogen hat, studiert Pharmazie und steht bei der feierlichen Sponsion vor dem Rector magnificus der Wiener Universität inmitten junger Kolleginnen und Kollegen. Selbst jung geblieben, leuchtenden Auges, weil sie ihr Pensum in einer Zeit geschafft hat, in der andere vielleicht schon mit dem Ruhestand liebäugeln. Bravo!

Zur Feier des Tages nehmen mich die Freunde dann abends hinaus ins Weinland, nach Kronberg. Schon an der Bundesstraße werben große Tafeln für die Ausstellung der Künstlerfamilie Bauch „Brot und Wein", in den Zeitungen liest man spaltenlange begeisterte Artikel darüber, und der regnerische Sommerabend sorgt dafür, daß wir unter uns, in sehr kleinem Kreis bleiben und uns entsprechend gut durch all das Gezeigte führen lassen können. Da sind zunächst die riesigen, unterirdischen, gemauerten Gewölbe des Himmelkellers mit gemütlichen Sitznischen und einer Weinhauerkirche gewissermaßen „unter Tag", die aus mittelalterlicher Tradition herauf modern gestaltet wurde. Eine Messe dort, wie sie fallweise gefeiert wird, muß wohl zu einem ganz besonders tiefgreifenden Erlebnis werden! Dann kommen die Schauräume mit liebevoll zusammengetragenen Kunstwerken aus dem Weinland, einer gotischen „Madonna mit Weintraube" von 1460 als Glanzstück darunter – 500 Jahre alt also! Höher oben, gegen den Aussichtsturm zu, alle Gerätschaften, die nur irgendwie mit der Zubereitung des Brotes und des Weins in Zusammenhang stehen, riesige Brotlaibe, gewaltige Fässer, alte Pressen, alte Kornmühlen – eine wahre Heerschau seltenster Kostbarkeiten. Vom Turm selbst ein wunderschöner Blick auf Kronberg, das sich in einem überraschend tiefen Graben um die alte Kirche duckt, ein weiter Rundblick bis Wien und ins Weinland hinaus. Noch rasch ein Blick in die Verkaufsräume und zu guter Letzt ein urgemütlicher Umtrunk an sauber gedeckten, bäuerlich gemütlichen Tischen der rastlos tätigen Künstlerfamilie, die hier Gastwirt und Mundschenk auch noch spielt und neben schmackhaften Schmalz- und Wurstbroten sogar für Antialkoholiker etwas Gutes bereit hält. Unterdessen geht die Arbeit weiter – Mosaikwerke für gewaltige Aufträge, die Vater Bauch von den verschiedensten Stellen erhalten hat, gekonnte, moderne Malerarbeiten der Kinder. Diese vielfältige künstlerische Tätigkeit ist auch die Ursache, warum die Ausstellung im September geschlossen wurde und nicht wieder geöffnet werden soll: weil die Arbeit der Familie einfach über den Kopf wächst und die guten Leute nicht noch nebenbei all die unterirdischen Gänge und Ausstellungsräume mitbetreuen können. Ob die Besucherzahlen – über 21.000 sind in wenigen Monaten gekommen! – sie letztlich doch noch umstimmen werden, ob es 1975 ein Wiedersehen geben wird? Es wäre all denen zu wünschen, denen es 1974 an der Gelegenheit zu einem Besuch in Kronberg gefehlt hat! (Und eben erreicht mich die Nachricht, daß Hermann Bauch, angeregt von dem unerwarteten Erfolg, an den Vorbereitungen einer neuen Ausstellung: „Die Jagd in der Kunst“ arbeitet und 1975 die Schau unter dem Titel „Wein und Brot“ weiterführt.)

1. Das Zielgebiet

a) Landschaftliches: Hügelland zwischen Hochleitenwald und den Waldgebieten westlich des Rußbachs (Kreuttal). Reiches Wein- und Obstbaugebiet, zu dem in jüngster Zeit noch (im Osten) die Erdölförderung gekommen ist. Siedlungen vor allem in der Rußbachfurche.

b) Historisches: Mittelalterliche Lambert-Kultstätte bei Traunfeld. Napoleonquartier im Schloß Wolkersdorf 1809. Der Rußbach 1866 Demarkationslinie zwischen den siegreichen Preußen und den geschlagenen Österreichern nach Königgrätz-Sadowa.

Bockfließ: Markt mit 1199 Einwohnern. Jakobskirche Pfarre vor 1376. Heute neugotisch von 1876.

Pranger von 1417.

Schloß: 1168 Ludovicus de Pohulise genannt. Ursprüngliche Anlage aus dem 15. Jh., nach 1780 neues Geschoß aufgesetzt, düsterer, wehrhafter Eindruck. Rechteck mit geböschter, fast 4 m starker Außenwand. Südfront mit vorspringenden Vierecktürmen und Tor mit Fußgängertürl. Innen gratgewölbte Räume, blinde Rundfenster. Nebengebäude mit Mauern, Wall und Graben.

Malerische Kellergassen.

Großengersdorf am Rußbach: Markt mit 1437 Einwohnern. Mariä-Himmelfahrts-Pfarrkirche erst 1784 Pfarre. Gotischer, kreuzrippengewölbter Chor mit $^5/_8$-Schluß vom Anfang des 15. Jh.s. Figurale Schlußsteine, mittelalterlicher Nordturm. Langhaus und Einrichtung neugotisch.

Pillichsdorf: Markt mit 1089 Einwohnern. Hallstattzeitliche Funde auf Kalvarienberg und an vielen anderen Stellen im Gemeindegebiet verbürgen frühe Besiedlung. Name von Gräfin Pilehilt, Gattin des 1044 verstorbenen Grafen Sighard. Mutterpfarre Mitte des 11. Jh.s von ihr oder ihren Söhnen errichtet. 1205 Sitz eines passauischen Dekanats, das zeitweise das halbe Landesviertel umfaßte. 1785 landesfürstliche Patronatspfarre. Burg 1529 von den Türken zerstört.

Martinskirche, große Pfeilerbasilika aus dem 13. bis 16. Jh., im 17. Jh. barock verändert. Mächtiger frei stehender Westturm mit Eckquadern und Treppenturmanbau. Zwei spätgotische Portale. Langhaus im Kern spätromanisch, um 1340 gotisiert. Im Mittelschiff Tonnengewölbe mit Stichkappen, im 1. Joch des südlichen Seitenschiffs gotisches Kreuzrippengewölbe. Hoher gotischer Chor um 1420. Dreiteilige Maßwerkfenster. In der Sakristei Westjoch um 1340 mit gotischem Kreuzrippengewölbe. Skulptierte Schlußsteine auf Konsolen. Außen spätromanische Steinplastik: segnender Christus in der Mandorla, beiderseits Drachen, um 1220. Ölberg um 1420, ebenfalls an Außenwand in einer Nische.

Wolkersdorf: Stadt mit 4658 Einwohnern. Um 1170 erstmals

genannt. Margaretenkirche vor 1350 Pfarre. Gotischer Chor aus zweiter Hälfte des 14. Jh.s mit 5/8-Schluß, Kreuzrippengewölbe mit Rosettenschlußstein. Dreiteiliges Relief: Christus am Ölberg, Vera-Ikon, Christus-Johannes-Gruppe aus der Mitte des 14. Jh.s.

Schloß urkundlich 1178. Mitte des 18. Jh.s barock umgebaut, Beibehaltung mittelalterlicher Teile. Mächtiger Bau mit viergeschossiger Hauptfront und sieben Fensterachsen zwischen zwei starken, quadratischen Türmen. Im Toreingang zwei romanische Bildsteine.

Ulrichskirchen: Markt mit 880 Einwohnern, Gemeinde Ulrichskirchen-Schleinbach. Um die Wende vom 11. zum 12. Jh. erstmals erwähnt, bis ins 15. Jh. hinein oft „Nerden“ genannt.

Ulrichskirche Pfarre vor 1161. Gotischer Bau mit in den drei unteren Geschossen romanischem Turm. Unterhalb der Unterkirche gewölbter Raum mit Fluchtausgängen. Dreischiffiges, dreijochiges Langhaus mit Tonnengewölbe und Stichkappen. Niedrige Seitenschiffe kreuzgewölbt. Chor aus dem 14. Jh., einjochig, mit 5/8-Schluß. Wanddienste und ornamentale Schlußsteine. Gotische Doppelnische. Marmorgrabstein von 1534, Wappengrabstein aus der ersten Hälfte des 16. Jh.s. Schloß: drei zweistöckige Flügel eines Vierecks, von Wassergraben umgeben. Ostteil mit unregelmäßigen Fenstern aus dem 16. Jh. bildet mit übrigen Flügeln offenen Hof, mit Laubengang im Erdgeschoß und vermauerten Renaissancearkaden in Obergeschossen. Ringwall und Basteien teilweise erhalten.

Kronberg: Dorf mit 390 Einwohnern, zur Gemeinde Ulrichskirchen-Schleinbach gehörend.

Pfarrkirche Maria Trost Pfarre 1330. Gotischer Quaderbau, kreuzrippengewölbtes vierjochiges Langhaus mit breit heruntergezogenen Rippen, einjochiger Chor mit 5/8-Schluß aus der ersten Hälfte des 14. Jh.s. Hölzerne Madonna vom Ende des 15. Jh.s.

Traunfeld: Dorf mit 320 Einwohnern, Gemeinde Hochleithen. Lambertkirche am Heiligenberg 3/4 Stunden außerhalb des Ortes gelegen. Ursprünglich gotische Westturmkirche, im 17. Jh. umgebaut, im 19. Jh. restauriert. Tonnengewölbe mit Stichkappen. Wasserburg Heiligenberg aus dem 12. Jh. verschwunden. Von 1815 bis 1836 Tiroler Freiheitskämpfer Pater Joachim Haspinger Pfarrer von Traunfeld.

c) Bemerkenswert: Schwimmbad Wolkersdorf mit Bassin, Sprungturm und Duschanlage. Waldbad Schleinbach mit Liegewiesen. – Reitstall und Reitgelände bei Riedenthal.

2. Wandermöglichkeiten

Markierte Wanderwege von Wolkersdorf auf die Anzengruberhöhe und weiter in den Hochleitenwald. Unmarkierte, aussichtsreiche Feldwege durch die Weingärten auf den Bockberg bei Großengersdorf, auf Wart- und Scheibenberg (zwischen Ulrichskirchen und Kronberg).

3. Zufahrt und Verkehrsverbindungen

Bahn von Wien-Südbahnhof (Ostbahnseite) nach Laa an der Thaya mit Haltestellen Obersdorf-Pillichsdorf, Wolkersdorf, Ulrichskirchen und Schleinbach. – Lokalbahn von Stammersdorf über Großschweinbarth nach Mistelbach mit Haltestellen Pillichsdorf, Großengersdorf und Bockfließ.

Post- und private Autobuslinien von Wien in alle genannten Orte.

Pkw-Fahrer: Bundes-(Europa-)Straße Nr. 7 über Eibesbrunn nach Wolkersdorf (ca. 25 km), weiter auf Bundesstraße bis zum Kasernberg (ca. 4 km) und westlich auf Landesstraße nach Kronberg (ca. 2 km). Über Ulrichskirchen nach Wolkersdorf zurück (ca. 7 km). Die Bundesstraße querend auf Landesstraße weiter nach Pillichsdorf (ca. 3 km) und über Großengersdorf nach Bockfließ (ca. 4 km). Auf Landesstraße nach Deutsch-Wagram (ca. 8 km) und auf Bundesstraße 8 nach Wien zurück (ca. 19 km).

4. Sehenswertes unterwegs

Napoleonsschanzen bei Stammersdorf. – Lokfriedhof in Straßhof an der Schnellbahn. – Nordbahnmuseum und Kirche in Deutsch-Wagram. – Erdölbohrtürme bei Bockfließ.

5. Karten und Führermaterial

Generalkarte Österreich, 1:200.000, Kartenblatt 1; Bundesamt für Eich- und Vermessungswesen, 1:50.000, Blätter 41 (Deutsch-Wagram) und 42 (Gänserndorf); Dehio-Kunstführer: „Niederösterreich"; Kröner: „Handbuch der historischen Stätten: Österreich", Band I; Reclams Kunstführer: „Österreich", Band I; Alex Handler: „Herzstück des Weinviertels"; Hans Edelmann: „Führer durch Niederösterreich"; Ausstellungskatalog „Brot und Wein".

7 (G)

VON DER „HUTSAUL"
ZUR AUSSICHTSWARTE

Raum Altlichtenwarth – Großkrut

Krachend stürzt die „Hutsaul" zu Boden: Alarm! Der Feind kommt! Von den Äckern, aus den Weingärten, aus den dürftigen Hütten rennen die Bauern und Kleinhäusler um ihr Leben, der Wehrkirche von St. Nikolaus zu, diesem wehrhaften Bau, der schon so manchem Feind getrotzt hat. „Seid auf der Hut, die Saul' ist g'fallen!" – läuten die Glocken ins Land. Als letzter bringt sich der Säulenwächter selbst in Sicherheit, der Späher mit den Luchsaugen, dem die Reiterscharen nicht entgangen sind.

Nicht immer sind sie verschont geblieben vor diesen Scharen. 1645 nicht vor den Schweden, und genau 300 Jahre später auch nicht vor den Russen. Heute, in einer friedlichen Zeit, erhebt sich auf dem Hutsaulberg ein gedeckter Aussichtsturm. Durch eine Parkanlage, an einem schlichten Soldatenehrenmal vorüber, führen zahlreiche Steinstufen und eine Wendeltreppe hinauf zur Plattform. Bei klarem Himmel kann man von dem nur 275 m hohen, aber isoliert stehenden Hügel über 50 Ortschaften schauen, niederösterreichische und auch solche, die nun der „Eiserne Vorhang" vom ursprünglichen Stammland trennt. Denn das Gebiet um Nikolsburg, Feldsberg und Lundenburg gehörte ja bis 1919 zu Österreich und wurde erst durch das Diktat von St. Germain von Österreich losgerissen.

1. Das Zielgebiet

a) Landschaftliches: Nordöstliches Weinviertel mit überraschend vielfältiger Landschaftsgestalt. Für die Gegend relativ hohe, parallel streichende Hügelkämme mit Äckern und Weingärten. Siedlungen in den Niederungen, keine Einzelgehöfte, malerische Windschutzgürtel, teilweise als Fliederhecken. Nur kleine Waldstücke. Wasserarme Region, Erdöl in den Randgebieten.

b) Historisches:

Alt-Lichtenwarth: 1048 Einwohner, Dorf. Pfarre schon vor 1280. Spätromanische Quaderkirche aus der Mitte des 13. Jh.s. 4 romanische Fenster. Im Chor des Seitenschiffs geschlossener Freskenzyklus um 1300 (Apostel, Propheten, Engel, Stifter); geht auf byzantinische Vorbilder zurück. Säulen nach Heiligenkreuzer und Schöngraberner Art, Triumphbogen. Auf dem nahen Leeberg jungsteinzeitliche Urnenbegräbnisstätte (Linearbandkeramik) aus dem 4. vorchristlichen Jahrtausend. Auf dem Hutsaulberg einst Erdburg.

Großkrut: „Siedlung der Kroaten“, Markt mit 1998 Einwohnern, Pfarre vor 1259. Mutterpfarre der Nordostecke des Weinviertels. Ursprünglich romanische Pfarrkirche mit Karner, stark gotisiert. Massiver quadratischer Turm. Prächtiges Außenrelief: „Christus am Ölberg“, um 1500.

Althöflein: Dorf, 400 Einwohner, langgestreckte Straßensiedlung. Am Ostende halbzerstörter Hausberg, jetziger Kalvarienberg. Georgskapelle im ehemaligen Wehrturm. Frühgotisches Kreuzgewölbe, jüngerer Ostturm, spätgotische Fenster und Portal.

Hauskirchen: Pfarre vor 1200. Dorf mit 1450 Einwohnern. Gotische Lorenzkirche auf vermutlich noch romanischen Pfeilern. Achtseitiger Vierungsturm aus dem 19. Jh.

Schloß mit Seitenflügeln um kleinen Ehrenhof, 1602.

2. Wandermöglichkeiten

Auf aussichtsreichen Feldwegen in Hochlage von Altlichtenwarth über den Sonnberg nach Großkrut, ca. 2 St. Von Altlichtenwarth durch den Plattwald und über den Schirmberg nach St. Ulrich, weiter über den Hausberg nach Hauskirchen, ca. 2½ Stunden. Alles unmarkiert, jedoch freie Sicht.

3. Zufahrt und Verkehrsverbindungen

Mit der ehemaligen Nordbahn von Wien-Praterstern über Gänserndorf nach Hohenau. Dort umsteigen nach Dobermannsdorf, und abermals nach Altlichtenwarth bzw. Großkrut-Althöflein. Abzweigung in Dobermannsdorf nach Hauskirchen (Zistersdorfer Linie).

Direkte Busse von Wien-Landstraße nach Hohenau mit Haltestellen in Großkrut, Althöflein und Altlichtenwarth.

Mit Pkw auf Europastraße E 7 (Bundesstraße 7) bis Wilfersdorf, dann Bundesstraße 47 nach Großkrut mit Abzweigungen nach Altlichtenwarth und Althöflein – Hauskirchen auf Nebenstraßen. Großkrut (ca. 60 km), Altlichtenwarth und Hauskirchen (je ca. 5 km), Althöflein (2 km).

4. Sehenswertes unterwegs

Franzosenschanzen bei der Siedlung Föhrenhain außerhalb von Stammersdorf. Wolkersdorfer Schloß. Gotische Quaderkirche in Kronberg. Bei Rückfahrt über Zistersdorf dort Stadtburg und romanische Wallfahrtskirche Maria Moos.

5. Karten und Führermaterial

Generalkarte Österreich, 1:200.000, Kartenblatt 1; Bundesamt für Eich- und Vermessungswesen, 1:50.000, Blatt 25 (Poysdorf); Alex Handler: „Herzstück des Weinviertels"; Dehio-Kunstführer: „Niederösterreich"; Kröner: „Handbuch der historischen Stätten: Österreich", Band I; Reclams Kunstführer: „Österreich", Band I; Hans Edelmann: „Führer durch Niederösterreich".

8 (H)

DIE WINDMÜHLE AUF DEM KIRCHTURM

Raum Deutsch-Wagram – Markgrafneusiedl

Ein „Tief" ist im Anzug. Für ein paar Stunden habe ich mich freimachen können, bin mit der Schnellbahn ins Marchfeld gefahren. Der Oststurm, den das Niederdruckgebiet ansaugt, orgelt über die Felder, durch die spärlichen Baumreihen, die als Windschutzgürtel stehengeblieben oder neu gepflanzt worden sind, damit solche Stürme nicht die kostbare Ackerkrume forttragen. Ich habe mir den Befreiungsgedenkstein angesehen, diese Erinnerung an die Befreiung von zehnjährigem Besatzungsjoch nach dem Zweiten Weltkrieg. Habe das alte Gotteshaus in Deutsch-Wagram besucht, eine richtige Kirchenburg, das auch in seinem neuen, schlichten und geschmackvollen Gewand andächtig stimmt. Ich habe mir vorgenommen, an einem Sonntag wiederzukehren, damit ich auch das Napoleonmuseum und die Geschichte der Nordbahn kennenlerne.

Ein überraschend grüner, stiller Fußpfad führt mich auf der Dammkrone des Rußbachs in den Nachbarort Parbasdorf; ein Dorf, das in den Napoleonischen Kriegen in Flammen aufgegangen ist. Doch die Grundlage für den Sieg von Aspern wurde dabei gelegt, den Sieg Erzherzog Karls über den bis dahin unüberwindlich scheinenden Napoleon I.

Ich ziehe weiter, Markgrafneusiedl zu. Wie ein Obelisk ragt die romanische Kirchenruine über die Äcker, mit ihrem aufgesetzten Windmühlturm ein Kuriosum eigener Prägung. Und plötzlich sehe ich gar nichts mehr: Dort, wo eben noch erstaunte Augen blaues, herrlich reines Wasser auf dem Grund Dutzende Meter tiefer Schottergruben geschaut, wo die Erdschichten wie ein Bilderbuch aufgeschlagen vor einem liegen und wo zwischen Baggern und Kränen das frische Grün der Liegewiese einer Badeanlage heraufleuchtet – dort hüllt nun eine Sturmbö Himmel und Erde in einförmiges Braun. Sandsturm! Prasselnd ergießen sich Millionen feiner Sand- und Staubpartikel auf den Wanderer, bedecken im Nu Schuhe und Kleider, Haare und Augen, machen ihn husten und spucken.

Ebenso schnell wie der Spuk gekommen, ist er wieder dahin. Das Erlebnis aber bleibt.

1. Das Zielgebiet

a) Landschaftliches: Flaches, fruchtbares Ackerland des Marchfelds mit vereinzelten Windschutzgürteln. Auwaldstreifen entlang des Rußbachs, weite Horizonte. Nördlich der Straße Deutsch-Wagram–Markgrafneusiedl Terrasse mit einer Reihe tiefer Schottergruben, deren Grundwasser zahlreiche Badegelegenheiten bietet. Trockenes, regenarmes Klima. Rußbach einziges nennenswertes Gewässer. Parklandschaft um Schloß Obersiebenbrunn.

b) Historisches:

Deutsch-Wagram: Markt mit 4481 Einwohnern, unter Ottokar II. von Böhmen. Name von „Wagrain“ („Wogenrain“), dem Stromufer eines verlandeten Donauarms. Da im 16. Jh. nach den Türkeneinfällen Kroaten das Marchfeld besiedelten und den riesigen Bevölkerungsverlust ausgleichen sollten, kam der Name „Deutsch-Wagram“ auf. 1809 Schlacht von 120.000 Österreichern unter Erzherzog Karl gegen 180.000 Franzosen unter Napoleon I., sechs Wochen nach österreichischem Sieg von Aspern. 1837 Deutsch-Wagram Endstation der ersten dampfgetriebenen Eisenbahn in Österreich von Floridsdorf. Rußbach 1866 Demarkationslinie zwischen Österreich und Preußen nach der Niederlage von Königgrätz. Deutsch-Wagram 1945–1955 Garnisonsort der Russen.

Sehenswürdigkeiten: Kirchenburg mit romanischem Langhaus, barockisiert, schlichte, eindrucksvolle Renovierung aus der Neuzeit. Muttergottesrelief „Maria mit dem Kinde“ 1514, bedeutendstes Kunstwerk aus dem Marchfeldraum.

Befreiungs- und Staatsvertrags-Gedenkstein.

Heimatmuseum in der Bahnhofstraße als Napoleonmuseum des Marchfelds. Dokumentation der Kaiser-Ferdinands-Nordbahn. (Öffnungszeiten: April bis Oktober am 1., 3. und 5. Sonntag des Monats von 10 bis 12 Uhr, am 2. und 4. Sonntag von 15 bis 17 Uhr. An Werk- und Feiertagen nicht zugänglich.)

Hauptquartier Erzherzog Karls unter Denkmalschutz.

Schlachtfeldsignierung mit 22 Gedenkstätten in den umliegenden Gemeinden, u. a. in Parbasdorf.

Markgrafneusiedl: Ort mit 675 Einwohnern, Pfarre um 1200. Chor der Pfarrkirche aus dem 14. Jh. mit Kreuzrippengewölbe, moderner, einst gotischer Achteckturm, gotischer Triumphbogen. Unter dem Chor Gruft mit Ossarium der Gefallenen von Deutsch-Wagram aus der Napoleonschlacht.

Martins-Kirchenruine abseits auf einem beherrschenden Hügel. Romanische Wehrkirche aus dem Ende des 12. Jh.s, Quaderbau mit Resten von Portal und Rundbogenfenstern. Später Turm einer inzwischen längst aufgelassenen Windmühle aufgesetzt; derzeit eingezäunt und nicht zugänglich.

Obersiebenbrunn: Markt mit 1269 Einwohnern. Schloß aus dem 17. Jh., unter Prinz Eugen umgestaltet. Torturm mit plastischen Giebelgruppen und wappenhaltenden Putten. Großzügig angelegter Garten mit regelmäßigen Gartenflächen und einstigen Wasserbassins. Prächtiges Gartenhaus von Lukas von Hildebrandt, Groteskfresken über die Freuden des Landlebens. Heute landwirtschaftliche Ordensschule für Mädchen.

Barocke Pfarrkirche mit Vierungskuppel.

c) Bemerkenswert: Schottergruben mit interessanter Schichtung zwischen Parbasdorf und Markgrafneusiedl, eine davon schon als Freibad ausgebaut. Weitere als Wildbadeplätze geeignet.

2. *Wandermöglichkeiten*

Auf der Dammkrone des Rußbaches von Deutsch-Wagram nach Parbasdorf, ca. 1 Stunde. Weiter, nun nördlich der Straße, nach Markgrafneusiedl, zwischen den Schottergruben in diesen Ort, ca. 3/4 St. – Rundgang durch den Schloßpark von Obersiebenbrunn, ca. 1 Stunde.

3. *Zufahrt und Verkehrsverbindungen*

Schnellbahn von Wien nach Deutsch-Wagram (Gänserndorfer S-Bahn-Ast).

Pranger in Bockfließ (Seite 38)

Gedenktafel nahe der „Kirche mit Windmühle", Markgrafneusiedl (Seite 46)

Asyl-Säule nahe dem Schloß in Dürnkrut (Seite 50)

Schloß Sachsengang, Großenzersdorf (Seite 55)

Private Buslinie (Redl) von Wien-Praterstern nach Markgrafneusiedl und weiter nach Obersiebenbrunn.

Mit Pkw auf Bundesstraße 8 nach Deutsch-Wagram (19 km), dann Landesstraße nach Markgrafneusiedl (6 km) und Obersiebenbrunn (7 km).

4. Sehenswertes unterwegs

Bei Rückfahrt über Orth an der Donau: Fischereimuseum im Schloß, Wehranlagen in Großenzersdorf.

5. Karten und Führermaterial

Generalkarte Österreich, 1:200.000, Kartenblatt 1; Bundesamt für Eich- und Vermessungswesen, 1:50.000, Blätter 41 (Deutsch-Wagram) und 42 (Gänserndorf); Dehio-Kunstführer: „Niederösterreich"; Reclams Kunstführer: „Österreich", Band I; Kröner: „Handbuch der historischen Stätten: Österreich", Band I.

9 (H)

RUDOLF SIEGT FÜR ÖSTERREICH

Raum Stillfried – Dürnkrut – Jedenspeigen – Drösing

Ausgerechnet in Bregenz, am anderen Ende Österreichs, kommen wir darauf zu sprechen – der Volkshochschulleiter und ich als Gastvortragender: daß man im Marchfeld, hart an der slowakischen Grenze, vergebens nach einem würdigen Erinnerungsdenkmal an jene Schlacht suche, die am 26. August 1278 am Weidenbach zwischen Rudolf von Habsburg und Ottokar von Böhmen geschlagen wurde und wohl entscheidend die nachfolgende Geschichte Österreichs bestimmte. Ja, Fachlehrer Lang hat auf seiner „Ostlandreise" ebensowenig zwischen Dürnkrut und Jedenspeigen ein Erinnerungsmal gefunden wie Freund Erich und ich auf unserem recht ausgedehnten Vorfrühlingsmarsch zwischen Marchauen, verwahrlosten Schlössern und austreibenden Weinstöcken im Frühling 1974. Es mußte September werden, ehe meine liebe Frau und ich einen Gedenkstein finden – im etliche Kilometer weiter südlichen Stillfried. Neben der Wehrkirche steht er, auch erst im Jahr des sechzigjährigen Regierungsjubiläums Kaiser Franz Josephs I. errichtet, der Adler mit nur mehr einer Schwinge, unscheinbar und leicht zu übersehen neben der wuchtigen Wehrkirche mit dem siebenhundertjährigen Grabstein eines Priesters; noch unbedeutender angesichts der nun schon 100 Jahre währenden Ausgrabungen an der urgeschichtlichen Wallanlage.

Man muß ins Museum in der Schule gehen und soll sogar dort beginnen; denn dort ist auf einem riesigen Schaubild die Schlacht von Dürnkrut rekonstruiert, mit einer anschaulichen Legende versehen. So anschaulich, daß dann auch der letzte Schüler weiß, wie sehr damals am Weidenbach das Kriegsglück lang auf des Messers Schneide stand, wie schließlich nur das Hervorpreschen der letzten Reiter aus Rudolfs Reserve von einem strategisch wichtigen Hügel das Schicksal des Böhmenkönigs besiegelte.

Dort, in diesem ganz großartigen Museum, werden wir dann auch richtig neugierig gemacht auf die urzeitliche Wallburg von Stillfried, sehen in Vitrinen, welch reiche Schätze aus den verschiedensten Geschichtsepochen schon in nun hundertjähriger Kleinarbeit gehoben wurden, und treten schließlich – entsprechend präpariert – den Gang zum Grabungsfeld hinter der Wehrkirche an. Ein ganzes, dicht bewaldetes Schluchtensystem ist es ja; Gräben, die einst 11 m tief ausgehoben waren und im Lauf der Jahrhunderte schon wieder 2 m zugewachsen sind; ein Wall, der ebenso hoch aufgeworfen wurde; Gräber, in denen teilweise noch urgeschichtliche Backöfen oder Skelette geopferter Tiere liegen; ein Wallschnitt, der die einzelnen Kulturschichten durch verschiedenfarbige Tönung anzeigt; Brandreste vom Versuch feindlicher Heerhaufen, die Wallburg zu stürmen. Kurzum – auf nach Stillfried!

1. Das Zielgebiet

a) Landschaftliches: Geologisch liegt Stillfried an Schnittstelle zwischen zwei Großlandschaften: östliches Weinviertel und Steilabbruch zur Marchniederung. Eingebrochene Beckenlandschaft zwischen Alpen und Karpaten. Landschaftlich reizvolle Gegend mit weiter Fernsicht vom Rand der Weinviertler Hochfläche. An der March Auwald, viele tote und lebende Seitenarme des Flusses und vereinzelt auch mehr oder minder verschilfte Tümpel. Weinbau, Ackerland und Zuckerrübenanbaugebiet (Zuckerfabriken in Dürnkrut und Hohenau). Siedlungen über beide Landschaften verstreut, wichtige Ortschaften jedoch auf alte Bernsteinstraße entlang der March konzentriert. Keine Einzelgehöfte.

b) Historisches: Erste Spuren der Besiedlung des Stillfrieder Raumes bis ca. 30.000 v. Chr. zurückreichend, aber eiszeitliche Jägerstationen aus der Altsteinzeit (600.000–10.000 v. Chr.) schon an zehn Fundplätzen des Steilabfalls nachgewiesen. Keramik- und reiche Bronzezeitfunde (Beile, Dolchklingen, Schmuckstücke). Zur Zeit der Urnenfelderkultur überregionale Bedeutung Stillfrieds (eigener Tassentypus der „Stillfrieder Kultur"). Keltengrab gefunden. Römische Wachtstation nördlich der Donaugrenze mit reichen Funden. Auch in Drösing und Dürnkrut Funde aus der Bronze- und Jungsteinzeit.

Stillfried: Heute Markt mit 2262 Einwohnern, als Gemeinde mit Angern an der March vereinigt. Ortsgebiet seit Altsteinzeit besiedelt. In ersten nachchristlichen Jahrhunderten Ansiedlung von Quaden. Fluchtburg der Völkerwanderung zu frühmittelalterlicher Wallburg ausgestaltet. Name Stillfried 1045 erstmals genannt. Günstiger Siedlungsplatz an der Bernsteinstraße. Alte Blockflureinteilung anstelle der (jüngeren) „Lüsse". 1045/50 Pfarre Stillfried als Mutterpfarre des Nordteils der „Ungarischen Mark" installiert. Marktrecht 1355.

Wallburg mit Ausgrabungen westlich der Kirche.

Georgskirche mit gotischem Kreuzrippengewölbe im Westturm aus dem Anfang des 14. Jh.s. Sakristei mit Kreuzrippengewölbe und Doppelnische aus dem 15. Jh. Siboto-Grabstein von 1301. Unterirdische kreuzgewölbte mittelalterliche Halle. Museum in der Schule mit reichhaltigen Sammlungen.

Waidendorf: Dorf der Gemeinde Dürnkrut mit 710 Einwohnern. Ulrichskirche vor 1333 Pfarre. Schmale, langgestreckte, niedere Kirche aus unregelmäßigen Quadern aus dem 13. Jh. Dreijochiges Langhaus mit 3/8-Chor mit schmalen Maßwerkfenstern, im 17. Jh. umgebaut.

Dürnkrut: Markt mit 2589 Einwohnern, das erstmals 1160 genannte „Durrencrute". Jakobskirche Pfarre vor 1500. Einheitlicher Barockbau. Schloß durch Hadmar von Kuenring um 1200 gegründet. 1529 durch die Türken zerstört. Neubau Ende des 16. Jh.s. Ringgraben, fünfstöckiger Turm mit stuckierter Einfahrt. Tor mit Atlanten. Heute Wohnhaus.

Jedenspeigen: Marktgemeinde mit 1191 Einwohnern. In der Nähe der Marchschlinge in der zweiten Hälfte des 11. Jh.s entstandenes Angerdorf („Beuge des Jedung" – „Jedungsbeugen"). 1113 erstmals als „Hiedungspiugun" genannt. Marktrecht 1513. Seit der

Schlacht am Weidenbach am 26. August 1278 gilt Jedenspeigen als „Wiege der Habsburger Dynastie".

Martinskirche Pfarre vor 1233. Kreuzrippengewölbter 5/8-Schluß um 1360. Die 1945 zerstörte gotische Sakristei wieder aufgebaut.

Schloß urkundlich 1295. In heutiger Form nach Zerstörung zweigeschossiger Bau mit Wallgraben. Vorgelagerter Rechteckturm, Südflügel mit Arkaden. Wappentor.

Drösing: Markt mit 1363 Einwohnern. Regelmäßig verbautes Platzdorf mit Quadratplatz. Entstehungszeit vermutlich erste Hälfte des 11. Jh.s. Pfarre Mutterpfarre für Neumarkgebiet. „Simperlberg" nahe der March: Erdaufschüttung aus der Zeit der Errichtung der Neumark, von Wassergraben umgeben, vermutlich Fundament einer Holzburg. Lorenzikirche um 1000 Pfarre. Heutige Form kreuzförmiger Bau von 1796. Romanischer Wehrturm im Westen, Quaderbau mit Plattform, Helm aus achteckiger Steinpyramide.

c) Bemerkenswert: Böhmenschlachtdenkmal nur in Stillfried. – Badegelegenheit in abgetrennten Marcharmen bei Stillfried. Hallen- und Freibad in Zistersdorf. Freibad in Gänserndorf. Sommerbad in Rabensburg.

2. Wandermöglichkeiten

Unmarkiert auf dem Hochwasserdamm der March durch die interessante Aulandschaft oder auf dem Abfall des Weinviertler Hochlands zur Marchniederung zwischen Stillfried und Drösing auf Feldwegen mit weiter Fernsicht über die Marchgrenze. Vorsicht im Grenzgebiet! – Zur „Wutzelburg" in Richtung Angern (Aussichtspunkt). Netz von neu hergerichteten Wanderwegen im Bereich der Stillfrieder Wallburg.

3. Zufahrt und Verkehrsverbindungen

Mit der Schnellbahn nach Gänserndorf, dort Umsteigen in Züge Richtung Hohenau – Bernhardsthal, oder direkte Züge ab Wien-Praterstern.

Private Buslinien von Dürnkrut nach Mistelbach und Wien.

Pkw-Fahrer: Bundesstraße 8 über Deutsch-Wagram – Angern bis Stillfried (ca. 47 km), dann Bundesstraße 49 bis Dürnkrut (weitere ca. 8 km). Jedenspeigen ab Dürnkrut (ca. 4 km), Drösing (weitere ca. 5 km). Waidendorf auf Landesstraße von Dürnkrut westlich (ca. 3 km).

4. Sehenswertes unterwegs

Deutsch-Wagram: Befreiungsdenkstein (Staatsvertragsstein), Nordbahnmuseum, Schlachtfeldsignierung. – Straßhof: Eisenbahnfriedhof mit Hunderten ausrangierter Dampfloks. – Gänserndorf: Barockisierte gotische Kirche aus dem 14. Jh. – Jagdmuseum und Naturreservat Marchegg-Marchauen. – Erdölfelder, besonders bei Prottes und Matzen. – Zuckerrübenfabriken in Hohenau und Dürnkrut.

5. Karten und Führermaterial

Generalkarte Österreich, 1:200.000, Kartenblatt 1; Bundesamt für Eich- und Vermessungswesen, 1:50.000, Blätter 26 (Hohenau), 42 (Gänserndorf) und 43 (Marchegg); Alex Handler: „Herzstück des Weinviertels"; Dehio-Kunstführer: „Niederösterreich"; Kröner: „Handbuch der historischen Stätten: Österreich", Band I; Reclams Kunstführer: „Österreich", Band I.

10 (H)

NAPOLEON WIRD GESCHLAGEN!

Raum Aspern – Großenzersdorf – Sachsengang – Probstdorf – Orth an der Donau

„Hart an dem schmalen Donauarme auf dem linken Ufer liegt das Dorf Aspern, eine Viertelmeile davon etwas weiter landeinwärts Eßling, beide für das übergehende Heer von größter Wichtigkeit; unverzüglich besetzte daher Masséna Aspern, Lannes Eßling. Da riß der Strom, durch das frühe Schmelzen des Alpenschnees plötzlich um mehrere Fuß gestiegen und reißend dahinflutend, aus der längsten Brücke mehrere Kähne mit sich fort. Napoleon war nun doch, wenn auch die Brücke während der Nacht wiederhergestellt wurde, bedenklich, ob er – eine so wenig zuverlässige Brücke im Rücken – es wagen könne, eine Schlacht zu liefern; allein seine Generale glaubten, daß die besetzten Dörfer nicht aufgegeben werden dürften. Sie zogen dann immer neue Kolonnen über die schwankende Brücke herüber; von einem Feinde aber war nichts zu sehen.

Da erkannte am 21. Mai um Mittag der Marschall Berthier, Napoleons Generalstabschef, vom Eßlinger Kirchturme aus das Heer des Erzherzogs Karl, wie es in einem weiten Halbmonde über die geneigte Ebene des Marchfeldes heranmarschiert kam, um die Franzosen in den beiden Donaudörfern einzuschließen. Und nicht lange, so gingen sie unter rauschenden Schlachtfanfaren zum Sturme auf die beiden Dörfer vor; um 4 Uhr nachmittags begann die Schlacht. Von beiden Seiten wurde mit äußerster Heftigkeit gefochten; mit stürmischem Ungestüm griffen die Österreicher an; mit zäher Ausdauer verteidigten die Franzosen jedes Haus. Fünfmal erobern die Österreicher Aspern, um es immer wieder zu verlieren; endlich als sie es zum sechstenmal erstürmten, bricht die Nacht herein und macht dem Kampf ein Ende. Aspern blieb in der Hand der Österreicher, aber in Eßling behaupteten sich die Franzosen. Eine Entscheidung war nicht gegeben.

Die ganze Nacht marschierten ohne Unterbrechung die französischen Brigaden von der Lobau hinüber auf das Schlachtfeld, so daß Napoleon am 22. Mai die Übermacht so entschieden auf seiner Seite hatte, wie er sie am 21. nicht gehabt hatte. Schon um 2 Uhr morgens, beim ersten Grauen des neuen Tages begann der Kampf von neuem: Masséna ging zum Sturm auf Aspern vor; es wiederholte sich das blutige Spiel des vergangenen Tages. Da versuchte Napoleon die Entscheidung durch eine gewaltige Kavallerieattacke gegen das österreichische Zentrum herbeizuführen; Lannes führte sie an. Mit größter Standhaftigkeit hielten die Österreicher die Wucht des Angriffs aus, aber ermüdet vom vorigen Tage, begannen sie doch allmählich zurückzuweichen. In diesem kritischen Augenblicke ergriff Erzherzog Karl selbst die Fahne des Regimentes Zach und führte, durch sein Beispiel sie anfeuernd, die wankenden Reihen zurück in den Kampf; Reserven wurden herangezogen und die Franzosen wieder in ihre alten Stellungen zurückgedrängt. Lannes ritt hin und her, den Mut der Seinen aufrecht zu erhalten, unbekümmert um die Kugeln, die ihn umflogen; endlich gab er den dringenden Bitten seiner Offiziere nach und stieg vom Pferde. Aber in demselben Augenblicke zerschmetterte ihm eine Kugel beide Kniee. Bessières, der neben ihm stand, hob mit Hilfe eines Offiziers den blutenden Helden auf; er wurde auf einen Kürassiermantel gelegt und nach dem Donauufer hinabgetragen, wo auf der Stelle die notwendige Amputation vorgenommen wurde.

Immer höher war die Donau gestiegen, immer reißender die Strömung geworden. Die Österreicher ließen Schiffsmühlen,

Flöße, Balken gegen die Brücke der Franzosen hinabtreiben, um sie zu zerstören. Es gelang; die längste Brücke zerriß; Napoleon sah seine Reserve auf dem rechten Donauufer abgeschnitten ... Die Schlacht war vorüber, die erste, die der Kaiser nicht gewonnen. Die ‚Kanaillen von Österreichern' hatten ihm, wie er selbst gestand, den Sieg aus der Hand gewunden ..."

So steht es in „Spanner's Illustrierter Weltgeschichte", Band 9, aus dem Jahr 1902. Heute haben Ölhafen, Donau-Oder-Kanal (besser gesagt, der Torso davon), Siedlungstätigkeit und moderne Straßen das Landschaftsbild der Lobau grundlegend verändert. Ihr Herz jedoch soll wieder zu einer echten Erholungslandschaft für die Wiener werden, mit einem Lobaumuseum im Forsthaus, mit Rad- und Wanderwegen (die derzeit noch oft in Abenteuer ausarten), mit ausgeholzten Zugängen zu den Gedenkstätten Napoleonstein, Napoleons Pulvermagazin, Napoleons Hauptquartier, Franzosenfriedhof und Napoleonsschanze, an die alle bloß noch schlichte Gedenksteine erinnern.

1. Das Zielgebiet

a) Landschaftliches: Grenzgebiet Wien – Niederösterreich donauabwärts der Stadt am linken Stromufer. Flachland mit teils dichtem Auwald, großen Wiesenflächen dazwischen und zahlreichen alten Donauarmen, die zum Teil schon stark verlandet oder zumindest verschilft sind. Außerhalb des Augebiets fruchtbares Ackerland des Marchfelds. Besiedlung auf stark expandierende Ortschaften konzentriert, im Augebiet nur Jäger- und Hegerhäuser, sowie Wirtschaftshof. Naturschutzgebiet mit reicher Fauna.

b) Historisches:

Aspern: Teil des 22. Wiener Gemeindebezirkes. Altes „Aspern" = „bei den Espen". 1258/59 urkundlich erwähnt. Angerdorf jedoch schon für das 11. Jh. anzunehmen. Durch Überschwemmungen und Eisstöße wiederholt verheert und neu angelegt.

Martinskirche um 1670 erbaut. Schlichter, ländlicher Bau, einschiffig, mit angefügtem Ostturm. Taufstein von 1678. „Löwe von Aspern" vor der Kirche, Denkmal für die Schlacht von 1809.

Großenzersdorf: Stadt seit 1396 mit 4976 Einwohnern. Bei Kasernenbau in der Gemeindeschottergrube 13 Gräber mit 35 Urnen aus späterer Bronzezeit gefunden. 1021 Schenkung der Insel „Sahsonagang“ durch Kaiser Heinrich II. an Kloster Weihenstephan. 1160 Herrschaft „Encinesdorf“ genannt, Hauptort des Freisinger Besitzes mit eigener Gerichtsbarkeit und Marktrecht. Pfarre im 12. Jh. von Freising aus gegründet. 1396 Stadterhebung und Bau der heute noch weitgehend erhaltenen 7 m hohen Stadtmauer. Stadtwappen aus jener Zeit. 1483 Eroberung durch Matthias Corvinus und Zerstörung der im Zentrum gelegenen Burg. Heimsuchung durch Türken und Schweden, Großfeuer 1730 mit verheerenden Folgen.

Pfarrkirche Maria Schutz dreischiffige, ursprünglich gotische Basilika, im 17. Jh. umgebaut. Gotischer, kreuzrippengewölbter Chor aus dem 15. Jh. Derber, quadratischer gotischer Nordturm mit barocker Haube. Wappengrabstein von 1575.

Rathaus aus dem 17. Jh., ehemals Klosterkirche.

In der nahen Lobau: Gedenksteine „Übergang der Franzosen“, „Napoleons Pulvermagazin“, „Franzosenfriedhof“, „Napoleons Hauptquartier“, „Napoleons Schanze“.

Sachsengang: Heute zur Gemeinde Großenzersdorf gehörig. Älteste Burg des Marchfelds. Urnenfriedhof aus jüngerer Steinzeit und zwei Gräber aus La Tène-Zeit aufgedeckt. Heutige Wehranlage auf 40 m breitem Hügel, von breitem Wassergraben und Ringmauer umgeben. Viereckiger romanischer Berchfrit. Ursprünglich zum Schutz des „Schönauer Urfahr“ in der Nähe der Fischamündung errichtet. Im 10./11. Jh. mit befestigtem Meierhof Schutz gegen Ungarn. Erste Burg um 1030 angelegt. Heutige Gestalt aus dem 17. Jh. 1683 Fluchtort vor den Türken, 1809 hinhaltender Widerstand gegen Franzosen. Bedeutung seit erstem Wiener Brückenbau 1439 stark geschwunden. Unregelmäßiger, vieleckiger, fast kreisrunder Zweistockbau um engen Hof.

Probstdorf: Dorf mit 360 Einwohnern, zur Gemeinde Großenzersdorf gehörig. Stephanspfarrkirche Pfarre vor 1200. Chor aus dem 14. Jh. mit Kreuzrippengewölbe und Maßwerkfenstern. Barockisiertes romanisches Langhaus. Freilegung romanischer Fresken und von Resten gotischen Südportals. Gotischer Taufstein.

Orth an der Donau: Markt mit 1517 Einwohnern. Wenig verästelte Donau begünstigte Entstehung sehr alter Urfahr. Erste Besiedlungsspuren aus jüngerer Steinzeit. 865 „Ortaha“ erwähnt, aber nicht eindeutig lokalisiert. 1021 ein „Orta“ Grenzort der Insel Sachsengang. Keine räumlich geschlossene Anlage, sondern aus sechs Teilen zusammengewachsen. Seit dem 10. Jh. jahrhundertelang bischöflich regensburgische Enklave mit eigenem Recht.

Michaelskirche um 1148 Pfarre. Chor von 1517, Umbau und Langhaus von 1690 (Wappen über Triumphbogen). Turm aus dem 17. Jh., Glocke mit Relief von 1689.

Schloß: 1137 Hartnit vom Orte genannt. Düsterer, mächtiger Eindruck, drei Flügel um „Ehrenhof". Heutiges Aussehen aus Zeit um 1550. Schneckenstiege mit sternverzierter Decke aus dem Ende des 15. Jh.s. Raum mit Stuck-Netzgewölbe aus dem 16. Jh. Ehemaliger Speisesaal mit Türvertäfelung aus dem 16. Jh. Österreichisches Fischerei- und Gewässerschutzmuseum, Heimatmuseum Orth und Umgebung. Öffnungszeiten: 1. April bis 31. Oktober, täglich 10 bis 17 Uhr, außer Montag.

c) Bemerkenswert: Wildbadegelegenheiten an der Donau. Fähre vom Uferhaus (Wirtshaus) zum gegenüberliegenden Donauufer nach Haslau. Schöne Radfahrmöglichkeiten in der Lobau und auf dem Hubertusdamm. – Lobaumuseum im Forsthaus. – Bademöglichkeit auch im Donau-Oder-Kanal.

2. *Wandermöglichkeiten*

Markierungsnetz in der Lobau derzeit nicht sehr gut instandgehalten. Fülle von Wandermöglichkeiten, vor allem im Frühling und Herbst (im Sommer Gelsenplage!). Bei Hochwasser Augebiet meiden! Wandermöglichkeit auch auf dem Schutzdamm donauabwärts.

3. *Zufahrt und Verkehrsverbindungen*

Städtische Autobuslinie 26 A (Einheitstarif) über Aspern–Eßling bis Großenzersdorf. Postautobuslinien von Wien-Landstraße in alle Ortschaften.

Pkw-Fahrer: Bundesstraße 210 ab Donaupark (vom Zentrum ca. 6 km) nach Aspern (ca. 5 km), Großenzersdorf (ca. 6 km), Probstdorf (ca. 6 km), Orth an der Donau (ca. 8 km). Zum Uferhaus mit Fähre nach Haslau (ca. 3 km). – Sachsengang Abzweigung auf Bezirksstraße zwischen Großenzersdorf und Probstdorf, ca. 4 km von Großenzersdorf.

4. *Sehenswertes unterwegs*

Donaupark, Reservegärten Hirschstetten, Flugplatz Aspern.

5. Karten und Führermaterial

Generalkarte Österreich, 1:200.000, Kartenblätter 1 und 2; Freytag-Berndt & Artaria, Großer Buchplan von Wien, 1:25.000 (für westliches Zielgebiet); Bundesamt für Eich- und Vermessungswesen, 1:50.000, Blätter 59 (Wien) und 60 (Bruck an der Leitha); Helmfried Knoll: „Vom Nordwald bis zur Puszta", Kapitel 42; Helmfried Knoll: „Wandern – jahrein und jahraus", Kapitel: „40 km Damm"; Kröner: „Handbuch der historischen Stätten: Österreich", Band I; Reclams Kunstführer: „Österreich", Band I; Dehio-Kunstführer: „Niederösterreich" und „Wien"; „Die Lobau" von Friedrich Heller, Verlag Gerlach & Wiedling, 1975.

11 (H)

WEHRBAUTEN AN DER PORTA HUNGARICA

Raum Hainburg – Deutsch-Altenburg – Hundsheim

Karsamstag 1954. Im noch immer besetzten Wien geht ein langer, harter Winter seinem Ende entgegen. Grau ist die Stadt, grau sind auch die Parks, die Gärten zwischen den Häuserfronten. Noch nicht die leiseste Spur eines Frühlingsahnens will sich zeigen.

Im Weststurm zerre ich das Radl auf die Straße. Vom Weststurm lasse ich mich treiben, die Betonrollbahn entlang, die in den letzten Kriegsmonaten den Nachschub für die kämpfende Front im Osten gebracht hat. Eine Stunde verrinnt, noch eine. Durch den mittelalterlichen Wehrturm von Fischamend treibt mich der Sturm, am Heidentor vorüber, dem letzten steinernen Zeugen aus römischer Zeit. Ich fahre über den gleichen Spuren, die später der Preußenkönig, die Habsburger, Napoleon, die Mittelmächte des Ersten Weltkriegs, die Heerführer des Dritten Reiches hier an dieser klassischen Donaupforte hinterließen.

Fast spielerisch treibt mich der Wind die Gegensteigung bei Bad Deutsch-Altenburg hinan, läßt mich jauchzend jenseits des Hügels der Stadt entgegensausen, die Ziel der diesmaligen Fahrt ist: Hainburg, die tausendjährige Wächterin an der Porta Hungarica, dem Durchbruch der Donau zwischen Kleinen Karpaten und Hundsheimer Bergen. Ehrfurchtsvoll trete ich durch das Wiener Tor, in dem noch die Steinkugeln vergangener Jahrhunderte und die Granatsplitter des jüngsten Krieges stecken. Schaudernd lese ich in der Blutgasse die Gedenktafel an das Gemetzel, das die türkischen Eroberer hier angerichtet haben. Und mag später der Sturm auf dem kahlen Hochplateau des Braunsbergs noch so orgeln – in einem alten Schützenloch sammle ich, vor ihm wohlbehütet, die erste Sonne, die erste „Farbe" eines Frühlings, der ja doch irgendeinmal in jedem Jahr wiederkehrt. Hier, durch die Ungarische Pforte; hier sogar früher als im Wienerwald und in der großen Stadt, die nun 50 km stromauf liegt. Nun dehnt sich Hainburg tief unter mir, die wehrhafte Stadt mit ihren Toren, Mauern und Zinnen, mit dem Burgberg als Bindeglied zu den Hundsheimer Bergen. Möge dieses Schützenloch nie mehr kriegerischen Zwecken dienen müssen, möge es als friedlicher Auslug über eine friedliche Stadt wachen! Es ist hart genug, wenn man runde zwanzig Jahre später vom Donauschiff aus sehen muß, wie sich der Nachbarstaat mit Stacheldrahtverhauen, Wachttürmen und dicht besetzten Postenketten noch immer hermetisch abschließt.

1. Das Zielgebiet

a) Landschaftliches: Stromland an der Porta Hungarica mit Durchbruchstal durch die Landbrücke von Kleinen Karpaten und Hundsheimer Bergen. Nördlich des Stroms fruchtbares Ackerland des flachen Marchfelds, geschützt durch den Hubertusdamm, südlich langgezogene Felsrücken der Hundsheimer Berge bis 480 m aufragend. Spitzerberg als Parallelkette noch über 300 m. Wald vornehmlich im Strombereich und im Bergland, dort vor allem an der Nordseite. Südhänge felsig, meist frei, mit seltener pannonischer Flora. Mächtiger Kalksteinbruch bei Bad Deutsch-Altenburg. Inseln und Halbinseln in der Donau.

b) Historisches:

Bad Deutsch-Altenburg: Donauübergang der alten Bernsteinstraße, vom römischen Wachtberg „Am Stein" · beherrscht. Markt mit 1269 Einwohnern, Heilbad. Im 11. Jh. Burg der Bayern gegen Ungarn, die bald zerstört und später weiter ostwärts als „Heimenburg" wieder errichtet wurde (Hainburg!). Siedlung „Altenburg" an ihrer Statt 1297 erstmals urkundlich belegt.

Sehenswürdigkeiten: Marienkirche, dreischiffige romanische Pfeilerbasilika aus dem 13. Jh., glückliche Verbindung mit dem Chor aus dem 14. Jh. Frühgotischer Westturm romanische Rundbogenfenster und zwei romanische Tore. Innenausstattung eher dürftig, meist neugotisch.

Karner daneben spätromanisch, Rundbau aus schönem Quaderwerk. Reiches Tor, Rundbogenfries, Freskenreste aus dem 13. Jh. Schloß Ludwigstorff: Wasserschloß aus dem 17. Jh. Afrikamuseum des Landes Niederösterreich mit Trophäenschau Ernst A. Zwillings. Gotische Figuren, musizierende Giebelreiter.

Museum Carnuntinum mit bedeutenden Römerfunden (u. a. Mithräum mit Kultbild, Grabsteinen, Altären, Statuen, Waffen und Schmuck). Pfaffenberg: Oberhalb des Steinbruchs beginnende Ausgrabungen des wahrscheinlich größten römischen Tempelbezirks in Österreich.

Hainburg an der Donau: Stadt mit 6009 Einwohnern. Schon in der Hallstattzeit ausgedehnte illyrische Siedlung auf dem baumfreien Braunsbergrücken, u. a. Mondidole gefunden. Wallburganlagen aus der späten La Tène-Zeit durch militärische Anlagen und Straßenbau völlig zerstört.

Ende des 11. Jh.s als wehrhafte „Heimenburg" von Deutsch-Altenburg nach Osten vorgeschoben. Schon 1043 Reichsfeste gegen Ungarn. Planmäßiger Ausbau unter Leopold VI. Stadtmauer und Tore aus dem 13. Jh. Blüte im Mittelalter, nach Türkeneinfällen und Niedermetzelung oder Verschleppung der Bewohner starker Rückgang.

Sehenswürdigkeiten: Wiener Tor in der Stadtmauer, eines der wertvollsten Stadttore des deutschen Kulturbereichs aus bearbeiteten Buckelquadern. Ritterfiguren als Torwächter (beschädigt) um 1270. Ungartor und Fischertor etwas älter bzw. etwas jünger; Stadtmauer fast zur Gänze erhalten, 2,5 km lang und bis zu 10 m hoch, mit weiteren 10 Türmen.

Burgruine aus dem Mittelalter mit herrlichem Blick auf Stadt und das nahe Preßburg. Weitläufige Anlage aus dem 12. und 13. Jh., jedoch seit 16. Jh. nicht mehr bewohnt.

Romanischer ehemaliger Rundkarner aus dem 13. Jh. Von der ursprünglich romanischen Kirche nur mehr Reste im Pfarrgarten. Heutige Pfarrkirche um 1700 erbaut, barock ausgestaltet.

Ehemalige Synagoge in der Wiener Straße 9, einzige erhaltene mittelalterliche Synagoge Österreichs.

Mariensäule auf dem Hauptplatz von 1749, eine der reizvollsten Säulen des Landes.

Giebelwand eines noch romanischen Hauses an ostwärtiger Stadtmauer. Mehrere gotische Häuser im Stadtbereich.

Ruine Röthelstein an neuer Braunsbergstraße, urkundlich 1190, angeblich im 15. Jh. zerstört. Bruchsteinmauerwerk und Berchfrit mit Schießscharten. Hochlage über der Donau.

Hundsheim: Angerdorf mit 537 Einwohnern und zahlreichen malerischen Häusern (Dreiseit- und Hakenhöfe). Ehemalige romanische Annenkapelle aus dem Anfang des 13. Jh.s heute in Wohnhaus eingebaut. Zwei gotische Wehrtürme aus Bruchsteinmauerwerk mit Ortsteinen, einer davon Ruine.

Petronell-Carnuntum: Markt von 1142 mit 1227 Einwohnern. Carnuntum in römischer Literatur erstmals im Jahr 6 n. Chr. als Ort im Königreich Noricum genannt. Vermutlich auf illyrokeltische Stadtanlage auf dem Braunsberg bezogen. Vergeltungszug des Tiberius gegen Markomannen abgebrochen, da Aufstand der Völkerschaften im Rücken der Legionen. Zwangsaussiedlung der Ureinwohner und Zerstörung der Bergstadt vermutet.

Schon 14 n. Chr. Verlegung einer Legion an den pannonischen Limes und Errichtung großen, befestigten Lagers. Steinkastell zwischen heutigem Petronell und Bad Deutsch-Altenburg. Name Carnuntum dafür übernommen. Wichtiger Kreuzungspunkt der Ost-West-Straße entlang der Donau mit Nord-Süd-(„Bernstein-)Straße. Festung Carnuntum der Römer bestand fast 400 Jahre lang. Westlich des Militärlagers Zivilstadt angelegt, in Blütezeit etwa 70.000 Bewohner. Zunächst „Municipium Aelium Carnuntum“, später „Colonia Septimia Carnuntum“ mit je einem Amphitheater für Militär und Zivilbevölkerung. In Markomannenkriegen 170–180 schwere Zerstörungen. 375 Carnuntum „verlassenes, schmutziges Nest“. Sporadische Germanenbesiedlung bis ins 6. Jh.

Sehenswürdigkeiten: Umfassungsmauer des Lagers als Wall erhalten. 1. Amphitheater mit geräumiger Arena, Tierzwinger und Nemesiskapelle. Seit 1948 im Garten des Schlosses Traun Freilegung eines Teiles der Zivilstadt mit Ziel eines Freilichtmuseums: bisher 7 Häuser einheimischen Typus mit Verkaufsläden, Lager- und Magazinräumen, Kanalanlagen, Hypokausten, Mosaik- und Ziegelfußböden, Stück 6 m breiter Straße. Westlich der Rundkapelle 2. Amphitheater mit Fassungsraum für 25.000 Menschen aus der ersten Hälfte des 2. Jh.s. Im Südtor eingebaut altchristliche Basilika mit Taufraum.

Amphitheater Carnuntum (Seite 61)

Haydns Geburtshaus in Rohrau (Seite 67)

Schloß Halbturn (Seite 72)

Innenhof von Schloß Prugg, Bruck an der Leitha (Seite 77)

„Heidentor“: Ruine eines ursprünglich viertorigen Baus vom Anfang des 3. Jh.s. Großes Bad vom Anfang des 2. Jh.s. Petronilla-Pfarrkirche vor 1072 Pfarre, urkundlich 1125. Romanischer Bau um 1200, regelmäßiges Quaderwerk mit geradem Chor und gotischem Seitenschiff vom Ende des 14. Jh.s. Außenwand mit Würfelkapitellen und profiliertem Rundbogenfries. Romanischer Triumphbogen.

Rundkapelle (heute Abensberg-Traun'sche Gruft). Einer der wertvollsten romanischen Rundbauten Österreichs. Halbkreisapsis, zwei Nebenapsiden. Außen 22 3/4-Säulen mit Blattkapitellen, profilierter Rundbogenfries auf Kapitellen und Konsolen. Romanisches Stufentor mit je 4 Halbsäulen und Würfelkapitellen. Steile Basen mit Eckknollen. Derbes Relief Taufe Christi. Ursprünglich Wehrkirche.

Schloß Traun aus dem 17. Jh., ab 1660 unter Bauführung D. und C. Carlones errichtet. Ursprünglich Wasserburg. Vier Flügel um Rechteckhof, teilweise durch stuckierte Gesimse gegliederte Außenfront, achteckige Ecktürme mit Nischenstatuen und Kegeldach. Prunkvolle Freitreppe mit krönendem Mittelturm. Hauptgeschoß mit geschuppten Konsolen, Fruchtkränzen, Kaiserbüsten über den Fenstern. 60 m lange Steinbrücke. Sala terrena mit illusionistischen Malereien 1694. Kunstgewerbe- und Donaumuseum.

c) Bemerkenswert: Bergbad Hainburg an der Donau mit Vorwärmeanlage, Sprungturm, Liegewiese, Unterwasserfenstern. – Strandbad Deutsch-Altenburg mit Duschanlage, Campingplatz und Bootsverleih. – Sommerbad Schwechat auf der Anfahrtsstrecke.

Segelfliegerschule auf dem Spitzerberg (Bundessportschule in Prellenkirchen). – Naturpark Hundsheimer Berge mit seltener Flora in Ausgestaltung (World Wild Life Funds). – Höhenstraße auf den Braunsberg mit Blick auf Preßburg, Theben und Marchmündung. – Marc-Aurel-Kaserne des Bundesheeres mit Nahkampfschule.

2. Wandermöglichkeiten

Schloßberg mit Burgruine Hainburg ca. 1/2 St. – Ruine Röthelstein entlang der Donau, ca. 1/2 St. – Braunsberg auf unmarkiertem Fußweg zwischen Felsen ca. 3/4 St. oder entlang der Höhenstraße. – Hundsheimer Kogel (höchste Erhebung rundum, 480 m) von Hainburg blau markiert, ca. 1 St. Herrliche Fernsicht. Von Hainburg nach Deutsch-Altenburg entlang der Donau, ca. 3/4 St.

3. Zufahrt und Verkehrsverbindungen

Schnellbahnzüge auf der Linie der ehemaligen „Preßburger" von Wien-Praterstern bis Wolfsthal mit Stationen Deutsch-Altenburg und drei Haltestellen im Stadtgebiet von Hainburg.

Postautobus Wien-Landstraße–Hainburg über Orth an der Donau.

ÖBB-Busse von Wien-Landstraße über Hainburg nach Kittsee mit Haltestellen in Bad Deutsch-Altenburg und Hainburg. ÖBB-Busse Hainburg–Deutsch-Altenburg–Hundsheim–Bruck an der Leitha.

Pkw-Fahrer: Bundesstraße 9 bis Bad Deutsch-Altenburg (ca. 47 Kilometer), nach Hainburg (weitere 3 km). Von Deutsch-Altenburg nach Hundsheim über Landstraßen (ca. 3 km). – Marchfeldroute über Großenzersdorf–Orth–Loimersdorf (Bundesstraße 210)–Stopfenreuth-Donaubrücke nach Bad Deutsch-Altenburg (ca. 49 Kilometer).

4. Sehenswertes unterwegs

Flughafen Schwechat. – Marktturm Fischamend mit Heimatmuseum. – Wallfahrtskirche der Fleischhauer Maria-Ellend. – Sommerspiele in Carnuntum. – Im Marchfeld: Stadtmauer Großenzersdorf, Fischereimuseum in Schloß Orth.

5. Karten und Führermaterial

Generalkarte Österreich, 1:200.000, Kartenblätter 1 und 2; Bundesamt für Eich- und Vermessungswesen, 1:50.000, Blatt 61 (Hainburg an der Donau); Reclams Kunstführer: „Österreich", Band I; Kröner: „Handbuch der historischen Stätten: Österreich", Band I; Dehio-Kunstführer: „Niederösterreich"; Hans Edelmann: „Führer durch Niederösterreich"; Helmfried Knoll: „Wanderungen rings um Wien", Kapitel 50 und 51; Helmfried Knoll: „Vom Nordwald bis zur Puszta", Kapitel 43; Helmfried Knoll: „Wandern – jahrein und jahraus", Kapitel: „40 km Damm"; Helmfried Knoll: „Erwanderte Heimat – erlebte Fremde", Kapitel: „Hainburg – Ziel im Frühling".

12 (H)

„GOTT ERHALTE, GOTT BESCHÜTZE..."

Raum Kittsee – Edelstal – Schönabrunn – Rohrau an der Leitha

Ein Hauch des alten, des größeren Österreich liegt über dem Grenzland an der Leitha zwischen Kittsee im Burgenland und Rohrau in Niederösterreich. Im Schloß Kittsee, das herrlich einem gepflegten Park entragt, dankt es uns die Kassierin speziell, als wir uns nach dem Wolkenbruch draußen besonders gut die Schuhe abputzen und die Regenmäntel ablegen: „Wegen der Parkettböden, die jeden Montag frisch gebohnert werden müssen", meint sie entschuldigend. Dafür glänzen dann auch diese Böden trotz der zahlreichen Besucher im Ethnographischen Museum der ost- und südosteuropäischen Volkskulturen, das dort erst 1973 mit jährlich wechselnden Schaustücken eine Heimstatt gefunden hat. Ein langer Gang mit anmutigen Landschaftsgemälden aus dem jugoslawischen Raum leitet über zu den einzelnen Sälen voller Kostbarkeiten aus den einstigen Kronländern der Doppelmonarchie, aber darüber hinaus auch Rumäniens, Polens, Albaniens, Bulgariens und anderer Staaten des Ostens und Südostens unseres Kontinents. Gewänder, Stickereien, Schmuck, Ikonen, riesenhafte figürliche Holzkreuze, Kinderspielzeug, Waffen – ein faszinierendes Bild, das man selber gesehen haben muß, das man alle Jahre wieder schauen muß, weil es ja ständig wechselt.

Als im Westen ein brandroter Streif aufflammt und das Ende des Gußregens ankündigt, kehren wir ein bei Meister Haydn, in seinem und seines Bruders Michael liebevoll gepflegten Geburtshaus im niederösterreichischen Rohrau an der Leitha. Im ersten Dämmer des nahenden Abends liegt der Hof mit Haydns Büste im frischen Grün der Grasfläche vor uns. Weinlaub rankt sich über Arkaden zum Strohdach hinaus, Maiskolben baumeln an langen Schnüren reihenweise zwischen frisch geweißten Wänden, und aus den Schauräumen erklingt gedämpft die Melodie einer der zahlreichen Symphonien des so schöpferischen Meisters. Gemälde, Musikinstrumente, Noten und Aussprüche sind von ihm festgehalten. Einen habe ich mir so ungefähr gemerkt: „Ich war ein fleißiger Schüler. Wenn die anderen Kinder spielen gingen, dann nahm ich mein Clavierl unterm Arm und stieg hinauf in meine Kammer zum Üben." So wurde denn aus dem kleinen Dorfbuben, dem Sohn eines bescheidenen Wagnermeisters, einer der größten und fruchtbarsten Musiker der Welt. Seine „Jahreszeiten", seine „Schöpfung", seine Symphonien und – nicht zuletzt – seine unsterbliche Melodie der einstigen Kaiserhymne „Gott erhalte, Gott beschütze" mit all ihren Texten von Hoffmann von Fallersleben bis Ottokar Kernstock trugen Österreichs musikalischen Ruhm durch die ganze Welt – und tragen ihn heute noch weiter durch die Konzertsäle und Rundfunkstudios.

1. Das Zielgebiet:

a) Landschaftliches: Waldarmes Flachland zwischen Hundsheimer Bergen, Spitzerberg und Leitha. An den Südhängen der Berge Weinbau, sonst Ackerland und Obstbaugebiet (Marillen!). In der Randzone für die flache Gegend beträchtliche Erhebungen mit großartiger Fernsicht (Königswarte 344 m, Spitzerberg 302 m). Zahlreiche Alleen und Windschutzgürtel. Besiedlung auf Ortschaften konzentriert. Außer der Leitha keine größeren Gewässer.

b) Historisches: Besiedlung schon in der Jungsteinzeit durch Funde bei Kittsee und Edelstal nachgewiesen. Römerstraße Carnuntum-Gerulata (Kroatisch-Jahrnsdorf). Römerquelle und -bad in Edelstal. Bis 1921 Grenze zwischen Trans- und Cisleithanien, Österreich und Ungarn.

Kittsee: Markt mit 2851 Einwohnern hart am „Eisernen Vorhang" zu Ungarn und nahe der Dreiländerecke Österreich:ČSSR: Ungarn. Historisch wichtige Lage am Verbindungsweg von Wien durch das „Ungarische Tor" (Porta Hungarica). Funde aus Jungsteinzeit und Wieselburger Kultur. Petschenegische Grenzwächtersiedlung. 1198 Lager des Kreuzfahrer-Heers unter Friedrich Barbarossa in Erwartung der Durchzugserlaubnis durch Ungarn. Burg 1270/71 durch Ottokar von Böhmen zerstört. 1291 Abschluß des sogenannten „Hainburger Friedens" zwischen Herzog Albrecht I. von Österreich und Steiermark und König Andreas III. von Ungarn in Kittsee. Seither durch Jahrhunderte bei feierlichen Anlässen Empfangsplatz der Habsburger durch ungarische Delegationen. Altes Schloß ursprünglich Wasserburg an alter Donauschlinge, bis in das 12. Jh. zurückreichend. Spätgotisches Tor in den Keller. In Eingangshalle Stuckdarstellung Kittsees. Neben dem Schloß alter Judenfriedhof.

Neues Schloß Ethnographisches Museum; Umbau mit alter Inneneinrichtung. Steinportal mit Inschrift von 1668 in Park versetzt. Von ehemals vier Bastionen nur mehr eine erhalten.

„Heidenturm" („Ödenturm") an Straße nach Edelstal Ruine des Kirchturms der Wehrkirche von Lebarn (heute Wüstung, 1529 von den Türken zerstörte Siedlung).

Pama: Dorf mit 981 Einwohnern. Steinzeitliche Funde, römische Sarkophaggräber. 1208 als „villa Kurthuel" bezeichnet, 1368 „Pama", später „Baumern", im 16. Jh. Ansiedlung von Kroaten.

Romanische Allerheiligen-Pfarrkirche, im Spätbarock und 19. Jh. verändert. Aus „antiquissimus lapidibus" erbaut. Romanische Konsolen an den Westecken. Kämpferloses Westportal mit zwei Rundwülsten vom Anfang des 13. Jh.s. Westturm im Erdgeschoß gotisch, mit spätgotischen Konsolen und Zinnenaufbau im Rhythmus der Konsolen.

Edelstal: Dorf mit 625 Einwohnern, Gemeinde Kittsee. Awarenfriedhof mit 256 Gräbern vom Anfang des 9. Jh.s. Münzfund im Nußgartenried mit ca. 3000 Stück aus dem 14. und 15. Jh. Kenntnis der radioaktiven „Römerquelle" reicht sehr weit in der Geschichte zurück. Seit 1890 offiziell für Trink- und Badekuren verwendet. Pfarrkirche ursprünglich nur Kapelle, 1740 Stephanskirche. Schlichte, große Hallenkirche.

Prellenkirchen: Ort mit 1181 Einwohnern. Heiligengeistkirche, Pfarre vor 1250. Stattliche vierjochige Saalkirche vom Ende des 17. Jh.s mit Halbkreisschluß und Westturm. Innen einfache Stuckrahmungen, Tonnengewölbe mit Stichkappen aus dem 17. Jh. Schloß: Ostflügel eines ehemaligen Wasserschlosses um kleinen Hof erhalten, Reste abgebrochen. Zweigeschossig aus dem 17. Jh., Kern jedoch älter.

Schönabrunn: Dorf mit 180 Einwohnern, Gemeinde Prellenkirchen. Bartholomäus- und Sylvesterkirche kleiner, spätromanischer Bau mit massigem Ostturm (Steinpyramidendach) mit eingebauter Halbkreisapsis. Befestigte Bruchsteinwerkmauern, an der Kirche Ortsteine. Flachgedecktes Langhaus, gotische Orgelempore, einfaches spätgotisches Südtor. Inneneinrichtung durch Kriegseinwirkung schwer beschädigt.

Rohrau an der Leitha: Markt mit 1340 Einwohnern. Schon 1240 Marktrecht. Ortsname vom häufigen Schilfvorkommen in der Leithagegend (1612 eigener Rohrzins eingehoben!). Feste Rohrau Reichslehen. Veitskirche Pfarre vor 1349. Stattlicher spätgotischer Bau im Friedhof. $^5/_8$-Chorschluß mit abgetreppten Strebepfeilern. Kreuzrippengewölbe auf Konsolen aus der zweiten Hälfte des 14. Jh.s. Harrach'sche Familiengruft. Reste eines Rittergrabsteins aus rotem Marmor. Schloß urkundlich 1230. Heutiger Bau im Kern Wasserburg aus dem 16. Jh., wiederholt verändert. Schöner Park. Seit 1969 Graf Harrach'sche Familiensammlung (berühmte Gemälde spanischer, neapolitanischer, römischer und niederländischer Barockmaler, kostbares Mobiliar und Kunstgewerbe). Besuchszeit täglich außer Montag von 9 bis 17 Uhr zwischen Mitte März und Mitte November. Geburtshaus Joseph und Michael Haydns mit Erinnerungen, ganzjährig außer Montag von 9 bis 17 Uhr geöffnet.

c) Bemerkenswert: Schwimmbäder in Edelstal und Bruck an der Leitha. – Bergbad in Hainburg an der Donau. – Bundessportschule Spitzerberg (Segelflugschule).

2. Wandermöglichkeiten

Von Edelstal auf die Königswarte und weiter zur Ruine Pottenburg (Hasenburg) oder auf den Hundsheimer Kogel. Auf den Spitzerberg von Edelstal oder Prellenkirchen. Parkspaziergänge in Rohrau und Kittsee.

3. Zufahrt und Verkehrsverbindungen

Ostbahn Wien – Bruck an der Leitha. Dann ÖBB-Busverbindung über Rohrau – Schönabrunn – Prellenkirchen nach Kittsee und

Bad Deutsch-Altenburg – Hainburg an der Donau. – Direkte ÖBB-Busse von Wien-Landstraße nach Kittsee über Hainburg an der Donau. Pkw-Fahrer: Bundesstraße 10 Wien – Bruck an der Leitha (ca. 39 km). Weiter auf Landesstraße nach Rohrau (ca. 8 km), Schönabrunn (ca. 5 km) und Prellenkirchen (ca. 3 km). Nach Edelstal weitere ca. 4 km und über Berg nach Kittsee (ca. 7 km). Rückfahrt auf Bundesstraße 9 a zur Bundesstraße 9 ostwärts Wolfsthal (ca. 5 km) und über Hainburg nach Wien zurück (ca. 57 km).

4. Sehenswertes unterwegs

Schloß Rothmühle in Schwechat mit Sommerfestspielen (Nestroy-Stücke). – Romanische Kirche und Karner in Margarethen am Moos. Bruck an der Leitha: Stadtmauern, karolingische Kirchenruine beim Haidhof Richtung Parndorf. – Ruine Pottenburg („Hasenburg“) bei Wolfsthal. – Hainburg (Stadtmauern, Tore, Burgruine). – Deutsch-Altenburg (Kirche, Karner, römische Ausgrabungen, Afrika-museum). – Carnuntum (Lapidarium, Amphitheater, Heidentor). – Fischamend (Marktturm).

5. Karten und Führermaterial

Generalkarte Österreich, 1:200.000, Kartenblatt 2; Bundesamt für Eich- und Vermessungswesen, 1:50.000, Blatt 61 (Hainburg an der Donau); Alfred Schmeller: „Das Burgenland“; „Neuer Reiseführer Burgenland“; Dehio-Kunstführer: „Niederösterreich“; Kröner: „Handbuch der historischen Stätten: Österreich“, Band I; Reclams Kunstführer: „Österreich“, Band I; Hans Edelmann: „Führer durch Niederösterreich“.

13 (G)

ZUM DOM DES BURGENLANDES

Raum Halbturn – Frauenkirchen – Gols – Seewinkel

Ein ganz eigenartiges Gefühl: Da wanderst du stundenlang auf Feldwegen durch Nußalleen und Weinberge, durch ein Land der weiten Horizonte, wie es der burgenländische Seewinkel mehr als alle anderen Landschaften Österreichs ist. Hast den blauen Himmel über dir, die sengende Septembersonne, die nur ab und zu ein spärlicher Windhauch mildert, und den Reichtum dieses Landstrichs rundum: Traubenschwere Weinstöcke, von ihrer Last schier zu Boden gedrückte Pfirsichbäumchen, aufplatzende Nüsse, gigantische Maiskolben. Und plötzlich taucht ein Waldstück auf, ein herrlich schattiger Park. Darin ein weißes, leuchtendes Gebäude: Schloß Halbturn. Und weil 1974 ein Maulbertsch-Jubiläumsjahr ist, hat man dieses Schloß ausersehen, den Besucher auch im Burgenland (nicht nur in Wien und Niederösterreich) mit den Werken des großen Barockmalers bekanntzumachen. So trittst du plötzlich aus der Mittagsglut in den Schatten hoher Bäume, trittst ein in das Halbdunkel der Eingangshalle und – wenn du deinen Obolus entrichtet hast – in das Dunkel der anschließenden Säle. Denn: „Nacht muß es sein, wenn Maulbertschs Sterne strahlen" möchte man ein bekanntes Zitat abwandeln: An der Rückwand sind bequeme Hocker aufgestellt. Dort kann sich der müde Wanderer niederlassen und gebannt den Bildern folgen, die zwei raffiniert aufgestellte automatische Diaprojektoren auf die gegenüberliegende Wand und die frisch geweißte Decke werfen. Dias der berühmtesten Werke des Meisters im In- und

Ausland, untermalt mit Barockmusik oder knappen, fachkundigen Kommentaren. Hast du besonderes Glück, so kannst du sogar vor einem beweglichen Spiegel Platz nehmen und die „auf die Decke geworfenen“ Gemälde in allen Einzelheiten studieren. Moderne Kunstführung unseres Jahrhunderts, geglückter Versuch, Vergangenheit und Gegenwart mit Hilfe der Technik zusammenzuspannen.

Beglückt und ausgeruht, trittst du dann wieder die weite Wanderung durch den Seewinkel an, um einen Genuß reicher, der nicht alltäglich ist und dich einen tiefen Blick in die Vergangenheit, in die Geschichte tun ließ, in eine Zeit, da es noch keinen „Eisernen Vorhang“ gab, ja, nicht einmal eine Grenze, sondern nur ein großes Kaiserreich . . .

1. Das Zielgebiet

a) Landschaftliches: Flachland des „Seewinkels“ mit den niedrigst gelegenen Ortschaften Österreichs (Illmitz 115 m), im Westen vom Ostufer des stark verschilften Neusiedler Sees, im Süden und Osten von der ungarischen Grenze abgeschirmt. Gegen Nordwesten abebbender Lößrücken der Parndorfer Platte. Wein-, Mais- und Gemüseanbaugebiet, von den „Lacken“ verschiedenster Größe unterbrochen, die zum Teil als Badeplätze ausgebaut sind. Vogel- und Naturschutzgebiet des „World Wild Life Funds“. Siedlungen als große Angerdörfer. Gegen Südosten pusztaähnliches Steppenland mit Weideplätzen für riesige Viehherden.

b) Historisches: Grenzland, das immer wieder während der Auseinandersetzungen des Abendlandes überflutet wurde. Mit dem übrigen Burgenland erst seit 1921/22 bei Österreich. Zur Zeit des Ungarnaufstands 1956 Auffanggebiet für zahllose Flüchtlinge („Die Brücke von Andau“).

W e i d e n a m S e e: Markt mit 1701 Einwohnern. Reiche prähistorische Funde. Römische Ansiedlung vermutet. Nekropolis der Wieselburger Kultur. „Veden“, 1338 „Weyden“. 1413 im Besitz des Raaber Domkapitels. Ältester Teil „Markt“.

Dreifaltigkeitskirche vom Ende des 18. Jh.s. Einheitliche Einrichtung aus Bruck an der Leitha. „Ecce homo“ an Straße nach Neusiedl 1612. Dreifaltigkeitssäule mit hl. Josef und hl. Nepomuk 1745 am Hauptplatz. Marienkapelle vom Ende des 18. Jh.s am Ortsende.

Gols: Größte Weinbaugemeinde Österreichs, Markt mit 3287 Einwohnern. Vereinzelte Funde aus Jungstein-, Hallstatt- und Römerzeit. Römischer Burgus zwischen Gols und Podersdorf. 1217 „Dorf Galus beim See Ferko" urkundlich genannt. Hochburg des Protestantismus. Früher großes, zusammenhängendes Waldgebiet.

Jakobskirche aus romanischer Zeit, durch Restaurierungen kaum mehr kenntlich. Kleinkirche mit massivem Ostturm. Hinter Hauptaltar großes romanisches Schlitzfenster. Nach Brand 1922 durch kleine, unsymmetrische Fenster ersetzt. Früher Schießscharten.

Besonders schöne Gefallenengedächtnisstätte.

Dreifaltigkeitssäule aus dem Jahr 1618 an Bundesstraße.

Mönchhof: Dorf mit 2220 Einwohnern. 1217 Gut Leginthov (Mönchhof) von König Andreas II. dem Stift Heiligenkreuz zwecks klösterlicher Niederlassung, Meierei und Weinbaus geschenkt. 30 Kolonistenhäuser, blühendes Wirtschaftsleben durch Tatareneinbruch vernichtet. Neuer Aufstieg im 14. Jh., dann Türkenverwüstungen.

Magdalenenkirche 1240 urkundlich erwähnt. Heutiger Bau von 1729/34 nach vorheriger Türkenzerstörung. Pfarrhof von 1729.

Ortsturm von 1669 mit modernem Steinhelm.

Ecce-homo-Lichtsäule mit Tabernakel und Inschrift 1622.

Gotischer Tabernakelbildstock mit drei Wappenschilden an Abzweigung nach Zurndorf.

Halbturn: Markt mit 1913 Einwohnern. Im Mittelalter Bestandteil der Herrschaft Ungarisch Altenburg. 1466 „villa Felthorom", 1493 „possessio Holbenthurm". Kaiserliches Gestüt 1529 durch Türken vernichtet, 1532–1662 wurden die Pferde zum Schutz vor Wölfen nachts im Klosterhof untergebracht. 1683 neuerliche Türkenzerstörung. 1975 Tapisserieausstellung im Schloß.

Josefskirche bereits im Mittelalter selbständig, Neubau 1714 geweiht.

Schloß: Ursprünglicher Bau von Lukas von Hildebrandt Anfang des 18. Jh.s errichtet und bis ins 20. Jh. fast unverändert erhalten. Kleinod der österreichischen Barockarchitektur, 1949 abgebrannt, seit 1960 restauriert. Im Mittelsaal Deckenfresko von Franz Anton Maulbertsch (Apotheose des Sonnengotts) als Zentrum der Ausstellung von 1974.

Frauenkirchen: Markt mit 2749 Einwohnern. Funde aus der Jungstein- und Römerzeit, vermutlich römische Siedlung südlich des Orts. 1324 „Zenmaria" (Szent-Maria) urkundlich genannt. Schon 1335 vielbesuchter Wallfahrtsort. Nach Türkenzerstörung Kirche

150 Jahre lang Ruine („öde Kirche der Puszta der seligsten Jungfrau"). Gnadenbild erhalten und von Paul Esterhazy aufgefunden. Neubau 1668, Weihe 1669. Heute riesige Zweiturmfassade, die weit über Seewinkel sichtbar ist. Verkröpfte toskanische Pilaster, maßvolle, mehrschichtige Gliederung. Vierjochiges Langhaus. Raumeindruck von Weiß, Gelb und Gold bestimmt. Stuck und Fresken von italienischen Meistern. Am Hauptaltar Gnadenbild Madonna mit Kind aus der Mitte des 14. Jh.s. In Schatzkammer silberne Muttergottesstatue 1695, Marienglocke 1697.

Kalvarienberg von 1683 versetzt und 1958 restauriert. An der Straße nach St. Andrä originelle barocke Familiensäule.

c) Bemerkenswert: „Ungarischer Zug" der Raab – Ödenburg – Ebenfurther Eisenbahn von Neusiedl, bzw. fallweise von Parndorf durch den Seewinkel nach Pamhagen (ungarisches Betriebspersonal). – Schilfloser Badestrand am Neusiedler See in Podersdorf mit großem Campingplatz. – Reiterromantik in der Puszta des Seewinkels. – Vogelschutzgebiet und riesige Rinderherden, vereinzelt noch Ziehbrunnen. Badegelegenheiten. Seebäder auch in Neusiedl, Weiden und St. Andrä am Zicksee. – Sauerquelle in Illmitz. – Seemuseum in Neusiedl am See.

2. Wandermöglichkeiten

Teilweise markierte Wanderwege (Feldwege) durch die Weinberge von Gols nach Halbturn. Schöne Spazierwege im Halbturner Parkgelände. – Markierter Rundweg um die „Lange Lacke".

3. Zufahrt und Verkehrsverbindungen

Ostbahn von Wien-Südbahnhof bis Parndorf, dann Linie nach Wulkaprodersdorf bis Neusiedl am See und ungarische Bahn in den Seewinkel (fallweise schon ab Parndorf) mit Haltestellen in allen Ortschaften.

Bundesbahnautobusse von Wien-Landstraße über Neusiedl in alle wichtigen Seewinkelortschaften.

Pkw-Fahrer: Bundesstraße 9 bis Schwechat (ca. 13 km), dann Bundesstraße 10 bis Parndorf (ca. 33 km) und Bundesstraße 50 bis zur Abzweigung Neusiedl (ca. 3 km) in den Seewinkel; weiter auf Bundesstraße 51. Weiden (ca. 5 km), Gols (ca. 4 km), Mönchhof (ca. 3 km), Halbturn (ca. 3 km), Frauenkirchen auf Bundesstraße 52 ab Mönchhof (ca. 6 km).

4. Sehenswertes unterwegs

Schwechat (Raffinerie, Schloß Rothmühle mit Theateraufführungen), romanische Kirche Margarethen am Moos, Bruck an der Leitha (Stadtmauer), Haidhof (karolingische Kirchenruine), Neusiedl (Seemuseum, Tabor). Ostwärts Halbturn nach ca. 3 km „Eiserner Vorhang".

5. Karten und Führermaterial

Generalkarte Österreich, 1:200.000, Kartenblatt 2; Freytag-Berndt & Artaria, 1:100.000, Blatt 27 (Leithagebirge, Neusiedler See); Bundesamt für Eich- und Vermessungswesen, 1:50.000, Blatt 79 (Neusiedl am See); Dr. Alfred Schmeller: „Das Burgenland"; Neuer Reiseführer Burgenland; Kröner: „Handbuch der historischen Stätten: Österreich", Band I; Reclams Kunstführer: „Österreich", Band I; Helmfried Knoll: „Von meinen Wanderpfaden", Kapitel „Im Seewinkel"; Helmfried Knoll: „Wanderungen rings um Wien", Kapitel 53; Helmfried Knoll: „Vom Nordwald bis zur Puszta", Kapitel 44.

14 (H)

EINE KAROLINGISCHE KIRCHENRUINE

Raum Bruck an der Leitha – Parndorf

Ein klarer Jännertag. Mild, ohne Schnee, wolkenlos. Aus dem Boden quillt die Feuchtigkeit. Die Bauern nutzen das ungewohnte Wetter und rattern, den Pflug hinter sich, mit den Traktoren über die Felder. Ich habe die Stadt hinter mir gelassen, die wehrhaften, vielhundertjährigen Mauern an der Leithafurt. Folge dem teils sandigen, teils schlammigen Straßenband durch die Äcker. Eine einsame Häusergruppe am niederen Horizont: der Haidhof. Kein Wegweiser, kein Straßenschild. Mit der Landkarte in der Hand begehe ich nun einen schmalen Grasrain zwischen den umgebrochenen Schollen. Schilf, ein Tümpel. Unwahrscheinlich blau das Wasser, das den Himmel widerspiegelt. Und wenige Schritte seitab, etwa 1 m hoch, von Rasenziegeln bedeckt, die deutlichen Grundmauern einer Kirche. „Chunigesbrunnen" – Königsbrunn, das Gotteshaus einer „abgekommenen" Ortschaft, wie es in der Fachsprache heißt. 900, 1100 Jahre alt – wer könnte es genau sagen, wie alt diese karolingische Kirchenruine wirklich ist? Karl der Große, die Ostmark, Otto der Große, die Schlacht auf dem Lechfeld, Türken, Ungarn, Russen – wenn Steine reden könnten ... Doch sie sind stumm. So stumm wie die ungeheuren Strohgebirge in der Nähe, deren Stroh in der Nachmittagssonne goldgelb aufleuchtet. Bloß eben 900 Jahre älter; oder gar 1100!

1. Das Zielgebiet

a) Landschaftliches: Das Grenzgebiet Niederösterreich : Burgenland am Grenzfluß Leitha, der durch Jahrhunderte auch Österreich von Ungarn trennte, Cisleithanien von Transleithanien, ehe das Burgenland zu Österreich kam. Ein nur scheinbar flaches, „langweiliges" Gebiet, dem man im grenzüberschreitenden Verkehr nach Ungarn oder auf der „Rollbahn" zum Neusiedler See viel zu wenig Beachtung schenkt. Im Süden rücken die Ausläufer des Leithagebirges bis nah an die Stadt heran. Von schmalen Auwaldstreifen abgesehen, ist die Gegend Acker- und Heideland.

b) Historisches:

Bruck an der Leitha: Bezirkshauptstadt, 7500 Einwohner. Funde aus der Bronze- und La-Tène-Zeit lassen auf alte Besiedlung schließen. Ausgrabungen aus der Römerzeit (Grabsteine, Gebäudereste, Münzen). Ursprünglicher Name „Ascherichesprugge" (nach dem ersten Erzbischof der ungarischen Bischofsstadt Gran). Planmäßig gotische Gründungsstadt aus dem 13. Jh. Neben Wiener Neustadt und Korneuburg die bedeutendste derartige Anlage an einer Stelle, wo die Leitha in stark versumpftem Gelände leicht zu überschreiten war. Rechteckiger Mauerring als wichtiges Glied im Wehrgürtel gegen Ungarn, dem Lauf der Leitha angepaßt. Burg an der Hauptangriffsseite errichtet. Schon zur Zeit der „Bernsteinstraße" und der Legionsstraße Aquileja – Scarabantia – Carnuntum bedeutender Handelsplatz. Seit dem 13. Jh. bereits Maut- und Zollstätte. Eroberung durch Matthias Corvinus 1484 und durch die Türken 1529. Ende des 18. Jh.s bescheidene Industrialisierung, 1910 Bau der Zuckerfabrik.

Sehenswürdigkeiten: Noch teilweise gut erhaltener Mauerring aus dem 13. Jh. mit Türmen und Vorwerksresten.

Neue Pfarrkirche, an einen Stadtturm angebaut, aus dem Ende des 17. Jh.s (romanische Martinskirche abgerissen, heute Wählamt). Rathaus und Bezirkshauptmannschaft am Hauptplatz, Renaissance mit Säulenarkaden im Hof, Rokokobalkon.

Augustiner-Eremitenkloster aus dem 17. Jh.

Schloß Prugg: Frühgotischer Berchfrit aus Quadern. Umgestaltung im 19. Jh. auf neugotischen Stil. Eindrucksvolle Anlage. Park im Stil englischer Gärten, exotische Baumgruppen.

Parndorf: Zahlreiche prähistorische Funde. Ansiedlung von Veteranen der römischen Legionen im 2. und 3. nachchristlichen Jh. Funde keltisch-bojischer Silbermünzen. Pfarrkirche: Ostturm mit Kapelle noch aus dem 12. Jh., Bruchsteinmauerwerk.

Bruckneudorf: Westlich des Haidhofs, 2 km von Parndorf entfernt, Ausgrabung eines römischen Gutshofs von beachtlicher Größe, der vorzüglich erhalten war (Herrenhaus, Repräsentationssaal, Apsis). Reich mit Mosaiken bedeckte Räume (mehr als 30). Größter Mosaikfund auf österreichischem Boden. Von anderthalb Kilometer langer Mauer umgeben. Friedhof mit Bojer- und Keltengräbern.

Rund 300 m nördlich des Haidhofs karolingische Kirchenruine aus dem 9. oder 11. Jh. Hufeisenförmige Apsis, eingezogener Triumphbogen. Dorfgrundriß im Gelände daneben. Vielleicht das 1074 genannte Königsbrunn (Chunigesbrunnen). Heute Felder, Wasserstelle und 1 m hohes Bruchsteinmauerwerk.

Kaisersteinbruch: Westlich der Ruine „Ödes Kloster" römischer Straßenzug freigelegt. Im „Blauen Bruch" Knochen von abgestürzten Pferden aus der Hallstattzeit. Jagdplatz um 900 v. Chr. Frühestes Vorkommen der schweren Pferderasse.

c) Bemerkenswert: Truppenübungsplatz Kaisersteinbruch im Süden von Bruck an der Leitha. Sommerbad mit Becken 60x20 m, Tennisplatz in Bruck an der Leitha.

2. Wandermöglichkeiten

Leithaauen, Russenkapelle von Bruck aus. Leithagebirge von Kaisersteinbruch, Sommerein oder Mannersdorf. Haidhof und Grabungsstelle von Parndorf auch zu Fuß erreichbar.

3. Zufahrt und Verkehrsverbindungen nach Bruck

Mit der Ostbahn von Wien-Süd-Ostbahnhof direkt nach Bruck an der Leitha.

Pkw-Fahrer auf Bundesstraße 10 über Schwechat und Schwadorf nach Bruck an der Leitha (39 km).

Zum Haidhof (Kirchenruine, Römerlager): Von Bruck auf Bundesstraße 10 weiter Richtung Parndorf. Bei Straßengabel westlich des Ungerbergs (Rasthaus) jedoch links auf nur anfangs asphaltierter, dann Naturstraße zur einsam zwischen den Äckern stehenden Häusergruppe. Kirchenruine links, Römerlager rechts der Straße (Fahrtrichtung). Weiterfahrt auf Fahrweg nach Parndorf möglich, von dort auf Bundesstraße 10 nach Bruck zurück. Strecke Bruck – Haidhof (ca. 5 km).

Zum „Öden Kloster": Von Bruck an der Leitha auf Nebenstraße nach Wilfleinsdorf. Bei der Kirche südlich über die Leitha, bei Straßengabel links, dann wieder rechts bis ans Ende der Stichstraße am Waldrand. „Ödes Kloster“ nun ostwärts. Fahrtstrecke ab Bruck ca. 6 km. Achtung! Erkundigungen wegen Sperre des Truppenübungsplatzes einziehen!

4. Sehenswertes unterwegs

Gotische Kirche in Schwadorf. Bei Umweg über Göttlesbrunn ältester Weinstock Österreichs (Gasthaus Wenk), mittelalterlicher Turm in Fischamend (Heimatmuseum), Flughafen Schwechat. Bei Weiterfahrt von Wilfleinsdorf westlich Schloß Trautmannsdorf an der Leitha (im Besitz des n.ö. Landeshauptmanns Maurer) und „irischer“ Karner nebst romanischer Kirche in Margarethen am Moos.

5. Karten und Führermaterial

Generalkarte Österreich, 1:200.000, Kartenblatt 2; Bundesamt für Eich- und Vermessungswesen, 1:50.000, Blätter 60 (Bruck an der Leitha), 61 (Hainburg an der Donau) und 78 (Rust); Freytag-Berndt & Artaria, 1:100.000, Blatt 27 (Leithagebirge, Neusiedler See); Dr. A. Schmeller: „Das Burgenland“; Dehio-Kunstführer: „Niederösterreich“; Kröner „Handbuch der historischen Stätten: Österreich“, Band I; Reclams Kunstführer: „Österreich“, Band I; Neuer Reiseführer Burgenland; Hans Edelmann: „Führer durch Niederösterreich“.

Turmmuseum in Breitenbrunn (Seite 81)

Bergkirche in Eisenstadt (Seite 86)

Blick auf den Dom von Wiener Neustadt (Seite 92)

Bronzezeitliches Doppelgrab vor der Schule in Pitten (Seite 98)

15 (G)

DER PURBACHER TÜRKE

Raum Donnerskirchen – Purbach – Breitenbrunn – Jois

„Im Jahre 1532, als die Türken neuerlich gegen Wien zogen, geschah es, daß sich einige Horden in der Gegend des Neusiedler Sees herumtrieben. Eine Reiterschar gelangte auch nach Purbach. Als die Purbacher das Herannahen der Türken erfuhren, verbargen sie all ihr Hab und Gut und flüchteten in das nahe Leithagebirge. Die Türken fanden das Dorf ganz entvölkert vor und durchsuchten die Häuser nach Nahrungsmitteln. Ein Türke kam in einen Weinkeller, wo er sich einen tüchtigen Rausch antrank. Er stieg nur mehr taumelnd aus dem Keller und kam in eine Kammer. Dort schlief er alsbald ein. Nach vielen Stunden wurde er durch einen Lärm geweckt. Er hörte eine fremde Sprache und ahnte sogleich, daß seine Kameraden fortgezogen seien. Da er bei Tageslicht an eine Flucht nicht denken konnte, versteckte er sich rasch. Als es finster geworden war, tastete er sich an den Wänden entlang und erreichte endlich eine Küche, wo der Mond durch den Schornstein hereinschien. Er stieg auf den Herd und hoffte, durch den Rauchfang zu entkommen. Mühsam erreichte er den obersten Teil des Rauchfangs, bis er endlich seinen Kopf hinausstrecken konnte. Als der Türke Umschau hielt, wie er am leichtesten entkommen könne, hörte er auf der Straße ein großes Geschrei. Er zog seinen Kopf wieder zurück und wartete, was nun geschehen werde; es dauerte aber nicht lange, da wurde die Tür des Hauses geöffnet. Die herbeigeeilten Bauern deuteten unter zornigen Rufen nach dem Rauchfang.

Der gefangene Türke wollte hinausklettern, um zu entfliehen. Kaum hatte er jedoch den Kopf wieder zum Rauchfang hinausgesteckt, da sah er mit Entsetzen, daß die Straße voll bewaffneter Bauern war. Sie schrien und drohten mit den Fäusten. Da zog er sich wieder in den Rauchfang zurück und rührte sich nicht, obwohl sie ihn ermunterten, wieder herunterzusteigen. Zuletzt gab ein Bauer den Rat, man möge den Türken ausräuchern. Das half. Der Türke mußte aus dem Rauchfang heraussteigen und kam ins Gefängnis. Nun wurde beraten, was mit ihm geschehen solle. Man beschloß, ihm das Leben zu schenken, wenn er den christlichen Glauben annehme. Damit er aber der Gemeinde nicht zur Last falle, wurde er dem Besitzer des Hauses, in dem er entdeckt wurde, als Knecht ins Eigentum übergeben. Der Türke ließ sich taufen, lernte Deutsch und blieb ein treuer Knecht des Hauses. Nach seinem Tod ließ der Bauer einen Türkenkopf aus Stein meißeln und auf dem Schornstein anbringen."

Diese und andere Sagen finde ich im lesenswerten Museumsführer des hochinteressanten Turmmuseums von Breitenbrunn am Neusiedler See. Alte Gerätschaften sind dort ebenso ausgestellt wie alte Landkarten aus der noch ungarischen Zeit des Landes, Gefäße aus der Jungsteinzeit, Glocken und Grabkreuze, das (rekonstruierte) Skelett eines riesigen Höhlenbären, dessen Knochenmaterial in der Bärenhöhle von Winden am Zeilerberg gefunden wurde, und noch vieles andere mehr. Blickt man dann von der Turmterrasse zwischen den Zinnen hindurch über das fruchtbare Weinland bis weithin über den Schilfgürtel mit den fernen weißen Segeln auf dem See, dann freut man sich von Herzen, daß diesem aufstrebenden Landesteil nun endlich eine Ruheperiode gegönnt ist, eine Zeit des Friedens nach soviel Kriegsnot und Steppensturm im Lauf der Jahrhunderte.

1. Das Zielgebiet

a) Landschaftliches: Nordwest- und Westufer des Neusiedler Sees mit dem breiten Schilfgürtel und Obst- und Weinbau bis hoch hinauf an die Hänge des Leithagebirges. Kein natürlicher Badestrand am See. Im Westen ziemlich ungepflegter Waldbestand des Leithagebirges, sonst Heidecharakter der unbebauten, freien Flächen. Ballung der Bevölkerung in den einzelnen, zum Teil noch befestigten Ortschaften, keine Einzelgehöfte. In jüngster Zeit starke Zersiedelung durch Zweitwohnungsbau.

b) Historisches: Grenzland zwischen keltischem Königreich Noricum und wilden pannonischen Stämmen. „Boierwüste" um Neusiedler See und Parndorfer Platte mit Siedlungsgebiet der geschlagenen Boier. 15 v. Chr. Noricum von Rom annektiert, 11 v. Chr. auch Pannonien. Bis zur Völkerwanderung Blütezeit. In dieser Durchzug der verschiedensten Völkerschaften. Awarenherrschaft unter Karl dem Großen 805 auf Reduktion „Awarenland" um den Neusiedler See beschränkt. Unter den Karolingern intensive deutsche Kolonisation. Schlacht bei Preßburg 907 endet fränkische Verwaltungstätigkeit. Dann über tausend Jahre Ungarnherrschaft, bis Burgenland 1921/22 wieder zu Österreich kommt.

Donnerskirchen: Marktflecken mit 1593 Einwohnern. Hügelgräber am Schönleitenberg weithin sichtbar, gehören zu den schönsten Bodendenkmalen des Landes. Eines davon barg Stierkopfurne (heute im Landesmuseum Eisenstadt). Höhensiedlung der Hallstattzeit am Schönleitenfeld. Römische Siedlung in der Ebene. Frühchristliche Kirche, eine der ältesten Österreichs, Altarplatte mit Rundbogenfries. Römische Gräber und Altarsteine gefunden. Erdstall 4,5 m unter der Oberfläche. Burgstall nördlich des Marktes. Name von Tundoltskirchen – Dundeskirchen – Donnerskirchen. 1659 Marktrecht.

Martinskirche in beherrschender Lage mit Schießschartenmauer. Neubau 1676/80.

Pranger mit eiserner Fahne von 1660.

Purbach am Neusiedler See: Markt mit 2159 Einwohnern. 3,5 km nördlich im „Burgstall" des Leithagebirges große Hallstattsiedlung mit gut erhaltenem Wall und zwei Gräberfeldern. Funde aus der Römerzeit (vermutlich damals Poststation), reiche Münzfunde. „Grünwald" oder „Türkenschanze" aus Mittelalter oder früher Neuzeit.

Schießschartenbewehrte Mauer von 1630/34 fast noch zur Gänze erhalten, teilweise noch Bastionen. Vier Tore, Türkentor dreifach.

Auf Haus Nr. 163 „Purbacher Türke".

Haus Nr. 188 angeblich „Katholisches Bethaus" aus dem 16. Jh.

Breitenbrunn: Markt mit 1321 Einwohnern. Siedlungen aus Jungsteinzeit und Lengyel-Epoche. Römische Gräber, Reliefstein aus 2. nachchristlichem Jh. In der Ried Haidenberg römische Mauern. 1689 Markterhebung (Wehrturm).

Kunigundenkirche auf gotischer Grundlage, jetzt barocker Bau. Im Kern gotischer Westturm erhöht 1927. Gebälk mit Rankenfries von 1647. Taufstein 1611. Ölberg an Südwand um 1500 (kleineres Abbild vom Wiener Stephansdom). Karner von 1647, Lichtsäule um 1500.

Wehrturm „Pranger", 32 m hoch, mit Laubenaufgang, Balkon auf Konsolen. Runde Türmchen in Ecken, errichtet 1688/89. Seemuseum im Inneren mit interessanten Ausstellungsobjekten.

Malerische Bürgerhäuser mit Erkern, teils aus dem 16. Jh.

Winden am See: Dorf mit 1071 Einwohnern. Am Zeilerberg „Ludlloch" (Bärenhöhle), einzige burgenländische Höhle mit eiszeitlicher Fauna. (Höhlenbär, Höhlenhyäne, keine Menschenfunde.)

Funde aus Jungstein- und Bronzezeit, sowie mittlerer Hallstattzeit. Bedeutende römische Siedlung. (Älteste römische Weinpresse Österreichs, Marmorstatue, Herkulesköpfchen.) Verlauf der römischen „Bernsteinstraße" noch heute beim Bäckerkreuz sichtbar. (Vielleicht Station „ulmus" der Tabula Peutingeriana.)

Florianikirche mit zwei Steinzwiebeltürmen am See-Ende, 1725 erbaut. Auf dem Friedhof spätgotischer Ölberg.

Lichtsäule mit zweiseitig offenem Tabernakel, Dachpyramide und Steinkreuz Mitte des 15. Jh.s.

Jois: Markt mit 1270 Einwohnern. Siedlungsnachweise aus urgeschichtlicher und römischer Zeit. 15 m breiter frühbronzezeitlicher Grabhügel mit 15 Hockerbestattungen. Hallstatthaus freigelegt. Erste urkundliche Erwähnung 1214 als „Nulos" („Hasenfeld"). 1429 bereits als „Jews" bekannt. Naturschutzgebiet Hacklberg mit Flaumeichenwald und seltener Flora. Reiher- und Löfflerkolonie im Schilfgürtel.

Alte Georgs-Pfarrkirche am Ende einer Allee beherrschend über dem Ort. Inschrift am Turmportal „1757". Reichste Ausstattung aus der zweiten Hälfte des 18. Jh.s.

Lichtsäule mit mächtigem, quadratischem Schaft, Tabernakel und Dachpyramide aus dem 15. Jh.

Berühmte „Joiser Kirschen".

c) Bemerkenswert: Im Jänner im nahen Oggau Internationale Eiswanderung für Fußgänger und Schlittschuhläufer durch die „Schluichten" des Schilfgürtels am Neusiedler See. – Schwimmbad in Donnerskirchen, Seebäder in Neusiedl am See, Winden und Podersdorf.

2. *Wandermöglichkeiten*

Aussichtsreiche Feldwege in Hochlage durch die Weinberge mit schönem Seeblick. (Zur Lesezeit Wegverbote beachten!) – Markierte, nicht immer instandgehaltene Wanderwege im Leithagebirge.

3. *Zufahrt und Verkehrsverbindungen*

Ostbahn von Wien-Südbahnhof nach Parndorf, Abzweigung nach Neusiedl und Eisenstadt (Wulkaprodersdorf) mit Stationen Jois, Winden und Purbach.

Autobuslinien von Wien nach Neusiedl und Eisenstadt. Längsverbindung entlang des Neusiedlersee-Westufers von Eisenstadt nach Neusiedl mit Haltestellen in allen Ortschaften.

Pkw-Fahrer: Bundesstraße 16 bis Großhöflein (ca. 46 km), 50 a bis Eisenstadt (ca. 4 km) und 50 bis Parndorf (ca. 34 km). Donnerskirchen von Eisenstadt (ca. 13 km), Purbach (ca. 4 km weiter); Breitenbrunn (ca. 4 km), Winden (ca. 1 km), Jois (ca. 4 km). Kürzer: Bundesstraße 10 über Schwechat – Schwadorf nach Parndorf (ca. 46 km), dann Bundesstraße 50 zu allen genannten Ortschaften.

4. *Sehenswertes unterwegs*

Schloß Laxenburg, Schloß Ebreichsdorf, Eisenstadt (Bergkirche, Schloß Esterhazy), Schloß Rothmühle in Schwechat, Stadt Bruck an der Leitha, karolingische Kirchenruine beim Haidhof vor Parndorf.

5. *Karten und Führermaterial*

Generalkarte Österreich, 1:200.000, Kartenblatt 2; Freytag-Berndt & Artaria, 1:100.000, Blatt 27 (Leithagebirge und Neusiedler See); Bundesamt für Eich- und Vermessungswesen, 1:50.000, Blatt 78 (Rust); Dr. Alfred Schmeller: „Das Burgenland"; Neuer Reiseführer Burgenland; Kröner: „Handbuch der historischen Stätten: Österreich", Band I; Turmmuseumsführer Breitenbrunn; Helmfried Knoll: „Wanderungen rings um Wien", Kapitel 49 und 53; Helmfried Knoll: „Vom Nordwald bis zur Puszta", Kapitel 44.

16 (G)

WO MEISTER HAYDN RUHT

Raum Unterwaltersdorf – Leithaprodersdorf – Loretto – Eisenstadt – Hornstein

Poldl ist eine Seele von einem Menschen. Immerfort schaffend, werk- und feiertags als gesuchter Tischler, nimmt er sich doch ein- bis zweimal im Jahr extra frei. Nimmt sich Zeit für seine alten Berggefährten aus den Voralpen, aus dem Sengsengebirge, vom Großvenediger und aus den Kärntner Bergen.

Der frühe Wintereinbruch hat ein Höhersteigen verleidet. Einer muß außerdem mit seinem Manuskript zu Rande kommen, weil die Zeit schon drängt. Da stellt sich der Poldi samt seinem Kombi kurzerhand für eine Burgenlandfahrt zur Verfügung und schafft dank der starken PS gleich zwei „Begehungen" an einem Tag – die letzten beiden. Ein Hoch den Autofahrern – sie bringen uns auch in Gegenden, in die kein Bus, kein Zug verkehrt und machen es damit leichter, daß „Nachfahren" so etwas wie eine „g'mahte Wiesn" vorfinden, einen Leitfaden, wohin sie am besten ihre Benzinkutschen lenken sollen, wenn sie etwas sehen und erleben wollen. Als wir dann in der jungen burgenländischen Landeshauptstadt Eisenstadt vor der Bergkirche schnell noch ins Haydn-Mausoleum geschickt werden, solange es vor der Sonntagsmesse geöffnet ist, da schnarrt der sichtlich gebürtige Ungar so schnell sein Sprüchl von der verhinderten Beisetzung des Meisters der Töne herunter, daß wir uns kaum das Lachen verbeißen können. Weil sich nämlich 1932, als Fürst Esterhazy für Joseph Haydn das Mausoleum vollenden ließ, die Wiener

Gesellschaft der Musikfreunde weigerte, des Meisters Kopf herauszugeben(!). Erst 22 Jahre später wurde auch dieser Kopf in feierlichem Kondukt nach Eisenstadt gebracht und im Mausoleum zusammen mit den übrigen Gebeinen beigesetzt.

Versäume aber kein Besucher Eisenstadts darob den pittoresken Gang durch die Bergkirche (auch für Bergsteiger gibt es unzählige Stufen zu erklettern und Grotten zu erforschen!), diesen schmalen Gang mit 24 Leidensstationen, vor deren jeder einzelnen sich dieser Gang zu Kammern erweitert! Es ist ein wirklich „heiliger Berg", dieser Kalvarienberg in Eisenstadt-Oberberg, gewissermaßen ein erstarrtes Barocktheater mit lebensgroßen Figuren. Ein Mittelpunkt all der anderen Stationen dieser Rundfahrt, die wir dank des guten Poldl noch sehen und erleben konnten.

1. Das Zielgebiet

a) Landschaftliches: Südwestteil des Leithagebirges mit seinen höchsten Erhebungen und den Siedlungen am Abhang dieses weitläufigen, etwas verwilderten Waldgebiets. Steinbrüche in der Hornsteiner Gegend, Weinbau an den Bergabhängen, schöne Fernsicht von den Waldrändern und vereinzelten Aussichtswarten an markanten Punkten. Wasserarmes Gebiet. Besiedlung auf Ortschaften konzentriert.

b) Historisches:

Unterwaltersdorf: Markt mit 1410 Einwohnern, Gemeinde Ebreichsdorf. Bartholomäuskirche Pfarre 1115. Geräumige, im 19. Jh. erweiterte barocke Saalkirche auf teilweise noch gotischem Mauerwerk. Mächtiger mittelalterlicher Westturm mit Barockhelm. Neben Kirche Barbarakapelle (ehemaliger Karner). Kleiner gotischer, kreuzrippengewölbter Bau aus dem 14. Jh. mit eingezogenem Chor und $^5/_8$-Schluß. Kirche und Kapelle von hoher Wehrmauer umgeben, eine Eckbastion noch erhalten.

Leithaprodersdorf: Dorf mit 1895 Einwohnern. Reiches prähistorisches Fundgebiet. Bronzezeitliche und spätrömische Nekropole. Römische Inschriftsteine, angeblich abgekommene Stadt „Wörth". Awarennekropole im 8. und 9. Jh. Wahrscheinlich Petschenegensiedlung. Burg von Ottokar Przemysl zerstört, Reste das heutige „Gschlößl".

Pfarrkirche aus dem Mittelalter, später von der Höhe in Ort verlegt. Alte Kirchenruine heute als „Pfefferbüchsl" unter Denkmalschutz. Mehrschiffige Anlage mit Halbkreisapsis, später ummantelt. Südlich gotischer Turmbau angeschlossen, Pyramidenhelm aus Stein. Schräggelaibte Spitzbogenfenster mit Maßwerkresten. Von den Türken zerstört, 1907 restauriert und als Kapelle eingerichtet. Heute ziemlich desolat. In Friedhofsmauer römische Spolie.

„Gschlößl" gut erhaltene Wallanlage gegen Loretto, Mittelwerk mit ca. 70 cm Durchmesser, von Randwall und drei Wassergräben umgeben. In der Mitte Fundamentreste von wahrscheinlich quadratischem Wohnturm.

Loretto: Dorf mit 250 Einwohnern, Gemeinde Leithaprodersdorf. Funde aus dem Miozän (fossile Antilope, Nashorn). Eine der größten urgeschichtlichen Grabungsstätten Österreichs. Über 160 Gräber aus Bronzezeit bis Urnenfelderkultur, 200 Illyrergräber der Hallstattzeit („Bürgermeistergräber", Mondidole), Skythen- und Keltengräber. Lorettokirche nach Vorbild des italienischen Wallfahrtsheiligtums Loreto in Provinz Ancona Ende des Dreißigjährigen Krieges erbaut. Barockes Meisterwerk und bekanntes Wallfahrtsziel, vor allem der burgenländischen Kroaten. Nach Türkenzerstörung 1683 Wiederaufbau bis 1707. Loretto „stolze Schwester des hochberühmten Mariazell". Nach Brand 1781 heutige Gestalt. Kloster 1787 aufgehoben.

Eisenstadt: Landeshauptstadt des Burgenlands mit 10.059 Einwohnern. Freistadt. Siedlungsreste auf Burgstallberg von Hallstattzeit über Kelten und Römer bis zur Völkerwanderung. Ort 1264 erstmals als „minor Mortin" genannt. 1371 Entstehen der Befestigungsanlagen, zwei Jahre später Stadt, 1388 Marktrecht. Nach fast dreihundertjährigen wechselvollen Kämpfen 1648 königliche Freistadt. Großer Aufschwung unter den Esterhazy als Zentrum der Musikkultur (Joseph Haydn, Franz Liszt). Nach Anschluß des Burgenlands an Österreich Landeshauptstadt.

Sehenswürdigkeiten (in Stichworten): Dom (Martinskirche) bis ins 12. Jh. zurückreichend, aber stark modernisiert.

Befestigungsanlagen (Mauerreste) von 1371 vor allem in der Domgegend. Franziskanerkloster und -kirche gegründet 1386, Neubau 1629. Kalvarienberg mit Bergkirche und Haydn-Mausoleum in Oberberg, errichtet 1701–1707, Mausoleum 1932.

Schloß Esterhazy (ursprünglich Wasserburg) unter Carlone 1663 bis 1672 umgebaut.

Haydn-Museum in der Haydngasse, Haus Nr. 19. Jüdisches Museum im Haus der Burgenländischen Landesregierung. Judenfriedhof in Unterberg.

St. Georgen am Leithagebirge: 1230 Einwohner, heute Teil von Eisenstadt. Funde aus Jungsteinzeit und früher Bronzezeit. Auf dem Scheibenberg früheiszeitliche Siedlung festgestellt. Römischer Inschriftstein des Marcus Attilius beim Brunnen. Georgskirche 1437 genannt, aus der Spätgotik stammend, von Wehrmauer umgeben. Malerisches Friedhofstor mit Todesemblemen und steinerner Georgsfigur. Spätgotischer Bildstock in Weinberg auf Weg nach Eisenstadt.

Kleinhöflein: Dorf mit 920 Einwohnern, heute Stadtteil Eisenstadts. Veitskirche in beherrschender Lage über dem Dorf. Kirchhügel durch tiefen Einschnitt abgetrennt und mit Bruchsteinmauer (Schießscharten) bewehrt. Gotischer Bau mit zweijochigem Chor und 5/8-Schluß aus dem 15. Jh. Rundbogiger Triumphbogen zum einschiffigen Langhaus (um 1528 errichtet). Dreijochiges Schiff mit Netzrippengewölbe. Sogenannter „Mittelturm" um 1700 abgetragen. Südeingang Spitzbogenportal, mehrfach gekehlt. Steinmetzzeichen, in alte Malschicht eingeritzte Sgraffiti (unikale Dokumente!). Gotisches Westportal, hervorragende Einrichtung.

Müllendorf: Dorf mit 1072 Einwohnern. Reiches Fundgebiet aus der Römerzeit: Siedlung um Meierhof, Inschriften, Bildgrabsteine. An Straßengabel nach Steinbrunn römischer Sarkophag; römische Kanalisation unter Hauptstraße heute noch in Betrieb! Ältester Ortsteil um Römerquelle (alte Quellenfassung aus behauenen Steinen).

Großhöflein: Markt mit 1502 Einwohnern. Dauernde Besiedlung des benachbarten Föllik von der Jungstein- bis zur Römerzeit. Zahlreiche Gräberfunde, Mitbestattung von Tieren. Germanisches Gräberfeld aus der Zeit um 400 und Awarenfriedhof. 1153 als „Heulichin" genannt. Pfarrkirche: westliche Joche spätgotisch, Netzgewölbe und einfach profilierte Rippen.

Ursprung der Radegundiskapelle in frühmittelalterlicher Zeit, jetzige Gestalt aus der zweiten Hälfte des 18. Jh.s.

Reich dekoriertes Pleiningerhaus mit Marienbild.

Hornstein: Markt mit 2325 Einwohnern. Größte kroatische Gemeinde des Burgenlandes. Prähistorische und römerzeitliche Funde. Burg 1340 zum Schutz gegen Westen erbaut, wahrscheinlich 1453 zerstört. Alte Annakirche neben Burg 1363 errichtet, 16./17. Jh. Kapelle. Heutige Annakirche von 1782. Steinerner Weihbrunnen von 1614. Karner mit Bruchsteinpyramide.

Von Burg jetzt nur mehr Mauerreste und Grundmauern. Schanze am Hang.

c) Bemerkenswert: Schwimmbad in Eisenstadt, Badeteiche im ehemaligen Zillingdorfer Kohlenrevier. Reiche Fundstätten von Versteinerungen in den Steinbrüchen des Leithagebirges und auf dem Föllik. Jugendherberge in der Eisenstädter Gloriette. Oggauer Eiswanderung durch die „Schluichten" (Schilfgassen) des Neusiedler Sees im Jänner jedes Jahres.

2. Wandermöglichkeiten

Zahlreiche markierte Wanderwege unterschiedlicher Länge im Leithagebirge, u. a. auch auf den Sonnenberg (483 m, höchster Gipfel) und auf den Buchkogel mit Aussichtswarte (443 m). Wege teilweise nicht instandgehalten und verwachsen. – Fußwege von Ortschaft Leithaprodersdorf zur abseits auf Höhenrücken stehenden Kirchenruine (unmarkiert, schöne Fernsicht, zur Not auch befahrbar).

3. Zufahrt und Verkehrsverbindungen

Ostbahn von Wien-Südbahnhof (Ostbahnseite) nach Parndorf – Neusiedl am See und weiter über Eisenstadt (Bahnhof) nach Wulkaprodersdorf. (Günstige Direktschnellverbindung an Sonn- und Feiertagen.) Autobuslinie von Wien-Landstraße nach Eisenstadt und Mörbisch mit Haltestellen in Hornstein, Müllendorf, Groß- und Kleinhöflein, Oberberg. Querverbindungen nach Unterwaltersdorf, Leithaprodersdorf und Loretto.

Pkw-Fahrer: Bundesstraße 16 nach Hornstein (ca. 40 km), Müllendorf (ca. 3 km), Großhöflein (ca. 4 km), dann Bundesstraße 50a nach Eisenstadt über Kleinhöflein (ca. 4 km). St. Georgen auf Bezirksstraße (ca. 2 km). Landesstraße über das Leithagebirge von Eisenstadt nach Loretto (ca. 12 km), Leithaprodersdorf (ca. 4 km) und Unterwaltersdorf (ca. 5 km). Auf Bundesstraße 220 nach Ebreichsdorf zur Bundesstraße Nr. 16 zurück (ca. 2 km), von hier nach Wien (ca. 29 km).

4. Sehenswertes unterwegs

WIG-Gelände Oberlaa mit neuer Heilquelle. Schlösser Laxenburg mit Park und Ebreichsdorf.

5. Karten und Führermaterial

Generalkarte Österreich, 1:200.000, Kartenblatt 2; Bundesamt für Eich- und Vermessungswesen, 1:50.000, Blatt 77 (Eisenstadt); Freytag-Berndt & Artaria, 1:100.000, Blatt 27 (Leithagebirge, Neusiedler See); Dr. Alfred Schmeller: „Das Burgenland“; „Neuer Reiseführer Burgenland“; Dehio-Kunstführer: „Niederösterreich“; Kröner: „Handbuch der historischen Stätten: Österreich“, Band I; Reclams Kunstführer: „Österreich“, Band I.

17 (H)

RUND UM DIE „ALLZEIT GETREUE"

Raum Wiener Neustadt – Pottendorf – Sollenau – Ebenfurth

Steinfeld! Schon der Name allein klingt häßlich. Irgendwie nach Wüste. Nach Unfruchtbarkeit. Kaiserin Maria Theresia hat die erste Besiedlung versucht. Hat den Föhrenwald pflanzen, Tiroler Kolonisten ins Land kommen lassen. Später sind sie dann von selber gekommen – die Industriebetriebe, die Rüstungswerke – und die Bomben, die das Steinfeld nur allzu arg an seinen früheren Charakter erinnerten. Demontagen vollendeten das Bild scheinbar ewiger Trostlosigkeit.

Neuer Anfang nach dem Zweiten Weltkrieg, nach dem Abzug der Besatzungsmacht vor allem. Wie ein Phönix aus der Asche, neues Leben aus Ruinen. Gartensiedlungen, neue Betriebe. Schloß Laxenburg, in meinem zweiten Wanderführer geschildert, ist ein leuchtendes Beispiel dafür. Wieviel Grünland, Parklandschaft und sonstiges Sehenswertes noch „dazwischen" liegt – dazu bedurfte es eines unfreundlichen Sonntagnachmittags in einer Zeitspanne, die sonst als „Hundstage" unerträgliche Gluten über das flache Land legt, an jenem Sonntag jedoch – mit Neuschnee auf dem Schneeberg – beinahe frösteln machte: Im Labyrinth der Parkanlagen um Schloß Ebreichsdorf mit Richtungspfeilen und Wegverboten finde ich mich kaum zurecht, muß weite Umwege in Kauf nehmen und versäume letztlich ihretwegen sogar einen Zug.

Doch schon im benachbarten Weigelsdorf fasziniert mich die mittelalterliche Kirche mit den eingemauerten Steinen, die einerseits ein Paar Beine, anderseits Sonne, Mond und allerlei

Getier zeigt, in Formen, die Kinder entworfen haben könnten und die man doch als vielleicht vorromanisch einschätzt.

Über die Stoppelfelder jagt mich förmlich der Wind Schloß Pottendorf entgegen; besser gesagt, seinen Resten, die der letzte Krieg noch von diesem massiven Bau belassen hat. Auch hier wieder ein Park, uraltes, wehrhaftes Gemäuer, einsturzgefährdet, grandios noch in seinem scheinbar nicht mehr aufzuhaltenden Todeskampf.

Geschichte – man kann sie auch im flachen Land erleben, wenn man nur die Augen auftut!

1. Das Zielgebiet

a) Landschaftliches: Flachland ostwärts des Wienerwalds und westlich der Leitha, geringer Waldbestand (vornehmlich in den Schloßparks), von Fischa, Piesting, Wiener Neustädter Kanal und einer Reihe kleinerer Kanalsysteme bewässert. Teils Industriegebiet, teils Ackerland ohne sichtbare Höhenunterschiede, im Gebiet von Neufeld-Ebenfurth ehemaliges Bergbaugebiet (Steinkohlenflöze) mit einer Kette neu erschlossener Badeseen in stillgelegten Zechen.

b) Historisches:

Wiener Neustadt: Stadt mit heute 34.774 Einwohnern, die „allzeit Getreue", die trotz Reichsacht im 13. Jh. Herzog Friedrich dem Streitbaren von Österreich als einzige Stadt die Treue hielt.

Gründung 1194 als befestigtes Bollwerk gegen Osten beschlossen, „Nova Civitas", „Neustadt" bis ins 17. Jh; erst dann der heutige Name eingebürgert. Für Ausbau der Befestigung wurde Teil des Lösegelds für König Richard Löwenherz von England aufgewandt. Bedeutendste gotische Gründungsstadt um 1200 in Österreich. Ältestes Stadtrecht stammt von 1277. Blütezeit im 15. Jh. als Kaiser- und Königsresidenz Friedrichs III. Bistum 1469. 1487/90 Besetzung durch Matthias Corvinus, Türkenbelagerungen hingegen jeweils erfolglos. 1752 Errichtung des Kadettenhauses unter Maria Theresia, entwickelte sich allmählich zur berühmten Theresianischen Militärakademie. Seit dem 19. Jh. Konzentration von Industrie im Wiener Neustädter Raum. Im Zweiten Weltkrieg die am schwersten zerstörte Stadt Österreichs, kaum noch bewohnt. Wiederaufbau in großen Zügen 1955 vollendet, heute bedeutende Bezirkshauptstadt, Messestadt und wichtiges Industriezentrum.

Sehenswürdigkeiten (in Stichworten; Details aus den einschlägigen Führern ersichtlich): Rechteckiger Stadtplatz in der Mitte, beinahe quadratische Ummauerung 600:680 m. Gotischer Reckturm im Nordwesten (15. Jh.) und Südwestturm (Ende 13. Jh.) erhalten.

Stadtpfarrkirche 1207 Pfarre. Weihen 1259 und 1279. Derzeit große Restaurierungen für die 700-Jahr-Feier 1979 im Gang. Mittelalterlicher Bau, beide Türme 1884 abgetragen und in genauer Nachbildung wieder aufgesetzt. Eines der frühesten Kreuzrippengewölbe Österreichs. Zwölf Apostelstatuen aus dem Ende des 15. Jh.s, Kinder Herzog Ernsts des Eisernen von 1432.

Neuklosterkirche urkundlich 1250. Langhaus und Seitenschiffe um 1300. Tumbadeckel des Grabmals der Kaiserin Eleonore von Portugal aus dem Jahr 1467.

Kapuzinerkloster urkundlich 1267, Kreuzrippengewölbe aus der ersten Hälfte des 14. Jh.s.

Ehemalige Kirche St. Peter an der Sperr heute Ausstellungsraum. Urkundlich 1250, heutiger Bau aus der ersten Hälfte des 14. Jh.s.

Ehemalige Burg in der zweiten Hälfte des 13. Jh.s erbaut. Durch Erdbeben zerstört. Neubau 1378. 1945 neuerliche weitgehende Zerstörung. Gruftkapelle für Kaiser Friedrich III. Wiederaufbau der Georgskirche nach 1945. Kaiser Maximilian unter den Altarstufen bestattet.

Zahlreiche mittelalterliche Häuser bis ins 13. Jh. zurückreichend, mit vielen malerischen Lauben, Erkern und Portalen.

Zeughaus: Renaissancetor von 1524 erhalten.

Spinnerin am Kreuz in der Wiener Straße, gotische Steinsäule aus dem Ende des 14. Jh.s, im 19. Jh. stark erneuert.

Sollenau: Markt mit 2754 Einwohnern. Eine der ältesten Siedlungen im Steinfeld. Heute noch Reste eines römischen Wachtturms als unterstes Fundament des Kirchturms erkennbar. Eine Urkunde von 1166 nennt „Eberhard de Salchenowe". Bedeutender Grenz- und Brückenort, solange Mark Pitten noch steirisch war.

Lorenzikirche schon vor 1220 Pfarre. Dreischiffige, fünfjochige romanische Pfeilerbasilika mit gotischem Kreuzrippengewölbe aus dem 14. Jh. Wuchtiger spätromanischer Quaderturm aus dem dritten Viertel des 13. Jh.s, heute gegen Hauptschiff vermauert. Im zweiten Geschoß gekuppelte Säulchenfenster mit Knospenkapitellen, Kämpfern und Eckblättern. Spätromanisches Bogenfries mit Lilien und Zahnschnitt. An Ostseite romanisches Kastenrelief der Marter des hl. Lorenz.

Pottendorf: Markt seit 1450, nun mit 5049 Einwohnern. Im 11. Jh. nach Sicherung der Leithagrenze gegen die Ungarn als Gründung eines Poto entstanden.

Schloßruine urkundlich 1136, im 16. Jh. erweitert. Vordertrakt im 18. Jh. zu Wasserburg gestaltet. Dreigeschossiges Gebäude um Rechteckhof mit drei mittelalterlichen, wehrhaften Türmen aus Buckelquadern. Oben angesetzte Ecktürmchen aus dem 16. Jh. Spätgotische Schloßkapelle, bezeichnet 1474, Halle 1945 eingestürzt. Massiver Turm über romanischer Vierung mit gepaarten Rundbogenfenstern und Würfelkapitellen. Stark verblaßte Fresken um 1400, Christophorusfresko vom Ende des 15. Jh.s; beschädigte Wappengrabsteine.

Ebenfurth: Schon zu Römerzeiten wichtiger Leithaübergang. Stadt mit heute 2272 Einwohnern, Stadtrecht seit 1515. Erste urkundliche Nennung 1160. Burg als wichtige Grenzfeste gegen Ungarn im 13. Jh. entstanden.

Ulrichskirche Pfarre vor 1219. Barockes Langhaus mit gotischem Mauerkern, gotischer eingezogener $^{5}/_{8}$-Chor. Sakristei kreuzrippengewölbt mit Johanniterkreuz auf Schlußstein. Gotische Freskenreste aus dem 15. Jh. Wappengrabstein von 1426. Totenschild von 1552. Wasserburg in ihrer heutigen Form vermutlich aus dem Ende des 16. Jh.s. Zwei Ecktürme, Rustikator, Rokokoarchitektur, Maulbertschfresken. Hinter dem Schloß französischer Park.

Weigelsdorf: Dorf mit 970 Einwohnern. Peter-und-Paul-Kirche urkundlich vor 1282. Im Mittelalter mehrfach erweitert. Langhaus im Kern romanisch, Veränderungen in gotischer Zeit. Kreuzrippengewölbter Chor, mittelalterlicher Turm (zwei Stockwerke romanisch, darüber gotisch, Helm klassizistisch). Seitenkapelle mit romanischer Halbkreisapsis und spätromanischem Kreuzrippengewölbe, Schlußstein auf romanischen Konsolen. Möglicherweise vorromanisches, eingemauertes Relief mit Drachen, Vogel, Pferd, Sonne, Mond und Flechtwerk.

Ebreichsdorf: Markt seit 1912 mit 5392 Einwohnern. In der ursprünglichen versumpften Piestingniederung gelegen, durch Anlegen von Teichen urbar gemacht. 1120 erstmals urkundlich erwähnt. Dorfgründung jedoch vermutlich schon im 10./11. Jh. als Grenzsicherung gegen Ungarn. 1487 von Matthias Corvinus erobert. Wasserschloß 1529 von Türken zerstört.

Andreaskirche spätgotische, netzrippengewölbte Saalkirche mit romanischen Bauresten (Quadern, zwei kleine Fenster mit schmalen Schlitzen). Zwergengrabstein.

Wasserburg 1581/88 neu erbaut, Anfang des 18. Jh.s umgebaut. Dreigeschossiger, vierflügeliger Bau, zwei verschieden gestaltete Wehrtürme. Getrennt davon gotische Kapelle, von Teichring umschlossen. Gotische Verkündigungsgruppe, Wappen aus dem 16. Jh. Zwei römische Grabsteine.

Lichtenwörth: Zahlreiche Funde aus der Römerzeit. Schon im 12. Jh. mittelalterliche Feste gegen Römereinfälle errichtet. Urkundliche Erwähnung erst 1254. Burg in den Kämpfen mit Matthias Corvinus völlig zerstört.

Heute Dorf mit 2498 Einwohnern. Jakobskirche Pfarre vor 1173. In der ersten Hälfte des 15. Jh.s erbaut. Dreischiffige, dreijochige kreuzrippengewölbte Staffelkirche. Maßwerkfenster, Sakramentsnische mit Engelsplastiken. Grab- und Taufstein aus dem 15. Jh.

c) Bemerkenswert: Bärengehege auf alter Stadtmauer in Wiener Neustadt. – Badeanlagen in den ehemaligen Kohlenflözen des Zillingdorfer Bergbaureviers. Weite Parks um die Schlösser von Ebenfurth, Ebreichsdorf und Pottendorf. Flugplätze in Wiener Neustadt (auch Fallschirmspringerausbildung) und Bad Vöslau.

2. Wandermöglichkeiten

Keine markierten Wege, aber zahlreiche Spaziermöglichkeiten in den Parks mit Richtungsweisern.

3. Zufahrt und Verkehrsverbindungen

Schnell- und Südbahn nach Wiener Neustadt mit Personenzugshaltestelle Sollenau und D-Zug-Bahnhof Wiener Neustadt. Pottendorfer Linie über Münchendorf, bzw. Gramatneusiedl mit Haltestellen Ebreichsdorf, Pottendorf-Landegg, Ebenfurth, Obereggendorf und Endstation Wiener Neustadt.

Autobusverbindung ab Wien-Landstraße und Wiener Neustadt in alle genannten Ortschaften.

Pkw-Fahrer: Südautobahn bis Wiener Neustadt (ca. 53 km), Bundesstraße 17 (ca. 45 km), Sollenau ca. 10 km weniger. Wiener Neustadt – Lichtenwörth auf Landesstraße (ca. 5 km). Wiener Neustadt – Ebenfurth, Bundesstraße 220 (ca. 11 km), Pottendorf (weitere ca. 4 km), Weigelsdorf auf Landesstraße (ca. 5 km), Ebreichsdorf auf Bundesstraße 16 (weitere ca. 2 km), zurück über Laxenburg auf Bundesstraße 16 (ca. 31 km).

Romanisches Tor als Brunnen, Urschendorf (Seite 103)

Legionssäule in Gumpoldskirchen (Seite 107)

Ruine Starhemberg (Seite 111)

Rathaus von Mödling (Seite 116)

4. Sehenswertes unterwegs

Schloß und Erholungszentrum Laxenburg, Traiskirchen, Gumpoldskirchen, Baden, Mödling.

5. Karten und Führermaterial

Generalkarte Österreich, 1:200.000, Kartenblatt 2; Bundesamt für Eich- und Vermessungswesen, Blätter 59 (Wien) und 76 (Wiener Neustadt); Freytag-Berndt & Artaria, 1:100.000, Blatt 2 (Rax, Schneeberg, Semmeringgebiet) und 27 (Leithagebirge, Neusiedler See); Dehio-Kunstführer: „Niederösterreich"; Reclams Kunstführer: „Österreich", Band I; Kröner: „Handbuch der historischen Stätten: Österreich", Band I; Hans Edelmann: „Führer durch Niederösterreich".

18 (G)

WEHRKIRCHEN DER BUCKLIGEN WELT

Raum Pitten – Seebenstein – Thernberg – Lichtenegg – Wiesmath

Hier muß ich bei der Erinnerung gute zehn Jahre zurückgreifen. In eine Zeit, da wir mit unseren drei ältesten Kindern die Wegstrecke Seebenstein – Türkensturz – Gleißenfeld gerade als Tagesausflug schafften und unsere Irmlind ganze drei Jahre alt war. Wir hatten allerlei erlebt – Schlangen, Erdbeeren, die eindrucksvolle Burg Seebenstein, das nicht minder eindrucksvolle künstliche Gemäuer des „Türkensturzes“, von dessen glatten Felsen die siegreichen Christen nach der Schlacht von Mogersdorf angeblich gefangene Türken in den Abgrund gestürzt haben sollen. Bei dieser Erzählung, die ja nur eine unbestätigte Sage ist, da waren der Kleinen dicke Tränen des Mitleids über die pausbäckigen Wangen gekollert. „Die armen, armen Türken!“ Stundenlang, im Zug sogar noch, hatte sie sich damals nicht beruhigen können über das, was man damals den armen Türken angetan hatte. Inzwischen ist sie fünfmal so „alt“ geworden und hat nicht nur ihr damaliges Mitleid korrigiert, sondern sich auch schon recht eingehend mit der Geschichte befaßt. Da haben nun Türken und Christen ihren richtigen Stellenwert.

1. Das Zielgebiet

a) Landschaftliches: Ostteil der „Buckligen Welt“, durch Pittental und Aspangbahn samt Wechsel-Bundesstraße klar von ihrem westlichen Teil getrennt. Reich gegliedertes Hügelland, mit Stickelberg und Ebenhofer Höhe nahe an die 900-m-Grenze reichend; ungezählte Längs- und Querfurchen, die jede Ost-West- oder Nord-

Süd-Wanderung erheblich verlängern (relativ große Höhenunterschiede). Beeren- und pilzreiche Wälder mit stark fließenden Bächen, Streusiedlungen, Einzelgehöften und nur wenigen größeren Ortschaften; diese meist als Wehranlagen auf beherrschender Höhe (Lichtenegg, Wiesmath, Hochwolkersdorf). Beliebtes, noch nicht übererschlossenes Erholungsgebiet.

b) Historisches: Bis ins 16. Jh. hinein gesamtes Gebiet bis zur Schwarza und altungarischen Grenze „Mark Pitten“ oder „Grafschaft Pitten“ und daher zur Steiermark gehörig.

Pitten: Markt mit heute 2595 Einwohnern. Name vom Illyrischen „Schilffluß“ für gleichnamigen Bach. Ausgrabungen aus Bronzezeit bei Anlage einer Fabrik weisen auf 3500jährige Besiedlung hin. Urkundlich erstmalig 869 genannt. Im Mittelalter Hauptort der oben umrissenen Mark oder Grafschaft, die auch weite Teile der Steiermark umfaßte. Burg widerstand Matthias Corvinus („Corvinusbecher“ als Geschenk an die tapferen Verteidiger!) und beiden Türkenbelagerungen. 1563 Markterhebung. Im 17. Jh. Eisenbergbau.

Sehenswürdigkeiten: Rekonstruiertes Bronzezeit-Doppelgrab vor der Schule (Fundplatz verbaut).

Georgspfarrkirche Pfarre 1144. Heutige Gestalt Barockbau von 1732. Ehemalige Bergkapelle mit Netzrippengewölbe, jetzt Turm. Spätgotische Tür. Ehemals mittelalterliches Portal.

Felsenkapelle mit mittelalterlichen Fresken aus verschiedenen Jahrhunderten.

Burg (Privatbesitz) und Befestigung mit mittelalterlichen Resten, im 19. Jh. umgestaltet. Turmportal 1582. Rustikator und 140 m tiefer Brunnen.

Pfarrhof Arkadenhof mit reichen Stuckdecken, in Sala terrena romantische Landschaftsfresken.

Spätgotischer Tabernakelpfeiler 1487.

Seebenstein: Dorf mit 1082 Einwohnern. Burg auf einem Waldkegel gelegen, urkundlich erstmals 1170 genannt. Siedlung im 14. Jh. entstanden. Ursprünglicher Name „Herdersberg“ oder „Herders“. Burgname für Ort erst später angenommen.

Sehenswürdigkeiten: Andreaskirche aus dem Ende des 13. Jh.s, im 19. Jh. stilvoll restauriert. Netzrippengewölbe ohne Dienste in fast quadratischer Halle von 1525. Bemerkenswertes gotisches Westportal. Bunte, vergoldete holzgeschnitzte Reliefs mit beinahe frei gearbeiteten Figuren 1480–1500. Renaissance-Wappenschilde und 16 Grabsteine mit lebensgroßen Figuren aus dem 15. bis 17. Jahrhundert.

Burg: Bedeutendste Burg des Pittentals. Drei Tore in die Vorburg mit viertem Tor zwischen halbkreisförmigen Türmen. Hinter schmalem Halsdurchbruch links Ruinen der alten Burg (Mauern, Torreste, Berchfrit; Grundriß: Ei mit abgeschnittener Spitze). Rechter Hand zweiteiliges Schloß aus dem 17. Jh. um malerischen Hof mit überdachter Treppe als Zugang. Hochschloß viergeschossiger, fünfeckiger Bau mit efeuumrankter Freitreppe. Schmiedeeiserner Brunnen um 1600. Reiche Sammlungen (Tilman Riemenschneider, gotischer Flügelaltar, Porzellankabinett, Porträt Kaiser Sigismunds um 1450 usw.)

„Türkensturz“: Künstliche Ruine, 1826 von Fürst Liechtenstein auf senkrechtem Felsen erbaut. Herrlicher Aussichtspunkt und beliebtes Kletterziel.

Scheiblingkirchen: Markt, mit Thernberg zusammen 1661 Einwohner. Kreisrunde romanische Pfarrkirche. Ort an einer Römerstraße entstanden. Ursprünglich (1189) „Puchberg“ genannt. Romanischer Quaderrundbau der Maria-Magdalena-Kapelle gleichzeitig mit Thernberger Kapelle 1147 geweiht. „Scheiblkirchen“ galt im 14. Jh. zuerst nur für Kirche, ab Ende des 16. Jh.s für den ganzen Ort. Mächtige Hauptraumwölbung auf zwei Gurten, die sich kreuzförmig schneiden. Gurten mit Blattzier. Halbkreisapsis mit Halbkuppel. Außen Halbsäulenlisenen, die Kreuzgesims tragen. Halbsäulen Art Würfelkapitelle mit Blatt- und figuralem Schmuck. Eingangshalle mit Turm erst 1862 angebaut. Um Kirche Ring der Friedhofsmauer mit Schießscharten.

Thernberg: Mit Scheiblingkirchen verbundene Siedlung am Schlatten- und Thernbach. Schon frühzeitig günstige Lage für Grenzschutz und Mission erkannt. Angeblich bereits 865 eine Laurentiuskirche durch Salzburger Erzbischof geweiht. Im 12. Jh. Rodung des Pittener Waldes durch Herren von Thernberg. Markterhebung im 18. Jh. Von 1807 bis 1818 Besitzer Erzherzog Johann (Denkmal!).

Pfarrkirche Unbefleckte Empfängnis Mariens 1147 vom Salzburger Erzbischof zusammen mit Scheiblingkirchen geweiht. Romanischer Quaderbau aus dem 12. Jh. Tonnengewölbtes Chorquadrat mit halbkreisförmiger Apsis heute Kircheneingang. An Südseite Reste eines romanischen Säulenportals. Chor mit rundbogigen Kreuzgurtengewölben. Blattwerk- und Flechtwerk-Deckplatten. Außen Rundbogenfries. Thonradl-Grabsteine, Muttergottes um 1450.

Schloß urkundlich 1147. Burgruine mit fünfeckigem romanischen Turm mit scharfer Spitze an Angriffsseite, Mauerreste eines zweiteiligen Gebäudes. Südfront der Ringmauer mit Zinnen und Schießscharten. Neuschloß von 1774 gleichfalls in Verfall.

Bromberg (Gemeinde Schlatten): Dorf mit 1052 Einwohnern im Schlattental. 1144 erstmals urkundlich genannt. Älteste Tochterpfarre der Mutterpfarre Pitten, selbst dann Mutterpfarre für Großteil der „Pittener Waldmark", Mittelpunkt des Besitzes des Stifts Reichersberg.

Im Tal romanische Florianskapelle. Tonnengewölbe mit Stichkappen, gotischer Triumphbogen und 5/8-Chorschluß. Lambert-Wehrkirche von Friedhof und Befestigungsmauern umgeben, 1496 fertiggestellt. Maßwerkfenster. Wehrturm von älterem Bau. Christophorusfresko an Turmostseite aus dem Ende des 14. Jh.s. Verstäbte Tore.

Lichtenegg: Dorf in Hochlage (770 m) auf einer der höchsten Kuppen der Buckligen Welt mit 1093 Einwohnern. Jakobskirche schon vor 1282 Pfarre. Wehrkirche mit romanischem Chorquadrat aus dem Anfang des 13. Jh.s. Gotisch erhöht, Sternrippengewölbe mit Scheibenschlußstein. Darüber mächtiger Turm mit Walmdach. Spätgotische Sakramentsnische von 1483, weitere aus dem 14./15. Jahrhundert, von Fresken umgeben, hinter dem Altar. Spätgotisches, verstäbtes Portal. In Friedhofsmauer Fundbastionen und Schießscharten.

Stickelberg: Weiler, zur Gemeinde Hollenthon gehörig. Burgruine auf einem, dem gleichnamigen Berg vorgelagerten Kegel gelegen. Erbaut Ende des 13. bis 15. Jh.s, Ruine schon seit 1810. Tiefer Doppelgraben und starke Befestigung gegen Norden. Tor mit Mannloch für Zugbrücken in behauenen Quadern aus dem 16. Jh. Ringmauer mit fünf vorspringenden fünfeckigen Türmen. Weitere zwei Tore und Reste von Wehrgang und Treppenturm.

Wiesmath: Markt mit 1557 Einwohnern. Peter-und-Paul-Kirche Pfarre vor 1342. Wehrkirche mit Pecherker. Starker gotischer Südturm mit Barockhelm. Langhaus Anfang des 14. Jh.s. Stukkaturen aus dem 16. Jh. Gotische Orgelempore mit Netzrippengewölbe und Wappenzier. Bemerkenswertes Fresko aus erster Bauzeit. Ehemaliger gotischer Karner mit einfach verstäbter Tür und rechteckig profiliertem Fenster mit Wappenbildern.

Hochwolkersdorf: Dorf mit 933 Einwohnern. Laurenzikirche 1203 Pfarre. Kleine romanische Chorquadratkirche mit halbkreisförmiger Apsis. Westturm von 1862. Schloß 1543. Zweigeschossiger Fassadeflügel und zwei zurückspringende Seitenflügel, erbaut 1805.

c) Bemerkenswert: Moderne Wallfahrtskirche Maria Schnee, nahe Lichtenegg („Dom der Buckligen Welt"). Passionsspiele in Kirchschlag. Fatima-Heiligtum in Stickelberg. – Parkbad in Seebenstein mit Vorwärmeanlage und Kinderplanschbecken. Strandbad Pitten mit Vorwärmeanlage, Wasserrutsche und Kinderplanschbecken. Sportbad in Kirchschlag mit Sportbecken und Sprungturm, Tennisplätzen. Hallenbad in Scheiblingkirchen-Thernberg.

2. *Wandermöglichkeiten*

Netz von markierten Wanderwegen im gesamten Zielgebiet der Buckligen Welt, wobei Markierungen jedoch vielfach lokal erneuert und geändert wurden, während alte Markierungen verfallen oder durch Wirtschaftswege zerstört werden. Überraschend gutes, asphaltiertes Straßennetz mit geringem Verkehr.

3. *Zufahrt und Verkehrsverbindungen*

Aspangbahn, bzw. Südbahn über Wiener Neustadt nach Aspang und Graz mit Haltestellen Pitten, Sautern-Schiltern, Seebenstein, Gleißenfeld, Scheiblingkirchen-Warth. (Eilzüge halten nicht in allen Stationen!)

Private Buslinien zu den einzelnen Ortschaften, Fahrpläne jedoch vielfach auf Berufsfahrer abgestimmt.

Pkw-Fahrer: Südautobahn bis zum derzeitigen Ende (1974) südlich Wiener Neustadt, demnächst bis Knoten Seebenstein, dann Bundesstraße 54 bis Seebenstein (ca. 60 km), Scheiblingkirchen (weitere 5 km), Thernberg (4 km), Lichtenegg (10 km). Bromberg von Thernberg (3 km), Wiesmath (10 km), Hochwolkersdorf (6 km). Rückfahrt über Lanzenkirchen bis Autobahneinbindung (ca. 15 km).

4. *Sehenswertes unterwegs*

Burg Liechtenstein, Perchtoldsdorf, Mödling, Gumpoldskirchen, Baden, Wiener Neustadt.

5. *Karten und Führermaterial*

Generalkarte Österreich, 1:200.000, Kartenblatt 2; Bundesamt für Eich- und Vermessungswesen, 1:50.000, Blätter 76 (Wiener Neustadt) und 107 (Aspang); Freytag-Berndt & Artaria, 1:100.000, Blatt 27 (Leithagebirge und Neusiedler See); Dehio-Kunstführer: „Niederösterreich“; Reclams Kunstführer: „Österreich“, Band I; Kröner: „Handbuch der historischen Stätten: Österreich“, Band I; Hans Edelmann: „Führer durch Niederösterreich“.

19 (G)

DAS GESTOHLENE FRIEDHOFSTOR

Raum Neunkirchen – St. Egyden – Urschendorf – Winzendorf

St. Egyden: An der schnurgeraden Südbahnstrecke durch die Wälder des Steinfelds eine verlassene, winzige Station, in der nur vereinzelte Personenzüge anhalten. Von der nicht minder schnurgeraden Rennstrecke der Neunkirchner Allee noch weniger sichtbar, weil dort jeder Autofahrer nur das eine Bestreben hat: seinen Vordermann zu überholen, noch eine Spur schneller zu sein als jener. Und dennoch ist dieses St. Egyden uralter Geschichtsboden, ist es eines der bedeutendsten Denkmale der Romanik in unserem Land.

Wir sind von Norden, von der Schneebergbahn, gekommen. Haben in Urschendorf schon das romanische Tor bestaunt, das die Urschendorfer irgendwann vom Friedhof in St. Egyden entwendet haben – das sie nun als malerische Quelleinfassung benützen. Nun stehen wir unter dem dichten Blätterdach der Kastanien vor der romanischen Kirche in St. Egyden selbst, lauschen dem stimmungsvollen Glockenspiel vom massigen Turm: Choräle, alte Kirchenlieder, die sich durch die Jahrhunderte von Generation zu Generation weitervererbt haben und nun gekonnt durch die verschieden gestimmten Glöckchen wiedergegeben werden. Richtiger sogar als beim viel berühmteren Namensvetter in Salzburg – und das will etwas heißen!

Unter den derben romanischen Skulpturen des Drachen und des Löwen mit Menschenköpfen in ihren Pranken erwarten wir den Hochzeitszug. Ein schneidiger Bräutigam, eine liebreizende Braut ganz in Weiß, zwei süße „Stoppel" dahinter, ein Büblein und ein Mäderl. Sie nehmen ihre Sache – das Schleppentragen – bitter ernst; und können doch nicht verhindern, daß das blütenweiße Gespinst mit der Erde in Berührung kommt. Dieser guten Erde um die Kirche von St. Egyden, die schon so viele Hochzeiten gesehen hat. Aber nicht nur Hochzeiten – auch Krieg und Not, Leid und Tod; Türken, Schweden, Franzosen und Russen; Böses und Gutes in runden acht Jahrhunderten. Ist's nicht wie eine Symbolik, daß das Leben gerade von hier aus wieder weitergegeben wird, von diesen uralten Steinen, die so vielerlei sprechen könnten?

1. Das Zielgebiet:

a) Landschaftliches: Flachland des Steinfelds, gegen Südbahn und Bundesstraße durch den unter Maria Theresia gepflanzten Föhrenwald (Harzgewinnung!) abgeschirmt. Von der gleichfalls waldfreien „Neuen Welt" durch den Keil der Fischauer Berge abgetrennt, die im felsigen Größenberg (608 m) gipfeln. Nordwestlich der „Neuen Welt" die Kalkabstürze der Hohen Wand. Wasserarme Gegend, Obstbau und Ackerland. Siedlungen auf die Ebene konzentriert, im Gebiet der Hohen Wand gegen die Bergseite ansteigend.

b) Historisches:

Neunkirchen: Stadt und Bezirksvorort mit 10.922 Einwohnern. Schnellzugsstation an der Südbahn. Einer der ältesten und bedeutendsten Handelsknotenpunkte Niederösterreichs. Erstmals urkundlich genannt 1094 („villa Niuwenchirgun"). Blütezeit im Mittelalter, dann Ungarn- und Türkennot, Großbrand 1752. Entwicklung zum Industrieort im 19. Jh. Stadterhebung 1920.

Sehenswürdigkeiten: Altsiedlung aus dem 11. Jh. vor der Pfarrkirche. Himmelfahrtskirche Pfarre 1127. Halle zwischen Chor und Schiff spätromanisch aus dem 13. Jh. mit spitzbogigen Kreuzgurtengeweben. Frühgotisches, dreischiffiges Langhaus. Überhöhtes Mittelschiff, gedrückte Seitenschiffe. Turmuntergeschoß bandrippengewölbt auf frühgotischen Konsolen aus dem 12. und 13. Jh. Netzrippengewölbe mit fünf reich verzierten Schlußsteinen. Marienkapelle 1429 an den Chor angebaut. Südturm auf spätromanischer Grundlage.

Minoritenkloster aus dem Jahr 1631.

Stadtmuseum im Rathaus (La-Tène-Gräber, Münzen aus der Neunkirchner Münze des 12. und 13. Jh.s).

Dreifaltigkeitssäule 1724.

St. Egyden am Steinfeld: Dorf mit 1495 Einwohnern. Pfarre um 1400. Romanischer Kirchenkernbau aus dem 12. Jh. Kreuzgewölbe mit Maske am Choreck. Kleeblattbogenfenster, darüber romanischer Löwe und Drache mit Menschenköpfen in den Pranken (um 1240). Zu dreischiffiger romanischer Basilika umgebaut. Rechteckiger romanischer Turm um 1300. Außen Reste eines Christophorusgemäldes und römischer Bildstein. Im Pfarrhof spätgotische Holzbildwerke.

Urschendorf: Dorf mit 470 Einwohnern, Gemeinde St. Egyden am Steinfeld. Romanisches Tor in Ortsmitte von der Friedhofsmauer St. Egyden, als Quelleinfassung verwendet. Als äußere Einfassung diamantiertes Band.

Schloß urkundlich 1432. Heutiger Bau aus dem Jahr 1792. Wappen von 1487.

Weikersdorf am Steinfelde: Dorf mit 862 Einwohnern. Pfarre um 1460. Kirche barockes, dreijochiges Langhaus. Starker romanischer Ostturm mit vermauerten Rundbogenfenstern, außen teilweise bloßgelegte, zerstörte Fresken (Ölbergszenen aus dem 14. Jh., Christophorus aus dem 15. Jh.).

Winzendorf: Straßendorf mit 1050 Einwohnern. Himmelfahrtskirche vor 1457 Pfarre. Ursprünglich romanisch mit kreuzrippengewölbtem Chor. Rundbogiger romanischer Triumphbogen. Gotische Sakristei mit gotischer Tür. Epitaphe der Familie Teufel aus dem ausgehenden 16. Jh. Rechteckiger Karner mit spätgotischem Kastenrelief: Christus mit Thomas und Stifter.

c) Bemerkenswert: Ausgedehnte Föhrenwälder zur Pechgewinnung im einst völlig unfruchtbaren Steinfeld gepflanzt. Heute beliebtes Erholungsgebiet, aber im Sommer Zeckengefahr! Schwimm- und Hallenbad in Neunkirchen, Bootsverleih.

2. *Wandermöglichkeiten*

Unmarkierte Wanderwege im Föhrenwald. Bezeichnete Anstiege von Winzendorf zur Ruine Emmerberg (siehe eigenes Kapitel), ca. 1 Stunde. Von Brunn zur Eisensteinhöhle, ca. 3/4 Stunden (siehe dort). Höhenwanderungen auf dem Rücken der Fischauer Berge, vielfach markiert.

3. Zufahrt und Verkehrsverbindungen

Südbahn bis Neunkirchen (Schnellzugsstation) oder St. Egyden (Personenzüge). – Schneebergbahn über Wiener Neustadt mit Haltestellen Brunn an der Schneebergbahn, Winzendorf, Dörfles, Urschendorf. Autobuslinien von Wiener Neustadt in alle Ortschaften, doch teils sehr ungünstige Fahrpläne.

Pkw-Fahrer: Südautobahn bis Einbindung in Bundesstraße 17, dann auf dieser bis Neunkirchen (ca. 62 km). Nach St. Egyden (8 km) und Urschendorf (weitere 2 km) auf Landesstraße. Weikersdorf über Saubersdorf (ca. 4 km), Winzendorf (weitere ca. 2 km).

4. Sehenswertes unterwegs

Sollenau (romanische Kirche), Wiener Neustadt (Altstadt, Dom, Burg), Mödling, Perchtoldsdorf, Baden, Laxenburg.

5. Karten und Führermaterial

Generalkarte Österreich, 1:200.000, Kartenblatt 2; Bundesamt für Eich- und Vermessungswesen, 1:50.000, Blätter 75 (Puchberg am Schneeberg), 76 (Wiener Neustadt) und 105 (Neunkirchen); Freytag-Berndt & Artaria, 1:100.000, Blatt 2 (Rax, Schneeberg, Semmeringgebiet); Freytag-Berndt & Artaria: „Wiener Hausberge“, Wanderatlas 1:50.000, Kartenblatt 13 (teilweise); Dehio-Kunstführer: „Niederösterreich“; Kröner: „Handbuch der historischen Stätten: Österreich“, Band I; Reclams Kunstführer: „Österreich“, Band I; Hans Edelmann: „Führer durch Niederösterreich“.

20 (H)

DIE WIEGE DER BADENER KULTUR

Raum Baden – Pfaffstätten – Gumpoldskirchen

Das alte Sprichwort hat nichts von seinem Wert verloren: „Warum denn in die Ferne schweifen? Sieh, das Gute liegt so nah!" Abgewandelt, könnte man für „gut" vielleicht das Wort „interessant" nehmen und damit meine Wanderungen bis in die äußersten Winkel Niederösterreichs und des Burgenlands, aber auch auf ferne atlantische Inseln charakterisieren, ehe mich ein Sonntagnachmittagsausflug in die so aufschlußreiche Gegend Badens geführt hat. Das Urgeschichtsmuseum in Asparn an der Zaya mußte uns da aufklären, daß es eine ganz eigene „Badener Kultur" gebe, so benannt nach dem Fundort Königshöhle bei Baden. Und als wir erst die einmal gebührend erforscht hatten, da fanden wir dann ganz von selbst zu den übrigen Sehenswürdigkeiten der alten Kurstadt, die nach schweren Nachkriegsjahren (sowjetisches Hauptquartier!) nun noch blühender als zuvor auferstanden ist. Wir bestaunten die romanischen Reste der Burg Rauheneck, das gegenüberliegende Rauhenstein ebenso wie die Bauten Meister Kornhäusels in der Stadt, den herrlichen Kurpark, das Thermalbad, und nicht zuletzt die gute, alte „Badner", die – teilweise verjüngt und modernisiert – noch immer ihre Strecke zwischen Kur- und Bundeshauptstadt bedient; und trotz Schnellbahn und Städteschnellzügen nicht schlecht bedient.

1. Das Zielgebiet

a) Landschaftliches: Alpenostrand an der Thermenlinie. Übergang des Wienerwalds in das Wiener Becken. Wald nur auf den Höhen, an den Ausläufern intensiver Weinbau. Wasserarmes Gebiet mit der Schwechat als einzigem größerem Gewässer. Thermalquellen in Baden und Bad Vöslau. Relativ dicht besiedeltes Gebiet. Zahlreiche ehemalige Ziegelteiche, die allmählich zu Badeseen umgestaltet werden.

b) Historisches:

Baden: Stadt mit 22.631 Einwohnern, Bezirksvorort, Thermalbad. Funde aus der jüngeren Steinzeit. Nahe der Ursprungsquelle römische Funde. Name „Aquae" läßt auf römische Besiedlung schließen. Im Mittelalter erster Aufschwung des Badewesens. 1480 Stadterhebung. 1812 verheerender Brand, der nahezu alle Barockbauwerke vernichtete. Seither klassizistisches Kornhäusel-Stadtbild von einmaliger Geschlossenheit.

Sehenswürdigkeiten: Stephanskirche Pfarre vor 1209. Osttürme und Türkonsolen noch romanisch (Langhaus), sonst gotische, stark restaurierte dreischiffige Staffelkirche. Kreuz-, Stern- und Netzrippengewölbe. Altarbild von Paul Troger.

Spätgotische Helenenkirche mit „Töpferaltar" vom Wiener Stephansdom (um 1500).

Im ehemaligen Heiligenkreuzer Hof gotische Magdalenenkapelle. Ehemaliges Augustinerkloster: Flügel eines Kreuzgangs aus dem 14. Jh. wieder freigelegt. Über dem Eingangstor bemaltes Tympanon aus dem 14. Jh.

Schlösser Weikersdorf und Leesdorf: Ursprünglich mittelalterliche Wasserburgen, heute stark restauriert.

Rathaus und zahlreiche Bürgerhäuser von J. Kornhäusel.

Burgruine Rauheneck: urkundlich 1136. Berchfrit, Innenhofmauer aus dem 12. Jh., Kapelle mit Apsis und Rundstabtor Anfang des 13. Jh.s.

Königshöhle: Interessante, seitlich und nach oben offene Grotte, Fundstätte der „Badener Kultur" (2200–1800 v. Chr.), ganz im Wald gelegen.

Burgruine Rauhenstein: Urkundlich 1160. Anlage mit 3 Höfen. Quadratischer romanischer Berchfrit und Palasunterbauten aus dem 12. Jh., Kapelle mit halbrunder Apsis aus dem 13. Jh.

Rollett-Museum mit Stadtarchiv und ur- und frühgeschichtlichen Sammlungen, berühmten Totenmasken (Öffnungszeiten Mittwoch und Samstag von 15 bis 18 Uhr, Sonntag von 9 bis 12 Uhr).

Beethovenhaus als Gedenkstätte für den großen Musiker (Ende April bis Oktober täglich außer Donnerstag von 9 bis 11 Uhr und von 15 bis 17 Uhr geöffnet).

Kaiser-Franz-Joseph-Museum für Handwerk und Volkskunst (Öffnungszeiten Dienstag bis Sonntag von 10 bis 18 Uhr, Winter von 10 bis 16 Uhr).

Pfaffstätten: Markt mit 2602 Einwohnern. Pfarrkirche spätgotisch, barock restauriert.

Kapelle im Lilienfelder Hof aus dem Anfang des 14. Jh.s mit Kreuzrippengewölbe.

Pfarrhof mit Freitreppe und kleiner Laube aus dem 17. Jh. Einödhöhle am Weg zum Pfaffstättner Kogel: jungtertiäre Brandungshöhle mit verschiedenen Sälen.

Gumpoldskirchen: Markt mit 2771 Einwohnern. Der Sage nach gründeten die drei Brüder des Markgrafen Leopold I. Gumpoldskirchen, Guntramsdorf und Perchtoldsdorf. Namensgebende Michaelspfarrkirche entstand schon um die Jahrtausendwende. Im Mittelalter bereits bedeutsamer Weinmarkt. Kirche und Deutschordenshof zu Wehranlage ausgestaltet.

Sehenswürdigkeiten: Michaelskirche dreischiffige, kreuzrippengewölbte Hallenkirche mit maßwerklosen Spitzbogenfenstern aus der ersten Hälfte des 15. Jh.s. Massiger Turm. Petrus- und Johannesstatuen um 1400. An der Brücke außen steinernes Ölbergrelief. Rathaus Laubenbau aus dem 16. Jh.

Brunnen mit Becken aus römischem Sarkophag und barockem Aufbau, runder, wuchtiger Pranger aus dem Jahr 1563.

Alte Weinpresse.

Häuser teilweise bis in die Gotik zurückreichend.

Traiskirchen: Stadt mit 11.707 Einwohnern. 1113 von Markgraf Leopold als „Draeschirchen“ der Abtei Melk geschenkt. Kirche, Pfarrhof und Friedhof einst zu einer Wehranlage zusammengeschlossen. Ende des 13. Jh.s bedeutender Markt. Um die Wende vom 18. zum 19. Jh. Traiskirchen Sitz des Kreisamts für das Viertel unter dem Wienerwald.

Sehenswürdigkeiten: Margaretenkirche schon vor 1000 Pfarre. Befestigte Anlage, zusammen mit Friedhof und Pfarrhof von Wassergraben umgürtet. Dreischiffige Hallenkirche 1755 unter Benützung der alten gotischen Anlage vollendet.

Nikolauskirche barock umgebaute romanische Anlage, Apsis noch mit romanischen Fenstern.

Thallern: Freigut des Stifts Heiligenkreuz, beliebter Zech- und Backhendlort. Mehrere Wirtschaftsgebäude von Wehrmauer umschlossen. Mittleres Hauptgebäude teils auf gotischen Grundmauern. Spätgotische Kapelle mit Kreuzrippengewölbe. Auf dem Altar

Kruzifix in geschnitzter Weinranke. Prälatenstöckl mit Deckenfresken.

c) Bemerkenswert: Thermalhallenbad, Thermalstrandbad und Mineralschwimmbad in Baden. Schwimmbäder in Gumpoldskirchen und Traiskirchen. Konzerte, Theater- und Operettenaufführungen in Baden. Weinbaugebiet. Fußgängerzone in Baden.

2. Wandermöglichkeiten

Netz von Spaziergängen und Wanderwegen, vor allem in den Wienerwald (siehe Wienerwald-Wanderatlas).

3. Zufahrt und Verkehrsverbindungen

Lokalbahn Wien-Oper – Baden mit Haltestellen in Traiskirchen, Pfaffstätten, Leesdorf, Baden. Südbahn (Schnellbahn) mit Stationen Gumpoldskirchen, Pfaffstätten, Baden (Schnellzugstation). Diverse Autobuslinien.

Pkw-Fahrer: Südautobahn bis Abfahrt Baden oder Bundesstraße Nr. 17 mit Zufahrt nach allen Orten. Romantisch und malerisch auch die Weinbergstraße von Mödling über Gumpoldskirchen und Pfaffstätten nach Baden. Alle Zufahrten durchschnittlich 25 bis 30 km.

4. Sehenswertes unterwegs

Perchtoldsdorf (Burg, Türkenmuseum), Burg Liechtenstein, Mödling (Kirchen, Karner, Ruinen), Schloß Laxenburg.

5. Karten und Führermaterial

Generalkarte Österreich, 1:200.000, Kartenblatt 2; Wanderatlas Freytag-Berndt & Artaria-Geografa, 1:50.000, Blatt 14 und 15; Dehio-Kunstführer: „Niederösterreich"; Reclams Kunstführer: „Österreich", Band I; Kröner: „Handbuch der historischen Stätten: Österreich", Band I; Helmfried Knoll: „Wanderungen rings um Wien", Kapitel 39.

21 (G)

IN ÖSTERREICHS „NEUER WELT“

Raum Wöllersdorf – Muthmannsdorf – Bad Fischau – Emmerberg

Vor der gotischen Pfarrkirche St. Peter i. Moos, die ganz allein weit außerhalb der Ortschaft Muthmannsdorf steht, verweile ich in stummem Gedenken: Noch habe ich die herrlichen Deckenfresken vor mir, die das Turmgewölbe seit 800 Jahren schmücken, da fällt mein Blick auf das Ehrenmal vor dem Gotteshaus und reißt mich jäh in die Gegenwart zurück: Neben einer langen Reihe von nicht mehr heimgekehrten Soldaten aus den beiden Weltkriegen steht noch eine Rubrik: „Heimatboden gefallen.“ An ihrer Spitze der Bürgermeister, nach ihm Männer und auch Frauen, die die Kriegsfurie 1945 dahingerafft hat . . .

Hier, in der „Neuen Welt“, die mit Amerika so gar nichts zu tun hat, drangen die Russen in einem großen Zangenangriff, aus dem Burgenland vorstoßend, über die Bucklige Welt vor, umfaßten die alte Hauptstadt und besetzten Wien nach tagelangen, erbitterten Straßenkämpfen. Solange sie Besatzer blieben, erinnerten nur ihre eigenen Friedhöfe, mit dem Sowjetstern geschmückt, an diese Kampftage.

Zögernd, erst nach Abzug der letzten Besatzungstruppen, wurden auch im Osten Österreichs Gedenkstätten für die gefallenen Soldaten angelegt, gab man auch den Toten des eigenen Volkes Heimrecht, wie dies schon – vor allem in Kärnten und in der Steiermark – bald nach Kriegsende in vorbildlicher Weise geschehen war. Der Gedenkstein von Muthmannsdorf ist einer der schlichtesten und dennoch der eindrucksvollsten. „Heimatboden gefallen“ – zwei Wörter bloß, und doch: Welche Schicksale!

1. Das Zielgebiet

a) Landschaftliches: Unteres Piestingtal und Hochfläche der „Neuen Welt“, umrahmt von den Steilabstürzen der Hohen Wand und dem bedeutend niedrigeren Zug der Fischauer Berge. Fruchtbares Ackerland und Obstbaugebiet, gegen Piestingtal und Fischauer Berge in Waldland übergehend. Beliebte Sommerfrischen. Zahlreiche Höhlen (Eisensteingrotte, Hollturmhöhle usw.) und Naturdenkmale (z. B. Steinerner Stadl). In den Föhrenwäldern heute noch Harzgewinnung von den lebenden Bäumen.

b) Historisches: Malleitenberg in den Fischauer Bergen ausgedehnte Höhensiedlung der Hallstattzeit. Etwa 30 Grabhügel festgestellt und zum Teil auch ausgegraben. Reiches Fundmaterial, u. a. auch hallstättische Töpferwerkstätte. Am Fundplatz und in seiner Umgebung durch Münzen und Grabsteine römische Besiedlung nachweisbar.

Waldegg: Markt seit 1927 mit 2060 Einwohnern. Pfarre 1136. Jakobskirche abseits auf Kirchberg gelegen – vielleicht früherem Burgfelsen, von Friedhof umgeben. Dreijochiges Langhaus mit 5/8-Chor. Pfeiler und Halbsäulen aus dem 15. Jh. Asymmetrisches Netzrippengewölbe vom Ende des 15. Jh.s.

Neben der Kirche ungeklärte Burgreste.

Starhemberg: Ausgedehnte Ruinenanlage auf dem Schloßberg südostwärts von Oberpiesting im Piestingtal („Pistnicha“ = slawisch „die Rasende“). An Grenzfurche zwischen bairischer Ostmark und karantanischer Mark gelegen („Starhemberg“ = „starker, fester Berg“). Burg vermutlich 1140/45 errichtet, eindeutig gegen Einfälle aus dem Norden geschaffen. 1482 von Matthias Corvinus erobert. 1683 noch Zufluchtsstätte vor Türkeninvasion, dann Verfall durch Abtragen der Dächer zwecks Steuerersparnis. Erhaltung der Reste und Wiederherstellung durch „Freunde der Ruine Starhemberg“ in den letzten Jahren zielstrebig fortgesetzt. Im Frühjahr 1945 umkämpft.

Runde romanische Turmkapelle vom Ende des 12. Jh.s mit Halbkreisapsis. Innen Treppe und Steinsitze, im Obergeschoß Pechnasenkreuz. Im Burghof Annenkapelle mit frühgotischen Basen aus dem 14. Jh. Zweigeschossiger Nordflügel mit starken Kreuzrippen aus

Raimundvilla in Gutenstein (Seite 122)

Wildschweine im Tiergarten Sparbach (Seite 125)

Deckengewölbe in der Stiftskirche von Heiligenkreuz (Seite 129)

Araburg (Seite 134)

dem Ende des 13. Jh.s. Mittelalterliche Rauchküche. Turmmauerreste auf den Berghängen.

Wöllersdorf: Dorf mit 1730 Einwohnern. In den dreißiger Jahren Anhaltelager für Gegner des Ständestaats.

Georgskirche ehemaliges gotisches Langhaus mit Platzelgewölbe zwischen Gurten.

Höhlturm (Hölltum): Ruine alter Kreitfeuerstation, dahinter Höhle, die noch 1945 als Zuflucht diente.

Bad Fischau: An „Blätterstraße“, wichtigem römischem Straßenzug gelegene Siedlung mit 2088 Einwohnern, an der Fischa. Erste Erwähnung im 12. Jh. Martinskirche Art Weghospiz, ursprünglich gotisch, 1798 umgebaut. 1166 bereits Markt und Münzstätte, 1929 „Bad“. In der Nähe Eisensteingrotte: Sintergebilde mit Kalzitkristallen und Kristallrosen. Führungen vom 1. Mai bis Oktober an Samstagen ab 15 Uhr und an Sonntagen von 10 bis 17 Uhr (Auskunft Sporthaus Zichocki, Wiener Neustadt).

Muthmannsdorf: Dorf mit 450 Einwohnern. Den Funden nach schon zur Römerzeit besiedelt. Römischer Grabstein an der Kirche, vielleicht auch Wachtturm.

Pfarrkirche St. Peter im Moos abseits der Ortschaft. Pfarre vor 1220. Derber, mittelalterlicher Ostturm, einjochiger, gotischer Chor mit 5/8-Schluß und Maßwerkfenstern. Zusammengesetzte Kreuzrippengewölbe im Chor auf Halbsäulchen mit Schlußsteinen. Zweiteilige Sitznische mit geschweiften Wimpergen. Sehr gut erhaltene romanische Deckengemälde: Lamm Gottes, zwölf Apostel, Evangelistensymbole um 1200. Spätgotische Sakristei 1437, gotische Kapelle aus dem Ende des 13. Jh.s. Römischer Grabstein.

Maiersdorf: Grabendorf mit 640 Einwohnern. Johanneskirche am Dorfrand auf Felsen gelegen. 1138 urkundlich erwähnte Feste Stein, die erst 1379 in Kirche umgewandelt wurde. Altes, wuchtiges Bruchsteinmauerwerk, rechteckiger, tonnengewölbter Chor und rechteckiges, zweijochiges romanisches Langhaus. Später durch Bruchsteinmauerwerk mit Fischgrätenmotiven erhöht und auf fast gleiche Höhe mit Ostturm gebracht. Kirche dadurch äußerst hoch und schmal. Hochgelegene kleine Rundbogenfenster noch vom alten Rundbau. Triumphbogen aus dem 12. Jh., unter Dach Schießschlitze.

Emmerberg: Auf eimerförmiger Erhebung („Emmerberg“ = „Eimerberg“!), der Hohen Wand vorgelagert, am Ende der Prossetschlucht. Einst wichtiges Bollwerk der nördlichen Verteidigungslinie der Mark Karantanien. Mächtiger Wehrbau als Schutz- und

Sperriegel der Prossetschlucht, bis 1760 bewohnt, dann teilwei
als Steinbruch verwendet. Drei Tore und Zwinger. Romanisc
rechteckige Kapelle mit eingezogenem Rechteckchor. Gediege
Quadertechnik, Ansätze von Gewölben und Freskenreste. Drit
Tor 10 m lang zur Hochburg mit Schneckenstiege und Zister
Burgberg voll roten und gelben Löwenmauls und voller Dirr
sträucher (Kornelkirschen).

c) Bemerkenswert: Thermalbad und zwei weitere Schwimmbä
in Bad Fischau. Bassinbad mit Vorwärmeanlage in Waldegg. – Pe
gewinnung in den Föhrenwäldern um Waldegg und Starhember
Mautstraße auf die nahe Hohe Wand. – Sessellift von Grünb
am Schneeberg. Naturpark Hohe Wand mit zahlreichen leicht
und schwereren Kletterführen. – Führungen in die Eisensteingr
und in die Einhornhöhle an der Hohen Wand.

2. *Wandermöglichkeiten*

Markiertes Wegenetz im Piestingtal zu beiden Seiten des Flusses und im Gebiet des Naturparks Hohe Wand. Markierungen in den Fischauer Bergen etwas vernachlässigt. Eisensteingrotte von Bad Fischau oder Brunn an der Schneebergbahn in je ca. einer halben Stunde erreichbar. – Höllturmhöhle ab Wöllersdorf ca. 20 Min. – Ruine Starhemberg von Oberpiesting ca. 1 St., auch Höhenstraße etwa 15 Min. unterhalb vorüberführend. – Ruine Emmerberg durch Prossetschlucht oder direkt von Winzendorf ca. 1 St.

3. *Zufahrt und Verkehrsverbindungen*

Südbahn bis Leobersdorf, von dort Gutensteiner Linie mit Stationen Wöllersdorf, Markt Piesting, Oberpiesting und Waldegg. – Ab Wiener Neustadt Schneebergbahn mit Stationen Bad Fischau, Brunn, Winzendorf, Grünbach am Schneeberg (für Maiersdorf).

Öffentliche und private Autobuslinien mit teils ungünstigen Fahrplänen.

Pkw-Fahrer: Südautobahn bis Abfahrt Wöllersdorf (ca. 45 km), dann Bundesstraße 21 bis Wöllersdorf (ca. 2 km). Markt Piesting (ca. 3 km), Waldegg (ca. 6 km). Auffahrt auf Bundesstraße 222 von Markt Piesting nach Starhemberg (ca. 2 km) (Zitherwirt), weiter nach Muthmannsdorf (ca. 5 km) und zum Wirtshaus Burgruine am Fuß von Emmerberg (ca. 3 km). Abzweigung nach Maiersdorf (ca. 4 km), Rückfahrt zur Südautobahn über Weikersdorf am Steinfeld (ca. 9 Kilometer), Abfahrt Wiener Neustadt.

4. Sehenswertes unterwegs

Einhornhöhle am Übergang Waldegg-Ruine Starhemberg. Baden, Gumpoldskirchen, Mödling, Perchtoldsdorf.

5. Karten und Führermaterial

Generalkarte Österreich, 1:200.000, Kartenblatt 2; Bundesamt für Eich- und Vermessungswesen, 1:50.000, Blätter 75 (Puchberg am Schneeberg) und 76 (Wiener Neustadt); Freytag-Berndt & Artaria, Wanderatlas „Wiener Hausberge", 1:50.000, Kartenblatt 13; Dehio-Kunstführer: „Niederösterreich"; Reclams Kunstführer: „Österreich", Band I; Kröner: „Handbuch der historischen Stätten: Österreich", Band I; Hans Edelmann: „Führer durch Niederösterreich"; Dr. Robert Hösch: „Führer auf die Hohe Wand"; Helmfried Knoll: „Wanderungen rings um Wien", Kapitel 38.

22 (H)

DER ALTE „360er"

Raum Rodaun – Perchtoldsdorf – Mödling – Maria Enzersdorf – Brunn

30. November. In einer an sich schon tristen Jahreszeit wird unser Otfried an diesem Tag besonders melancholisch: Es ist ja der Jahrestag der Einstellung des „360ers", der elektrischen Straßenbahnlinie von Rodaun nach Mödling! Nun zwängt sich ein viel zu breiter Autobus durch viel zu enge Gäßchen. Wo man früher – auch an einer „Zonengrenze" – einfach einen zweiten Fahrschein hingehalten hat, muß man nun einen eigenen Busfahrschein lösen, und wo einst ein anheimelnd-altmodischer Straßenbahntriebwagen mit ebensolchen Beiwagen auf die meist recht ansehnliche Menschenfracht aus Wien gewartet hatte, die der „60er" (auch noch altmodisch) ausspie, dort muß diese Menschenfracht heute nur allzu oft warten, bis der Bus rumpelnd und umweltfeindlich über den großen Platz daherrollt, quer über die Schienen der „besiegten" Straßenbahn.

Am 30. November aber ist dann Otfried unterwegs, zwischen Novembernebeln und kurzen Nachmittagsstunden; er geht die Strecke ab, fährt sie mit dem Rad ab und gedenkt wehmütig der Jahre, da hier noch eine Straßenbahn fuhr. Die verbogene Anzeigetafel, das Nummernsignal tragen vergilbte Eichen- und Lorbeerkränze von gewonnenen turnerischen Wettkämpfen; im Dunkel des privaten Straßenbahnmuseums in unserem – seinem – Kabinett läßt der geschickte Bastler das Liniensignal auf dem Kasten aufleuchten – Gedenken an etwas Liebes, Altvertrautes, das heute nicht mehr ist . . .

1. Das Zielgebiet

a) Landschaftliches: Ostrand des Wienerwalds im Grenzgebiet Wien/Niederösterreich mit starker Zersiedlung schon seit Jahrzehnten, besonders stark aber nach dem Zweiten Weltkrieg. Mischung von Industrie- und Kulturlandschaft mit zahlreichen Zweitwohnungen. Naturschutzgebiet der Föhrenberge im Entstehen begriffen. Vom Liesing-, Peters- und Mödlingbach durchflossen. In der „Klause" der Hinterbrühl bei Mödling, dem Durchbruch des Mödlingbachs durch den Alpenostrand, bizarre, kühn geformte Felsbildungen. Im Bereich des Wienerwalds überraschend große Wiesenflächen.

b) Historisches:

Rodaun: Teil des heutigen 23. Wiener Gemeindebezirks Liesing, Endstelle der Linie 60 und des heutigen Straßenbahnnetzes. Urkundliche Erwähnung von „Raduna" schon 1170, Name aus dem Slawischen abgeleitet, Ursprung schon in vorkarolingischer Zeit zu suchen. Schloß Rodaun bedeutungsvoll für Wiens Religionsgeschichte („Auslauf" der Lutheraner zum Gottesdienst dorthin). Wohnort Hugo von Hofmannsthals.

Perchtoldsdorf: („Petersdorf") Urkundlich 1136 genannt, Markt um 1400. Bedeutender Weinmarkt des Mittelalters. Heute Marktgemeinde mit 11.435 Einwohnern mit besonders malerischem Ortsbild. 1529 erfolgreiche Verteidigung gegen die Türken in der kurz zuvor fertiggestellten Kirchenfestung. Einer der vier landesfürstlichen „Bannmärkte" mit Landstandschaft. 1683 Triumph der Türken mit 400 bis 500 Toten. Häuser, Kirche und Turm niedergebrannt. 1713 Pestjahr mit zahlreichen Opfern. Unvorteilhafte Umgestaltung unter Kaiser Joseph II.

Sehenswürdigkeiten: Altort an der Hochstraße nördlich der Burg mit verbautem Dreiecksplatz um 1000. Im Westen und Süden noch teilweise mittelalterliche Wehrmauern erhalten.

Augustinuskirche urkundlich 1216. Dreischiffige gotische Hallenkirche mit drei Chören als Mittelpunkt alter Wehranlage mit Herzogsburg, Martinskapelle und alleinstehendem Wehrturm. Unterkirche aus der Mitte des 14. Jh.s. Kreuzrippengewölbe, Maßwerkfenster. Langhaus aus der ersten Hälfte des 15. Jh.s mit Sternrippengewölbe. Gotische Tore. Im südlichen Tor Bogenfeldrelief Tod Mariä Ende des 14. Jh.s, im nördlichen Krönung Mariä um 1400. Ölberggruppe um 1500.

Ehemalige Herzogsburg aus drei Bauepochen: Quaderbau mit Turm aus der ersten Hälfte des 14. Jh.s, Schlitzfenster im Untergeschoß, Doppelbogenfenster im 1. Turmgeschoß. Bruchsteinbau des Obergeschosses mit Sitzbänken in Fensternischen aus dem 15. Jh. Obergeschoß zerstört und neu gebaut; jetzt Stadtsäle.

Martinskapelle: Spätgotischer Karner, durch Mauer mit Burg verbunden, Baujahr 1514; jetzt Kriegergedächtnisstätte.

Wehrturm freistehend, in Wehrmauer eingebunden, aus der ersten Hälfte des 15. Jh.s. Fester, sechsgeschossiger Quaderbau, Brunnenstube im Untergeschoß. Im 1. Obergeschoß Kapelle mit wappengeziertem Sternrippengewölbe. Ringsum laufendes Steingeländer um Türmergeschoß, vier zwiebelgedeckte Ecktürmchen.

Dreifaltigkeits-Spitalskirche um 1400. Steinernes Glockentürmchen. Sternrippengewölbe mit zweiteiligen Maßwerkfenstern.

Renaissancehäuser auf dem Marktplatz.

Rathaus vom Ende des 15. Jh.s mit gotischem Erker und Wappen. Pestsäule am Marktplatz, 1713 von J. B. Fischer von Erlach erbaut. Sehr instruktives Türkenmuseum im Hinterhof des Rathauskellers (Eintritt frei, prächtiger Ausstellungskatalog!).

Hugo-Wolf-Museum in der Brunner Gasse 26.

Brunn am Gebirge: Marktflecken mit 6881 Einwohnern. War einst eines der befestigten Dörfer Niederösterreichs mit fünf Toren vom 15. Jh. bis 1800.

Kunigundenkirche urkundlich 1216, Kapelle 1338. Gotischer Bau aus dem 15./16. Jh. Dreischiffige Staffelkirche mit stark überhöhtem Mittelschiff mit Kreuzrippengewölbe, dieses schon um 1400. Maßwerkfenster. Südportal dem Singertor des Wiener Stephansdoms ähnlich. Stark verwitterter Ölberg von 1522.

Spätgotisches Heimathaus mit Renaissancesgraffiti in der Gattringer Straße.

Maria Enzersdorf am Gebirge: Dorf mit 8119 Einwohnern. Um 1200 als „Engilschalchesdorf" erstmals urkundlich erwähnt. Station auf dem Wallfahrtsweg nach Mariazell. Maria-Magdalenen-Kirche seit 1730 Wallfahrtskirche. Ehemaliges, mehrmals zerstörtes Franziskanerkloster.

Pfandlbrunnen. Marmorne, tempelartige Kreuzwegstation an der alten Wallfahrerstraße.

Bildstock von 1493.

Burg Liechtenstein: Erstmals 1136/41 genannt, Stammsitz des gleichnamigen Fürstenhauses. Älteste romanische Bauteile aus dem 12. Jh. 1529 und 1683 von den Türken verwüstet. Großzügiger Wiederaufbau der Burg nach 1873, formenreicher, stilgetreu und unter Bewahrung aller historischen Mauerteile. Reiche Sammlungen mit wechselnden Ausstellungen. Auf schmalem Felsgrat gelegen. Kapelle, Palas und Wohnturm in ein Gebäude zusammengebaut. Romanische Kapelle vielleicht noch aus der Zeit um 1165 mit Halbkreisapsis und Kreuzrippengewölbe. Romanische Fenster mit sieben Reliefs aufgedeckt. Alter Rittersaal mit romanischen Rundbogenfenstern.

Schloß gegenüber der Burg aus dem 16. bis 18. Jh., nach Kriegszerstörungen noch nicht wiederhergestellt.

Mödling: „Europastadt" und Bezirksvorort mit 18.712 Einwohnern. Einzelne urgeschichtliche Höhenstationen nachgewiesen (Jennyberg: Jungsteinzeit, Frauenstein und Kalenderberg: Eisenzeit). Römischer Wachtposten fraglich. Slawischer Name von „medjîlica = Grenzfluß". 903 als „Medilihha" erstmals erwähnt. Im 14. Jh. bedeutender Weinmarkt, einer der vier Bannmärkte mit Landstandschaft. Wirtschaft löst Weinbau bis Ende des 18. Jh.s ab. Seit 1800 zunehmend beliebte Sommerfrische. 1896 Bezirkshauptmannschaft, ein Jahr später zur Stadt erhoben.

Sehenswürdigkeiten: Othmarkirche 1113. Ehemalige Wehrkirche in Hochlage über der Stadt. Spätgotischer Bau anstelle älterer Kirche, 1523 vollendet. Türkenverwüstungen 1529 und 1683. Hohe dreischiffige Hallenkirche. Drei- und vierteilige Maßwerkfenster. Schlanke Achteckpfeiler mit Runddiensten. Gotisches Tor mit Kreuzblume und Fialen. Spätgotisches Sakramentshäuschen mit Durchstäbungen und Astwerkgotik aus dem Anfang des 16. Jh.s. Wappengrabsteine bis ins 14. Jh. zurück.

Pantaleonskarner urkundlich 1345. Edler romansicher Bau aus der Mitte des 13. Jh.s, von einer spätromanischen Bauhütte geschaffen. Zweigeschossiger Rundbau mit gewölbter, halbkreisförmiger Ostapsis. 1698 um Glockenstube und Zwiebelhelm erhöht. Apsisfresko: Maria, Heilige Drei Könige und Stifterpaar aus der Mitte des 13. Jh.s. Außengliederung durch Lisenen und Runddienste, diese figural und pflanzlich stilisiert. Rundbogenfries mit Lilien. Dreifaches Rundbogenportal mit normannischen Verzierungen, Steinrelief über Portal: Reiter verfolgt Hirsch. Spitzbogenarkaden und Rundbogenfries mit Dreiblättern darüber.

Ägydi-Spitalskirche 1453 vollendet. Stark restaurierte spätgotische Saalkirche. Sternrippengewölbe, Maßwerkfenster und Netzrippengewölbe. Gotische Empore mit Maßwerkbrüstung.

Renaissance-Rathaus von 1548, Aufgang mit dreiteiliger Laube. Zahlreiche malerische spätgotische, Renaissance- und Barockhäuser.

Thonet-Schlössel im ehemaligen Kapuzinerkloster. Museum mit urgeschichtlichen Funden vom Kalenderberg, gotischen Fresken aus dem 15. Jh. und Beethovenzimmer.

Romantische Ruinen: Mödling (aus dem 11. Jh.), 1812 willkürlich restauriert. Schwarzer Turm (1810), Pfefferbüchsel (1818).

c) Bemerkenswert: Naturpark Föhrenberge in Ausgestaltung, Inselbad in Perchtoldsdorf. Hallenbad mit Sauna und Kneippanstalt in Mödling. Stadtbad Mödling als Sommerbad mit Sprungturm und Vorwärmeanlage. Kinderbadebecken und Schwimmbassin im Erholungszentrum „Karl Flöttl“ in Brunn am Gebirge.

Europas größter unterirdischer See in der nahen „Seegrotte“. – Mödlinger Faschingszug zum Ende des alljährlichen Faschings mit besonderen Festlichkeiten. – Perchtoldsdorfer Kulturtage in der Burg und an anderen Festplätzen. – Internationale Wienerwald-Wanderung über drei Tage jeweils in der zweiten Augusthälfte im Raum Mödling. – Skilifts in Kaltenleutgeben und bei der Wiener Hütte.

2. Wandermöglichkeiten

Dichtes Netz von Spazier- und Wanderwegen im gesamten Zielgebiet, vor allem gegen den Wienerwald zu. Liechtenstein-Höhenstraße auch im Winter geräumt, ebenso diejenige zum Anninger-Schutzhaus. Beliebtes Skigebiet, vor allem um Kaltenleutgeben.

3. Zufahrt und Verkehrsverbindungen

Südbahn und Schnellbahn mit Personenzugshaltestellen Liesing, Brunn – Maria Enzersdorf, Perchtoldsdorf und Mödling. Linie 60 der Wiener Straßenbahn von Kennedybrücke bis Rodaun, dann ÖBB-Busanschluß nach Mödling. Schnellverkehr von Wien nach der Südstadt. Zahlreiche Post- und ÖBB-Linien, die alle anderen Ziele anfahren.

Pkw-Fahrer: Bundesstraße 17 oder Südautobahn bis Mödling (je ca. 14 km). Oder über Nebenstraßen Lainz – Mauer – Rodaun – Perchtoldsdorf – Brunn – Maria Enzersdorf. Burg Liechtenstein von Maria Enzersdorf bis unmittelbar vor Burgeingang „erfahrbar“. Seegrotte durch die Brühler Klause.

4. Sehenswertes unterwegs

Schlösser Schönbrunn (Kaiserresidenz, Tiergarten), Hetzendorf (Modeschule der Stadt Wien), eventuell Laxenburg (Erholungszentrum, Österreichisches Filmmuseum).

5. Karten und Führermaterial

Generalkarte Österreich, 1:200.000, Kartenblatt 2; Stadtplan von Wien, 1:25.000 (Freytag-Berndt & Artaria); Freytag-Berndt & Artaria, Wanderatlas Wienerwald, Blätter 12 und 13; Freytag-Berndt & Artaria, Plan von Mödling, 1:7500; Dehio-Kunstführer: „Niederösterreich"; Kröner: „Handbuch der historischen Stätten: Österreich", Band I; Reclams Kunstführer: „Österreich", Band I; Hans Edelmann: „Führer durch Niederösterreich"; Helmfried Knoll: „Wanderungen rings um Wien", Kapitel 39; Helmfried Knoll: „Vom Nordwald bis zur Puszta", Kapitel 37 und 38.

23 (H)

FERDINAND RAIMUNDS REICH

Raum Gutenstein

Der Winter fand schon im November statt. Wenn die Wiener im Jänner, sonst einem hochwinterlichen Monat, Schnee sehen wollen, dann müssen sie diesmal eine ziemlich weite Fahrt auf sich nehmen, bis tief in die Gräben und Täler des Voralpenlands hinein. Und selbst dort reicht er oft nicht zum Skifahren, wird vom Eis beherrscht und – an sonnigen Stellen – auch schon vom zaghaften Immergrün der Eriken, den bleichen Knospen, die in wenigen Monaten die Hänge um die Burgruine, um den Marktflecken Gutenstein und den Mariahilfberg in leuchtendes Rot tauchen werden. Wir kennen das Waldbauernmuseum „Alte Hofmühle“ mit seiner in bewundernswerter Kleinarbeit zusammengetragenen Schau von Gerätschaften, Werkzeugen und Fotos aus der harten Vergangenheit der Kleinhäusler und Waldbauern – Dingen, wie man sie heute nur mehr im Museum findet. Wir kennen die „Lange Brücke“ zwischen dem Burgberg und dem Lederkogel: das Steinapiestingtal ist dort so eng, daß die Straße 150 m weit über dem Wasser geführt werden muß, aber in der Flußrichtung, nicht quer dazu! Wir haben das Raimundgrab auf dem überzuckerten Friedhof besucht, den Mariahilfberg erklommen. Die Burg jedoch, die stolze Ruine, schier in der Fallinie auf scheinbar unersteiglichen Felsen errichtet – sie weist uns ab: Blankeis, Rutschgefahr – nichts für Kinder und auch nichts für nicht mehr ganz unbehinderte Erwachsene. Da heißt's wiederkehren, wenn der Frühling eingezogen ist, Geschichte auch dort erleben, an einem so besonders geschichtsträchtigen Platz wie Gutenstein!

1. Das Zielgebiet

a) Landschaftliches: Gutenstein liegt im Voralpengebiet in einem schmalen Talkessel am Oberlauf der Piesting in 481 m Seehöhe, dort, wo die drei Quellflüsse Steinapiesting, Längapiesting und Kalter Gang zusammentreffen. Der freundliche Flecken ist von schönen Wiesen und Waldbergen umgeben und eine beliebte Sommerfrische. Schwarzföhren- und Fichtenwälder umgeben den alten Markt, romantische Felsengen säumen schon die Zufahrt auf Bahn und Straße, setzen sich in der Umgebung fort.

b) Historisches: Der Markt, ein Straßendorf mit 1699 Einwohnern, schmiegt sich halbkreisförmig um den steilen Felsen des Burgbergs. Er entstand im 12. Jh. als Besitztum der steirischen Otakare, ging dann auf die Babenberger über. Große strategische Bedeutung unter Herzog Friedrich II. dem Streitbaren. Burg um 1200 gegründet, in Notzeiten oft feste Zuflucht der Waldbauern. Viel umkämpft, Todesstätte Friedrichs des Schönen, Gefängnis Matthias Corvinus', seit 1595 im Besitz der Familie Hoyos-Sprinzenstein.

Sehenswürdigkeiten: Pfarrkirche, urkundlich 1220, spätgotischer Bau (Chor 1487), spätgotische, stehende Madonna aus Holz aus dem 15. Jh., Figur Johannes des Täufers aus derselben Zeit.

Burgruine derzeit in Restaurierung. 2 Vorhöfe, Burgtor mit Fußgängerpforte, Küche mit pyramidenförmigem Aufbau, Verlies. Berchfrit mit ehemaliger Katharinenkapelle von 1320, die bei Turmeindachung zerstört wurde. Hochburg mit Stuckresten aus dem 17. Jh.

Raimundgrab auf dem Friedhof an der Mariahilfbergstraße. Raimundvilla etwa 4 km talaus im Raimundviertel der Nachbargemeinde Pernitz; spätklassizistischer Bau mit großer Freitreppe.

„Lange Brücke" über die Steinapiesting in grandioser Felsenenge an der Straße über die Haselrast nach Rohr am Gebirge.

Holzmuseum „Alte Hofmühle" mit großartiger Schau über Holzgewinnung und bäuerliche Nebengewerbe (u. a. komplette Nachbildung des letzten Holzkohlenmeilers in der Gegend der „Kalten Kuchl") im Schneeberggebiet. Besuchszeiten: Mai bis Oktober an Donnerstagen und Sonntagen von 10 bis 12 Uhr und von 14 bis 17 Uhr. An Samstagen um 15 Uhr Vorführung des Kulturfilms „Holz – Brot der Heimat". Gruppen ab 10 Personen können gegen Voranmeldung das Museum jederzeit besichtigen.

Mariahilfberg: Wallfahrtskirche, durch Höhenstraße (Maut) auch für Gehbehinderte erschlossen. Kloster der Serviten, 1675 gegründet.

Kreuzwegstationen, barocke Wallfahrtskirche in den einfachen Formen um 1700 mit ausgezeichneten Holzbildwerken.

c) Bemerkenwert: Hallenbad mit Sauna im Hotel Pfeiffenberger, Schwimmbäder in Piesting, Waldegg und Gutenstein.

2. Wandermöglichkeiten

Rundweg zur Burgruine, westlich der Kirche von Gutenstein beginnend und über die „Lange Brücke" zurück, rot markiert, ca. 1 St. – Theresiensteig (unmarkiert) vom Holzmuseum ins Steinapiestingtal mit schönem Ruinenblick ca. 3/4 St. – Zu Fuß auf den Mariahilfberg auf altem Wallfahrerweg ca. 1 St. – Übergang nach Puchberg am Schneeberg über den Öhlersattel ca. 4 St., blau markiert. – Zur Raimundvilla und nach Pernitz ca. 1 1/2 St.

3. Zufahrt und Verkehrsverbindungen

Mit der Bahn von Wien-Südbahnhof oder Meidling über Leobersdorf nach Gutenstein (Bahnhof etwa 1,5 km ostwärts des Ortszentrums).

Wochenend- und Sommerverkehr von Postautobussen ab Wien-Landstraße nach Gutenstein.

Pkw-Fahrer auf Südautobahn bis Abfahrt Wöllersdorf, dann Bundesstraße 21 bis Gutenstein (ca. 70 km). Mautstraße auf den Mariahilfberg (weitere ca. 4 km).

4. Sehenswertes unterwegs

Wöllersdorf: Höllturm, Ruine einer Feuerstation, und anschließende interessante Höhle. – Oberpiesting: Ruine Starhemberg. – Waldegg: Gotische Kirche, Ruinenreste einer Burg. – Miesenbach-Waidmannsfeld-Scheuchenstein: Gauermannheimat. – Muggendorf: Mirafälle, Steinwandklamm.

5. Karten und Führermaterial

Generalkarte Österreich, 1:200.000, Kartenblatt 2; Bundesamt für Eich- und Vermessungswesen, 1:50.000, Blatt 76 (Puchberg am Schneeberg); Freytag-Berndt & Artaria, 1:100.000, Blatt 2 (Schneeberg, Rax, Semmeringgebiet); Freytag-Berndt & Artaria, Atlas „Wiener Hausberge", 1:50.000, Blätter 8 und 11; Dehio-Kunstführer: „Niederösterreich"; Reclams Kunstführer: „Österreich", Band I; Kröner: „Handbuch der historischen Stätten: Österreich", Band I; Hans Edelmann: „Führer durch Niederösterreich".

24 (H)

TIERPARK AUF HISTORISCHEM BODEN

Raum Sittendorf – Wildegg – Sparbach

Thema: Angst. Eine große Tageszeitung bringt einen recht lehrreichen Bericht darüber. Unwillkürlich lebt sich der Leser in die Testpersonen hinein, vergleicht, prüft sich selbst, gibt im Brustton der Überzeugung von sich: Na, ich würde nie so reagieren!

Ich habe unseren Buben im Krankenhaus besucht, bin erst am späten Nachmittag unterwegs nach dem Wald. Nach Regentagen, an denen niemand mehr „ausfliegt“. Ganz allein trabe ich das Sträßchen von Sittendorf nach Wildegg, ganz allein will ich auch noch zur Dämmerstunde dem Sparbacher Tiergarten einen Besuch abstatten. Das Zwielicht in diesem grünen Dämmer ist beachtlich. Verwachsen der Zugangsweg, morastig, nicht mehr markiert. Kein Mensch, kein Tier, nur lästige Fliegen. Und dann stehe ich plötzlich vor dem Tiergarten – aber außerhalb. Ein gut drei Meter hoher Zaun, Draht und Stacheldraht als „Krone“. Wieder zurück? Nein, das schaffe ich nicht, bis dahin ist der letzte Bus garantiert fort!

Nach bewährter Methode (einst war's der Eispickel auf einem Südtiroler Dreitausender) werfe ich Tasche und Rock über den Zaun: So, jetzt muß ich nach! Mit Bangen, Herzklopfen und ein paar Abschürfungen gelingt's. Auch im Tiergarten selbst kein Mensch mehr. Aber ein herrlich kühler Wind, der mich besonders bei der Ruine Johannstein umfächelt. König im Revier: Wie ein König komme ich mir im trutzigen Gemäuer vor, das einst die Türken berannt und niedergebrannt haben.

Nun aber auf zum Bus! Kinderspielplatz, Weiher, die schmucke Mühle. Plötzlich schwarze Steine vor mir, große, mittlere, kleine. O Schreck – sie bewegen sich: Wildschweine! Gegrunze, unartikulierte Schreie, schrill und nie gehört – ein ganzes Rudel jagt einher, fette Eber und schwerfällige Bachen, Frischlinge in allen Größen; und ich habe nicht einmal meinen Stock mit . . . Lawinenartig schwillt das Geschrei an, in wilden Sprüngen jagt das schwarze Volk – davon: Seine Angst vor dem späten Besucher ist offenbar noch größer als umgekehrt!

1. Das Zielgebiet

a) Landschaftliches: Teilstück des südlichen Wienerwalds mit dem wartengekrönten 645 hohen Höllenstein als Scheitelpunkt. Viel Wald, von bescheidenen Wasserläufen durchzogen, alter Rodungsstreifen im Gebiet der künftigen Südeinfahrt der Westautobahn mit den Siedlungen Dornbach, Sittendorf, Sparbach, Weißenbach, Hinterbrühl. Zunehmende Zersiedelung durch Zweitwohnungssucht der Wiener. Naturpark im Sparbacher Tiergarten.

b) Historisches: Älteste Besiedlung vom Zisterzienserstift Heiligenkreuz 1135 ausgehend (siehe dieses).

Sittendorf: Dorf mit 230 Einwohnern, der Gemeinde Wienerwald zugehörig. Beliebtes Ausflugsziel. Johanneskirche eigenwilliger romanischer Bau mit einer Apsis, durch die heute der Eingang führt. Im 17. Jh. barockisiert. Kupferne Wappentafeln der Neidecker von Wildegg.

Wildegg: Schloß, Frühstückspension, Jugendherberge des ÖAV und Wanderfreunde-Herberge. Eine der ganz wenigen erhalten gebliebenen Burgen im südöstlichen Wienerwald. Hoch auf rotem Marmorfels aufragend. Ursprünglicher Bau stammte aus dem 12. Jh. (urkundlich 1188), im 16. Jh. umgebaut, 1683 von den Tataren anläßlich eines großen Tatarengemetzels niedergebrannt. Mittelalterliche Anlage mit fünf dreigeschossigen Teilen um einen unregelmäßigen Hof. Mächtiger quadratischer Berchfrit, altes Rundtor mit Rahmen und Rollen für Zugbrücke. Umbauten in der Zeit der Renaissance.

Sparbach: Dorf der Gemeinde Hinterbrühl mit 190 Einwohnern.

Beliebtes Ausflugsziel, vor allem durch den ganzjährig geöffneten gleichnamigen Tiergarten. Nikolauskirche mit derber, spätgotischer Madonnenstatue.

Schloß aus dem 18. Jh. mit klassizistischem Zubau.

Burgruine Johannstein im Tiergarten. Bruchsteinbau mit mittelalterlichen Architekturresten. Spitzbogentor vor Halsgraben, der in den Felsen gebrochen wurde. Als Fußboden und Wände dienen abgearbeitete Felsen.

Ruine Kellerhütte oberhalb von Johannstein, im 19. Jh. erneuert. Vielleicht ihr früherer Aussichtsturm.

c) Bemerkenswert: Sparbacher Tiergarten, einer der ganzjährig geöffneten niederösterreichischen Naturparks. Schwarz-, Dam-, Muffel- und Rehwild. 2,4 km langer Naturlehrpfad. Kinderspielplatz mit Turngeräten, Lagerwiesen, Teich und Mühle. Einlaß ganzjährig ab 9 Uhr früh bis Einbruch der Dunkelheit.

2. *Wandermöglichkeiten*

Fülle von bezeichneten Wanderwegen im Naturparkbereich mit verschiedener Länge. – Von Sittendorf auf Sträßchen und Waldweg nach Wildegg ca. 20 Min. – Weiter auf den Höllenstein mit TVN-Schutzhaus und Aussichtsturm noch ca. 75 Min. Herrliche Aussicht! – Von Sittendorf nach Stift Heiligenkreuz ca. 1 St. – Von Sparbach nach Gaaden ca. 45 Min.

3. *Zufahrt und Verkehrsverbindungen*

Mit Südbahn oder Schnellbahn nach Mödling, dann Buslinie nach Sparbach – Sittendorf – Grub. Auch direkte Busse von Wien-Landstraße, bzw. Südtiroler Platz.

Pkw-Fahrer: Bundesstraße 17 bis Mödling, dann Bundesstraße 224 bis Höldrichsmühle und weiter auf Landesstraße bis Sparbach und Sittendorf. Zufahrt nach Wildegg möglich (schmale Straße!). Bis Sparbach ab Wien-Stadtmitte ca. 25 km, Sittendorf weitere 2 km, Wildegg nochmals 2 km.

4. *Sehenswertes unterwegs*

Europastadt Mödling mit Karner und St.-Othmar-Kirche, Husarentempel, Ruinen Mödling, Pfefferbüchsel und Schwarzer Turm, Burg Liechtenstein, Seegrotte. – In der Umgebung: Perchtoldsdorf, Stift Heiligenkreuz.

5. Karten und Führermaterial

Generalkarte Österreich, 1:200.000, Kartenblatt 2; Freytag-Berndt & Artaria-Geografa: Wanderatlas Wienerwald, Kartenblatt 13, 1:50.000; Dehio-Kunstführer: „Niederösterreich"; Kröner: „Handbuch der historischen Stätten: Österreich", Band I; Hans Edelmann: „Führer durch Niederösterreich"; Helmfried Knoll: „Vom Nordwald bis zur Puszta", Kapitel 38.

Karner in Tulln (Seite 139)

Römischer Grabstein mit Todesengel, Markersdorf (Seite 144)

Pottenbrunn (Seite 149)

Ruine Weißenburg bei Kirchberg an der Pielach (Seite 154)

25 (H)

IM REICH DER ZISTERZIENSER

Raum Heiligenkreuz – Mayerling – Nöstach – Alland – Arnstein

„Steigt's ein!" Diese verkehrswidrige Aufforderung gilt uns, nachdem wir schon kilometerlang durch strömenden Regen auf der Bundesstraße getrabt sind und für die nächsten Stunden keinerlei Aussicht besteht, einen regulären Autobus zu bekommen. Dabei hat der Ausflug so verheißungsvoll begonnen: Fünf Knolls entsteigen in Nöstach dem Frühautobus, fünf Kercks dem VW, der uns schon lange Zeit begleitet oder neckisch immer wieder überholt hat. Gemeinsam sehen wir uns auf dem nahen Friedhof den geglückten Versuch einer Verbindung von mittelalterlichem Kirchturmrest mit modern angebautem Gotteshaus an. Doch schon im steilen Anstieg zum waldbestandenen Pankrazibergl öffnet der Himmel seine Schleusen ... So ausgiebig, daß er sie schier gar nicht mehr zutun will. Anfangs bieten ja noch die Bäume Schutz, die Ruine der gotischen Kirche, die da auf dem höchsten Punkt steht, anklagend gegen den eintönig grauen Himmel gereckt. Dann auch sie nicht mehr. Mit quakenden Schuhen steigen wir wieder talwärts, an Arkadentrümmern, Spitzbogenresten vorüber, die malerisch im Wald verstreut liegen; an Fallobst, das der Regen kiloweise von den Bäumen schleudert. Nein, so haben wir uns diesen gemeinsamen Ausflug zur gotischen Kirchenruine St. Pankrazi nicht vorgestellt, so wirklich nicht!

Nun aber geben der VW und sein braver Fahrer wirklich das letzte her. Keuchend schaffen sie die Gegensteigungen nach Alland, nach Heiligenkreuz. Köpfe ducken sich hurtig an Straßenkontrollen, Verkehrsampeln. Und unbehelligt rollen wir im 9. Wiener Gemeindebezirk aus – zehn in einem VW. Werden dort abgefüttert und trockengelegt; plötzlich aber fehlt doch das zehnte Negerlein: Weil es sich im fremden Haus nicht auskennt, bleibt es weinend und vergessen im Hof stehen, bis die neun anderen den Verlust bemerken. Gottlob in Wien und nicht in Nöstach!

1. Das Zielgebiet

a) Landschaftliches: Wienerwaldlandschaft zwischen Hohem Lindkogel und Schöpfl, zwischen Triesting, Schwechat, Sattelbach und Mödling. Wald- und wiesenreiche Erholungszone mit kleineren Ortschaften. Felsen am Allander Buchberg (Steinbruch), im Helenental und am Peilstein, mit verstreuten Einzelgehöften und (in jüngster Zeit) zunehmender Zersiedelung durch Zweitwohnungen. Höhenlage zwischen 300 m und 800 m. Tropfsteinhöhle in Alland.

b) Historisches: Mittelpunkt der menschlichen Besiedlung das von Markgraf Leopold dem Heiligen 1133 gegründete Stift Heiligenkreuz. Unter erstem Abt Gottschalk bereits 300 Mönche und Konventualen. Zwettl und Baumgartenberg erst von hier aus gegründet, Lilienfeld und Neuberg in der Steiermark noch später.

Heiligenkreuz: Dorf und Stift mit 1056 Einwohnern. Zisterzienserstift ältestes Zisterzienserkloster Niederösterreichs, 1187 geweiht. Stiftskirche dreischiffiger Quaderbau von großartiger Raumwirkung. Romanisches Langhaus. Pfeilerbasilika 1135–1160. Mittel- und Querschiff Kreuzrippengewölbe mit frühesten Kreuzrippen Österreichs. Zwei Stufentore 1254/62, Haupttor im 17. Jh. verändert. Konversenportal 1140. Konversengang. Fresko vom Ende des 13. Jh.s. Gotischer Chor 1295 geweiht. Dreischiffige, hochstrebende, lichtdurchflutete Hallenkirche als Vorbild für viele gotische Kirchenbauten in Österreich. Mittelschiff kreuzrippengewölbt. Bündelpfeiler mit Birnstabbündeln, Rundsäulen und kelchartigen Kapitellen. Glasmalereien der Maßwerkfenster im Chor zum Teil um 1300 entstanden. Kreuzkapelle ehemaliger Karner, erbaut um 1244. In der Krypta vier Kreuzgewölbe zwischen breiten, spitzbogigen Gurten. Altes Stiftsgebäude mit Ausnahme des Sommerspeisesaals und der Abtwohnung aus der ersten Hälfte des 13. Jh.s. Kreuzgang 1220/50. Quadratisches Joch mit Kreuzrippengewölben, Bauentwicklung an den reichen frühgotischen Formen abzusehen. Grabplatten aus dem

12. bis 15. Jh. Brunnenhaus Ende des 13. Jh.s erbaut. Ornamentale und figurale Glasgemälde des 13. Jh.s im Kreuzgang und Brunnenhaus. Tumbaplatte vom Grabmal Friedrichs des Streitbaren mit vollplastischer Figur.

Freistehende Bibliothek aus dem 17. Jh. mit Fresken und Stuckierungen, sowie illustrierten, vielleicht im Stift entstandenen Handschriften aus dem 11. bis 13. Jh. (Weitere Einzelheiten, vor allem barocke und jüngere Sehenswürdigkeiten, sind in den einschlägigen Kunstführern zu finden!)

Alland: Bedeutendster Ort des oberen Schwechattals mit 1917 Einwohnern. Funde aus Jungsteinzeit vom Buchberg weisen auf Siedlung der Urnenfelderkultur hin. Allod – Adelath – Adel-achte = adeliger Besitz. Schon festes Haus der Babenberger.

Georgskirche Pfarre urkundlich 1115. Dreischiffige gotische Hallenkirche mit 5/8-Chor. Gewölbe 1945 durch Brand zerstört und durch neue Flachdecke ersetzt. An nördlicher Mittelschiffwand gotische Fenster vermauert, Fresko aus dem 13. Jh. bei Restaurierung wieder übertüncht. Grabstein: Tierfigur mit Kreuzstab aus dem Ende des 13. Jh.s.

Mayerling: Dorf der Gemeinde Alland. 1136 erstmals genannt. Ortsname deutet auf Ost-West-Weg der Römer durch Schwechattal und römerzeitliche Siedlung hin. Laurentiuskirche aus dem 13. Jh. mehrfach umgebaut. Wallfahrtskirche des Heiligenkreuzer Waldlands. 1880 Verkauf des „Herrenhauses“ an den Kronprinzen Rudolf von Habsburg. Hier 1889 Selbstmord des Kronprinzen zusammen mit Mary Vetsera. Laurentiuskirche abgetragen, Jagdschloß zu Karmeliterinnenkloster umgebaut.

Gaaden: Dorf mit 780 Einwohnern. Römische Besiedlung erwiesen durch Kriegergrab am Mittelotter und Hausreste unterhalb des Sprudelbrunnens am Anningeraufstieg. 1130 als „Gademe“ im Klosterneuburger Traditionsbuch genannt.

Jakobskirche um 1400 Pfarre. Vom frühgotischen Bau aus dem Jahr 1306 Chor und Teile der Langhausmauern erhalten.

Schloß neben Kirche urkundlich 1136, in Türkenkriegen zerstört. Seit 1749 Pfarrhof. Untergeschoß des Turms mit starken Quadernmauern vom ältesten romanischen Bestand erhalten.

Raimundhaus, in dem der Dichter den „Verschwender“ schrieb.

Nöstach: Dorf mit 356 Einwohnern. Anstelle der gotischen Kirchenruine auf dem Pankraziberg „urbs Schwarzenburg“ vermutet. Dorf „Nezta“ ab 1136 durch über sechs Jahrhunderte hindurch als „Nöstacher Amt“ im Besitz von Kleinmariazell. Pfarrecht der

Burgpfarre St. Pankraz Mitte des 13. Jh.s auf St.-Martins-Kirche im Ort Nöstach übertragen, 1782 auf Barockkirche Hafnerberg.

Kirchenruine St. Pankrazi von zweischiffigem, gotischem Bau mit eckigen Chorschlüssen, von Befestigungsmauer umgeben. Jahreszahl 1401 erwähnt. Spitzbogentor.

Martinskirche urkundlich 1256. Heute nur mehr quadratischer Westturm mit gotischem Tor, sonst Neubau.

Maria Hafnerberg barocke Wallfahrtskirche von 1729 bis 1745, beherrschend auf Hochfläche gelegen. Zwei Fassadentürme mit Zwiebelhelmen. Durch einheitliche Raumausstattung großartiger Raumeindruck.

Arnstein: Burgruine auf den waldigen Ausläufern des Wexenbergs. Burgtorreste, von romanischem, berchfritartigem Rundturm bewehrt. Quaderwerkreste auf oberer Felsstufe. Berchfritfragment auf Felsnadel über dem Absturz.

c) Bemerkenswert: Befahrbare Tropfsteinhöhle im Allander Buchberg (70 m lang, Besuchszeiten von Ostern bis Spätherbst an Wochenenden und Feiertagen von 8 bis 18 Uhr). – Niederösterreichische Barockstraße von Heiligenkreuz über Alland – Hafnerberg Richtung Herzogenburg. – Kletterführen in den Peilsteinwänden – Internationale Wienerwald-Wanderung im August über drei Tage.

2. Wandermöglichkeiten

Dichtes Markierungsnetz im Wienerwald mit Verbindung aller wichtigen Ortschaften, Punkte und Aussichtsplätze. Sommerbad in Raisenmarkt.

3. Zufahrt und Verkehrsverbindungen

Gute Postautobusverbindungen von Wien-Landstraße nach Heiligenkreuz, Alland und weiter in Richtung Mariazell und Lilienfeld. Zusätzliche Linien ab Mödling, Mauer und durch das Helenental ab Baden.

Pkw-Fahrer: Bundesstraße 17 bis Mödling (ca. 17 km), dann Bundesstraße 224 über Gaaden (9 km) – Heiligenkreuz (5 km) – Alland (4 km) nach Nöstach (ca. 6 km) und Hafnerberg (ca. 1 km). Fußwege nach St. Pankrazi ca. 1/2 St. zur Allander Tropfsteinhöhle ab Zufahrt (Parkplatz) ca. 10 Min., zu Ruine Arnstein ca. 1 1/2 St. Variante über Baden: Südautobahn bis Abfahrt Baden (ca. 28 km) und durch das Helenental nach Mayerling (ca. 19 km). Ab dort nach Alland zur Bundesstraße (ca. 2 km), nach Heiligenkreuz (ca. 4 km).

4. Sehenswertes unterwegs

Perchtoldsdorf, Mödling, Seegrotte, bzw. Baden mit Ruinen Rauhenstein und Rauheneck, sowie Königshöhle.

5. Karten und Führermaterial

Generalkarte Österreich, 1:200.000, Kartenblatt 2; Freytag-Berndt & Artaria, Wienerwald-Wanderatlas, 1:50.000, Kartenblätter 11, 14 und 16; Freytag-Berndt & Artaria, Umgebungskarte Wienerwald, 1:50.000; Bundesamt für Eich- und Vermessungswesen, Umgebungskarte Wienerwald, 1:50.000; Freytag-Berndt & Artaria, Wanderkarte 1:100.000, Blatt 1 (Wienerwald); Arnberger-Wiesmayer: „Ein Buch vom Wienerwald"; Dehio-Kunstführer: „Niederösterreich"; Reclams Kunstführer: „Österreich", Band I; Kröner: „Handbuch der historischen Stätten: Österreich", Band I; Hans Edelmann: „Führer durch Niederösterreich"; Helmfried Knoll: „Wanderungen rings um Wien", Kapitel 42; Helmfried Knoll: „Wandern – jahrein und jahraus", Kapitel: „Verfolgungsjagd nach Mariazell".

26 (H)

AUSLUG AUS DER VOGELSCHAU

Raum Kaumberg – Araburg – Kleinmariazell

Der liebe Freund hat weder sich noch seinen Wagen geschont, damit er mir an diesem regnerisch-kühlen Julisamstag möglichst viel zeigen kann. Am Vormittag sind wir noch in der Gegend von Ried – Sieghartskirchen – Murstetten umhergekurvt (siehe dortiges Kapitel!), mittags haben wir meine Lieben in Salzerbad besucht, dem evangelischen Müttererholungsheim in der Abgeschiedenheit eines Wienerwald-Seitentals. Am Nachmittag hat's nicht nur eine gute Jause in der „Kalten Kuchl" gegeben, sondern auch noch einen romantischen Gang durch die nebelverhangene Roßbachklamm und eine Besichtigung des einzigen noch tätigen Holzkohlenmeilers in unserer Heimat.

Jetzt, auf der Heimfahrt, jagt Rudi den Wagen hoch hinauf auf der Zufahrtsstraße zur Araburg. Beim Parkplatz ein Blick auf die Uhr: Schaffen wir's wohl noch? Wir schaffen's! Nun jagt nicht mehr der mechanische Motor – nun sind's unsere eigenen „Motoren", die Herzen, die wie wild klopfen, als wir den steilen Weg zur Bergfeste hinanhasten, der höchsten Burganlage weit und breit im Land, sieht man vom Weinsberg im Waldviertel ab und von seinem „Stockzahn" bei Arbesbach, der ja wirklich nicht mehr viel mehr als das geblieben ist. Die letzten Besucher kommen uns bereits entgegen, kein Mensch mehr hält sich in dem ausgedehnten Ruinengelände auf, als wir Stufe um Stufe höherklettern. Sind's 100, 150?

Selbst der Burgwart ist nicht da, die Touristenherberge des ÖTK versperrt.

Dann stehen wir oben, auf dem höchsten Punkt. Luftig-lustige gerade 799 m mißt der Sockel, gute 30 m sind wir hier wohl noch darüber, äugen wie die Adler aus der Vogelschau auf den Ruinengrundriß tief, tief unter uns. – „Das Geschlecht der Arberg, das wohl mit den Hohenstauf-Altenburgern zusammenhängt, erbaute im 12. Jh. die Araburg. 1209 war Chunradus Zeuge beim Wilhelmsburger Taiding Herzog Leopolds VI., wo Lilienfeld ausgestattet wurde, der später als ‚dapifer von Arbere' öfter genannt wird. Im Besitz dieses Geschlechts blieb die Burg bis ins 14. Jahrhundert, dann ging sie an die Luckendorfer über, von denen die Bauten des inneren ersten Hofes und die Kapelle stammen, kam 1474 an die Eberdorfer, dann an die Tierstein und Reifenstein und 1540 an die Jörger, die Erbauer der Vorburg. Diesen wurde 1622 die Herrschaft Kaumberg mit anderen Gütern aberkannt und 1625 dem Stift Lilienfeld verkauft. Damals war die Araburg fest gebaut, aber vernachlässigt. Sie wurde 1683 von den Türken erobert. Später wurde sie zur Ruine, die Kapelle 1780 entweiht. Um 1820 war die Burg bereits verfallen." So steht es im „Kröner". Aussichtsturm und Touristenherberge sind darin noch nicht vermerkt, aber wir haben mit unserem Aufstieg im Abenddämmer, zwischen Wind und Regenschwaden, ein wenig selber im Buch der Geschichte geblättert und einen Tiefblick, eine Rundschau getan, wie sie in solchen Dämmerstunden vielleicht gerade am eindrucksvollsten sind.

1. Das Zielgebiet

a) Landschaftliches: Einzugsgebiet der Triesting ostwärts der Wasserscheide von Gerichtsberg – Klammhöhe – Gföhlberg und Schöpfl. Grenzland des Wienerwalds zu den ersten „Tausendern" der Voralpen (Hocheck, Kieneck, Unterberg). Relativ enges, fruchtbares Triestingtal mit alten Siedlungen und Einzelgehöften bis in ziemlich hohe Hanglagen. Wechsel von Waldungen, Acker- und Weideland, in der Peilsteingegend auch von dolomitenartigen Felstürmen und -wänden. Durch Seitentäler von Norden und Süden her fast regelmäßig gegliedert.

b) Historisches:

Kleinmariazell: Gutsweiler der Gemeinde Altenmarkt mit 207 Einwohnern. 1136 als Benediktinerkloster „Mariazell im Wienerwald" oder „Mariazell in Österreich" noch vor dem steirischen Mariazell gegründet und von Bayern aus besiedelt. Annalencodex aus dem Ende des 13. Jh.s deutet auf historiographische Tätigkeit der Mönche hin. Im Spätmittelalter durch „Melker Reform" großer Aufschwung.

Stiftskirche von Türken zerstört, dann großzügige Barockisierung des Stifts. Kloster 1783 aufgehoben und abgetragen. Pfarrkirche Mariä Himmelfahrt 1136 Pfarre. Dreischiffige romanische Pfeilerbasilika aus dem 12. Jh. mit dreijochigem Querschiff, Chorquadrat und flachbogigem Schluß. Gebundenes System. 1752–1782 barocker Umbau. Erhalten noch zwei spätromanische Tore, vierstufiges Maßtor mit beiderseits je vier eingestellten Säulen mit Knospenkapitellen. Tief gekehlte Profile, Ranken und Rautenstab. Nordtor heute in barocker Taufkapelle, dreimal abgetreppt mit nur teilweise erhaltenen Säulen und Knospenkapitellen. Romanischer Westturm noch kenntlich. Berühmte Fresken von Johann Bergl 1764/65 als Hauptwerk des Künstlers.

Vom ehemaligen Kloster gotischer Kreuzgang und romanische Halle erhalten und in den letzten Jahren restauriert. Romanisches Südportal der Klosterkirche freigelegt.

Alte Stiftstaverne von 1603.

Altenmarkt an der Triesting: Markt mit 1730 Einwohnern. 1255 urkundlich als „alter Markt" genannt. Eines der ältesten Stiftungsgüter von Kleinmariazell. Wirtschaftlicher Vorort für das abgeschiedene Kloster. Sehenswerter Marktplatz in den Maßen 1:8 mit Giebelbauten. Bedeutsame Lage an „heiliger Straße" Wien – Mariazell. Verwüstungen durch Ungarn 1464, Türken 1529, 1532 und 1683 und Russen 1945 (80 Gefallene, Pfarrer in der Kirche erschossen!)

Johanneskirche Pfarre 1255. Spätgotischer, netzrippengewölbter Chor mit 5/8-Schluß und klassizistischem Langhaus. Bemerkenswerte schmiedeeiserne Gasthausschilder aus dem 18. Jh. Pestkreuz 1636.

Kaumberg: Markt mit 829 Einwohnern. Kirchweiler zu kleinem

Straßenplatz ausgebildet. Name von „mons Cumanus“ oder „Chumberg“, dem im 8./9. Jh. gebräuchlichen Namen des Wienerwalds. Anlage hart an der Sattelhöhe des „Gerichtsbergs“, der von Araburg geschützt wurde. Pfarre von den Herren der Araburg um 1200 gegründet. Im 16. Jh. Markterhebung.

Michaelskirche: Chor um 1400 entstanden. Langhaus, Westturm und Treppentürmchen 1502. Spätgotischer Orgelchor auf einem Pfeiler um 1600. Wehrmauer rund um die hochgelegene Kirche.

Pranger mit heiligem Kilian aus dem 17. Jh.

Araburg: Urkundlich 1190. Torturm, ansteigende Vorburg. Gotische Georgskapelle mit Resten der Rippenansätze. Sakramentsnische. 3. Tor zur Hochburg, Küche, Brunnen, Palas, Berchfrit mit Schnabelturm auf dem höchsten Punkt. Anstelle der Zinnen Aussichtsturmaufbau. Großartiger Tief- und Fernblick.

c) Bemerkenswert: Touristenherberge in der Araburg mit 4 Matratzenlagern (vorher Erkundigungen beim ÖTK einziehen!). – Höhenstraße auf das Hocheck über Weißenbach-Furth an der Triesting. – Sommerbäder in Thenneberg, Hainfeld und Berndorf. – „Niederösterreichische Barockstraße“ von Heiligenkreuz über Hainfeld – Traisen – St. Pölten nach Herzogenburg. – 3 km langer Waldlehrpfad in Hainfeld.

2. Wandermöglichkeiten

Fußweg auf die Araburg von Kaumberg, markiert, ca. 1½ St. Fahrweg mit Parkplatz bis ca. 20 Min. unterhalb der Burgruine, dann Markierung. Wanderwege von allen Talorten in den Wienerwald. Kletterführen auf den Peilstein. Gegen Süden Aufstieg aufs Hocheck und Übergang von der Araburg aufs Kieneck.

3. Zufahrt und Verkehrsverbindungen

Südbahn bis Leobersdorf, dann weiter durch Triestingtal mit Stationen Taßhof, Altenmarkt, Dornau, Untertriesting und Kaumberg-Markt.

Autobuslinie Wien – Mariazell, bzw. Wien – Lilienfeld der Post über Heiligenkreuz mit Haltestellen in allen Ortschaften.

Pkw-Fahrer: Variante a: Südautobahn bis Abfahrt Leobersdorf (ca. 36 km), dann Bundesstraße 18 über Berndorf nach Altenmarkt (weitere ca. 20 km). Kleinmariazell von Altenmarkt (ca. 3 km), Kaumberg (ca. 9 km). Auffahrt zur Araburg ab Kaumberg (ca. 4 km).

Variante b: Bundesstraße 17 bis Mödling (ca. 17 km), weiter Bundesstraße 224 über Hinterbrühl – Gaaden – Heiligenkreuz – Hafnerberg nach Altenmarkt, ab Mödling (ca. 26 km).

4. Sehenswertes unterwegs

Bei Variante a: Karner in Pottenstein, Ruine Neuhaus.

Bei Variante b: Mödling (Karner, St.-Othmar-Kirche, Seegrotte, Ruinen), Heiligenkreuz (Stift), Alland (Tropfsteinhöhle), Nöstach (Kirchenruinen im Ort und auf dem Pankraziberg), Hafnerberg (Barockkirche).

5. Karten und Führermaterial

Generalkarte Österreich: 1:200.000, Kartenblatt 2; Freytag-Berndt & Artaria, Wanderatlas Wienerwald, 1:50.000, Kartenblätter 9 und 16; Freytag-Berndt & Artaria, Wanderatlas „Wiener Hausberge", 1:50.000, Kartenblätter 3 und 4; Freytag-Berndt & Artaria, 1:100.000, Blatt 1 (Wienerwald); Dehio-Kunstführer: „Niederösterreich"; Reclams Kunstführer: „Österreich", Band I; Kröner „Handbuch der historischen Stätten: Österreich", Band I; Hans Edelmann: „Führer durch Niederösterreich"; Helmfried Knoll: „Wandern – jahrein und jahraus", Kapitel: „Blasius hat Ausgang"; Helmfried Knoll: „Wanderungen rings um Wien", Kapitel 42.

27 (H)

ZWISCHEN ROMANIK UND ROSENSCHAU

Raum Tulln – Königstetten – St. Andrä vor dem Hagentale

Nach unerträglicher Hitze im Raum von Wien tobt ein Wolkenbruch, kaum daß ich nach Dienstschluß den Zug erreicht habe. Aber schon hinter Klosterneuburg ist der Spuk wieder zu Ende. Die Sonne strahlt über das Tullner Feld, die Schwüle ist geblieben. Ein Autobus bringt mich noch ein Stück weiter ins „Feld", durch schattige Alleen zu übersonnten Rebhängen.

Chorherrn. Zielstrebig eile ich bergwärts, der kleinen Kirche zu, die sich ganz in die Weinberge duckt. Der Mesner und ein paar Mädchen sitzen davor, jeder einen Zeichenblock auf den Knien: Einen Wettbewerb hat die Pfarre ausgeschrieben – wer wohl das uralte Gotteshaus am besten wiedergeben könne. Die bisherigen Ergebnisse, die ich bei jung und alt sehen kann, sind nicht berühmt. Aber es sind liebe Leute: Das eine Mädchen springt gleich hinab ins Dorf um den Kirchenschlüssel, der Mesner selbst führt mich, zeigt voll Stolz die ältesten Bauteile der Kirche, die bis weit in die Romanik hineinreichen. Er erzählt mir – etwas in weinseliger Stimmung –, daß Chorherrn die älteste Pfarre im ganzen Raum gewesen sei. Das stimmt zwar ebensowenig wie seine Behauptung, ich könne auf Feldwegen hoch über dem Tullner Feld bis Sankt Andrä wandern, ohne die Straße zu berühren. (Schon der nächste Weinbauer widerspricht dem guten Mann total.) Aber er meint es halt gut. Jedenfalls habe ich trotzdem Glück an jenem Mittwochabend. Bis Tulbing tragen mich die eigenen

Beine, ein weiterer Bus nimmt mich nach Königstetten mit. In einer Aufenthaltspause kann ich durch die prächtigen gotischen Hallen der dortigen Kirche schreiten, immer wieder über die herrliche Baukunst unserer Altvorderen staunen, wie schon zuvor in Tulbing bei der eindrucksvoll hochgelegenen Mauritiuskirche. Und St. Andrä vor dem Hagentale, das kenne ich schon aus der Kindheit von Wanderungen in die nahe, romantische Hagenbachklamm.

1. Das Zielgebiet

a) Landschaftliches: Fruchtbares Schwemmland des Tullner Felds an der Nordabdachung des Wienerwalds mit Tulln als Zentrum. Auwälder entlang der Donau, sonst Ackerland, Obst- und Rosenkulturen. An den Hängen des Wienerwalds Weinbau. Donau, Große und Kleine Tulln als Hauptflüsse, daneben noch einige kleinere, durchwegs aus dem Wienerwald kommende Bäche. Höchste Erhebung der Tulbinger Kogel (425 m). Figl-Aussichtswarte, Hotel.

b) Historisches:

Tulln: Name vom illyrischen „Kogel", Stadt mit 10.277 Einwohnern, auf dem Boden des römischen Reiterkastells Comagenis entstanden. Zu Römerzeiten hier Nordsyrer stationiert. Gräberfelder aus römischer Zeit entdeckt. Im Museum Ring mit Christusmonogramm aus dem 4. Jh. Zufluchtsstätte der romanisierten und christianisierten Bevölkerung. Im Ortsteil Listhof Langobardengräber gefunden. Nach Awarenherrschaft Reichsgut, später Glied im „Gyöpü"-System der ungarischen Grenzverhaue.

Erste urkundliche Erwähnung im Mittelalter 995. Laut Nibelungensage Treffpunkt Etzels mit Kriemhild. 1139 Nennung der Stadtburg und Stadtrecht. Tulln wird eine der drei österreichischen Hauptgerichtsstätten. Anfang des 13. Jh.s planmäßige Stadterweiterung mit Mauerkranz 420 x 520 m (doppelte Stadtmauer). 1683 Sammelplatz des Entsatzheers gegen die Türken vor Wien. Heutige Bahnlinie folgt dem alten Handelsweg des „Plaketen Wegs" und „Böhmsteigs" über Gmünd nach Böhmen.

Sehenswürdigkeiten: Stephanskirche Pfarre 1168. Dreischiffige romanische Pfeilerbasilika mit zwei Westtürmen aus dem 12. Jh., 1486–1513 gotisiert. Hoher Chor aus der ersten Hälfte des 14. Jh.s. Reste romanischer Gliederung an den Längswänden, Rundbogenfries und -fenster und romanische Apsidenbögen. Nordportal mit Adlerkapitellen, Blättern und Fischen aus der zweiten Hälfte des 12. Jh.s. Romanisches Westportal aus dem Anfang des 13. Jh.s. Einzigartige Reliefs von je sechs Halbfiguren, vielleicht Aposteln, in Rundbogennischen. Über dem Westportal gekrönter Adler mit Türkenschädel in den Fängen. Hochgotischer Chor mit Maßwerkfenstern, Kreuzrippengewölbe mit Birnstab.

Karner (frühere Dreikönigskapelle), neben Hartberg in der Steiermark schönster Karner Österreichs. Spätromanischer Bau mit Pyramidendach aus dem dritten Viertel des 13. Jh.s. Romanische Holztür mit ursprünglichen Eisenbeschlägen erhalten. Derzeit Bürgerinitiative zur Rettung des vom Verfall bedrohten Kunstwerks. Teilweise gotische Häuser im Zentrum.

Nitzing: An der Straße Tulln – Königstetten römischer Meilenstein von 217 oder 218 n. Chr. (im Volksmund „steinerner Erdäpfelsack“ genannt). Ermöglichte durch seine Auffindung die Lokalisierung von Caetium als dem heutigen St. Pölten.

Chorherrn: Dorf mit 370 Einwohnern. Ägydikirche Pfarre seit 1393. Hochlage über dem Dorf mit aussichtsreichem Friedhof. Langhaus flachgedeckt aus dem 18. Jh. Romanisches Chorquadrat mit späterem Platzelgewölbe. Rundbogiger Triumphbogen mit Schmalfenster. Mittelalterlicher Turm über der Sakristei.

Tulbing: Altes „Tulpingun“, Dorf mit 1433 Einwohnern. Seit der Karolingerzeit Kirchensiedlung des Bistums Passau. Auf dem Schloßberg einst Burg, deren Steine nach dem großen Erdbeben von 1590 zum Bau des Tullner Kapuzinerklosters verwendet wurden. Heute nur mehr Torturmvorbau und Ringgraben.

Mauritiuskirche in beherrschender Hochlage über dem Ort. Gotische Anlage 1489 mit drei Chören, Anfang des 18. Jh.s barockisiert. Mächtiger Turm über dem Chor. Netzrippengewölbe auf Runddiensten. Spätgotischer Taufstein. Fünf barocke Kreuzwegstationen am steilen Treppenweg zur Kirche.

Königstetten: Markt seit 1438 mit 1199 Einwohnern. Günstige Verkehrslage von alters her. Römerstraße führte am Saum des Wienerwalds nach Judenau. Ortsname von einem „Chunihôh“. 977 urkundlich „Chunihohestetin“. Im frühen 15. Jh. Pfarre. Markt und Sitz des Passauer Landrichters. Um 1800 Braunkohlenbergbau im Marleitengraben. Nach Verfall der Weinkulturen Ribiselanbau.

Jakobskirche urkundlich um 1200. Einheitlich gotischer Bau aus der ersten Hälfte des 15. Jh.s. Mächtiger spätgotischer Fassadenturm. Zwei spitzbogige; reich gekehlte Portale. Spätgotisches, abgetrepptes Westportal in der Turmvorhalle. Frühbarockes Kreuztonnengewölbe. Gotische Maßwerkfenster. Stark eingezogener, edelgeformter Chor aus dem Ende des 14. Jh.s. Kreuzrippengewölbe auf Runddiensten.

Zeiselmauer: Umstrittenes römisches Militärlager „Citium“ oder „Asturis“. Mauerreste in Gußsteintechnik erhalten, Lagergrundriß ablesbar. Heute Dorf mit 2093 Einwohnern. Als „Zeizinmure“ erst am Ende des 10. Jh.s genannt. Todesstätte Bischof Altmanns von Passau.

Marienkirche Pfarre 1349. Dreijochiges gotisches Langhaus, barocke Tonne und Stichkappen. Kreuzrippengewölbter Chor.

Schüttkasten spätmittelalterlicher Bau auf römischer Grundmauer.

St. Andrä vor dem Hagentale: Ein uralter Übergang aus dem Wiener Becken erreicht hier aus dem Kierlingtal über Sattel von Gugging das Tullner Becken. Khumenberg, künstlich eingeebnete Rundkuppe, mindestens seit früher Bronzezeit besiedelt. Südlich davon Römerstraße zwischen Pannonien und Noricum. Mithras- und Silvanusaltäre gefunden. Awaren sperrten zur Zeit ihrer Herrschaft noch befahrbare Straße durch lebenden Hag. 791 Sperre unter Karl dem Großen durchbrochen. Auf Hohenwartberg vermutlich mittelalterlicher Steinturm. In Unterkirchbach auf steil ins Hagenbachtal vorspringender Geländezunge Reste eines Erdwerks.

In „Kirichbach“ Kirche auf königlichem Boden, 836 von Ludwig dem Deutschen dem Hochstift Passau geschenkt. Später wurde die Siedlung nach der wehrhaften Andreaskirche in „St. Andrä“ umbenannt. Seit 1751 Markt mit heute 4624 Einwohnern (St. Andrä-Wördern).

Kirche ursprünglich romanisch. Über dem Gewölbe romanische Fenster mit bemalten Gewänden und reichem ornamentalem Fries. Dreischiffige, dreijochige Hallenkirche. Chor aus der zweiten Hälfte des 14. Jh.s. Kreuzrippengewölbe mit figuralen Schlußsteinen. In der Achse des linken Seitenschiffs ältester Bauteil Kreuzrippengewölbe mit derbem Birnstabprofil. Seitenkapelle aus dem Ende des 14. Jh.s. Mächtiger gotischer Nordostturm. Grabstein von 1507.

c) Bemerkenswert: Neues Hallenbad in Tulln. Wildbadegelegenheiten in der Donau. FKK-Gelände in Muckendorf. Parkbad Königstetten mit zwei Bassins, Kinderplanschbecken, Duschen, Liegewiese und Parkanlage. Jenseits der Tullner Donaubrücke schöne Badeplätze in Donauauen. Fliegerhorst des österreichischen Bundesheeres in Langenlebarn. Tullner Rosenschau im Sommer, Campa-Boot-Messe im Frühjahr. Straßen- und Bahnbrücke bei Tulln, nächste Fähre in Greifenstein.

2. Wandermöglichkeiten

Von den einzelnen Stationen der Franz-Josefs-Bahn ausgehend, markierte Wanderwege zu allen Wienerwaldhöhen und -ortschaften der weiteren Umgebung. Güterwege durch die Weinberge problematisch und zur Lesezeit gesperrt. Bester Aussichtsberg Tulbinger Kogel mit Leopold Figl-Warte.

3. Zufahrt und Verkehrsverbindungen

Franz-Josefs-Bahn mit Haltestellen St. Andrä-Wördern, Zeiselmauer-Königstetten, Muckendorf-Wipfing, Langenlebarn und Tulln. Achtung! Nicht alle Züge halten in jeder Station! „Starrer" Bahnfahrplan mit Stundenintervallen in beiden Richtungen.

Diverse Postautolinien im Tullner Feld, u. a. Verbindung durch den Wienerwald Tulln – Königstetten – Scheiblingstein – Neuwaldegg.

Pkw-Fahrer: Bundesstraße 225 von Wien über Klosterneuburg nach St. Andrä vor dem Hagentale (ca. 23 km). Auf Bundesstraße weiter nach Zeiselmauer (ca. 2 km), nach Tulln (weitere 9 km). Bundesstraße von St. Andrä über Wolfpassing nach Königstetten (ca. 4 km), nach Tulbing (weitere 2 km), Chorherrn (ca. 3 km), Tulln (weitere ca. 6 km).

4. Sehenswertes unterwegs

Augustiner-Chorherrenstift Klosterneuburg mit Verduner Altar, Kahlenbergerdorf, bei Fahrt entlang der Donau Burg Greifenstein.

5. Karten und Führermaterial

Generalkarte Österreich, 1:200.000, Kartenblatt 1; Bundesamt für Eich- und Vermessungswesen, 1:50.000, Blätter 39 (Tulln) und 40 (Stockerau); Freytag-Berndt & Artaria, Wanderatlas Wienerwald, 1:50.000, Kartenblätter 3 und 4; Kröner: „Handbuch der historischen Stätten: Österreich", Band I; Dehio: „Kunstführer Niederösterreich"; Reclams Kunstführer: „Österreich", Band I; Helmfried Knoll: „Vom Nordwald bis zur Puszta", Kapitel 29; Helmfried Knoll: „Wandern jahrein und jahraus", Kapitel „Distanzmarsch Wien – Krems"; Helmfried Knoll: „Erwanderte Heimat – erlebte Fremde"; Hans Edelmann: „Führer durch Niederösterreich".

28 (H)

WO EINST MÖNCHE WIRKTEN

Raum Ried am Riederberg – Sieghartskirchen – Murstetten – Raipoltenbach

Schwül ist's im Wald; direkt dschungelartig vor dem Gewitter, das schon in der Nacht wieder Abkühlung bringt. Und dennoch – eine ganz andere Luft als in den Schluchten der Großstadt, in der ich eben noch neun lange Arbeitsstunden in die Tasten gehämmert habe!

Straßenbahn, Stadtbahn, Autobus – ein kurzes Dahinhasten zwischen den einzelnen Verkehrsmitteln; dann ist's geschafft, der Mittwoch-Frühschluß schenkt mir noch ein paar Stunden im Wienerwald. Statt düsteren Kohlepapiers nun sattgrüne Blätter, statt Büroklammern saftige Himbeeren, statt Akten Blumen – ein köstlicher Tausch! Von der Riederberghöhe weg folge ich einer für den Verkehr gesperrten Forststraße, bis diese von einer blauen Markierung geschnitten wird. Dann geht's nach dieser talwärts, einen stickigen Graben entlang, immer tiefer hinab. Düster, beinahe unheimlich wirkt der Wald hier. Keinem einzigen Menschen mehr bin ich seit dem Aussteigen aus dem Bus begegnet. Nur ganz von fern her hört man das Brummen der schweren Motoren, die sich die Kehren der Riederbergstraße hinanmühen. Und hier, in dieser Waldeseinsamkeit, dieser Wildnis beinahe, soll einst ein Kloster gestanden sein? Ja, ein bedeutendes noch dazu, von dem es im „Kröner“ u. a. heißt: „In einer Talmulde südlich des Gasthofes auf dem Riederberg wurde 1456 von dem Vikar der österreichischen Franziskanerprovinz, Gabriel von Verona, ein Franziskanerkloster, ‚im Paradies‘ genannt, gegründet. Seit

Himmelfahrtskirche in Heiligenkreuz-Gutenbrunn (Seite 158)

Melk (Seite 163)

Schallaburg (Seite 168)

Donaukraftwerk Ybbs-Persenbeug (Seite 173)

der Zerstörung durch die Türken 1529 blieb es Ruine. Erhalten sind die Mauern der spätgotischen Kirche . . ."

Tatsächlich: auf einmal schälen sich graubraune Mauerreste, von Bäumen und Gesträuch überwuchert, aus dem Waldesdämmer, nehmen Gestalt an: ein Tor hier, ein Gottesdienstraum dort. Vergangen, vergessen, zu Staub und Erde geworden wie die frommen Klosterbrüder selbst, die hier in der Einschicht lebten und wirkten. Das neue Leben, das hier aus Ruinen blüht, ist vielleicht weniger wertvoll, ist Unkraut und Unterholz. Dennoch ist es ein Symbol des ewigen Lebens der Natur, der auch Menschenwerk nicht in alle Ewigkeit gewachsen ist.

Darum ist mir so leicht ums Herz, als ich dann später im Wind auf luftiger Höhe sitze, die Beine über das alte Schanzwerk in den Abgrund baumeln lasse, das seit urdenklichen Zeiten als Verteidigungswall und Fluchtburg gedient hat und auf dem nun doch auch – nur wenige Meter von der lärmerfüllten Bundesstraße entfernt – die buntesten Sommerblumen sprießen; eine ganze Palette, wie sie ein Maler nicht farbenfroher besitzen könnte. Geschichte erleben ist etwas Schönes – Natur erleben aber ist vielleicht noch ein klein wenig schöner!

1. Das Zielgebiet

a) Landschaftliches: Nordabdachung des Wienerwalds mit vorgelagertem Hügelland gegen das Tullner Becken. Einzugsgebiet der Kleinen und Großen Tulln. Teils überraschend steile Hänge von Hügeln, die kaum die 400-m-Grenze erreichen. Relativ zahlreiche, aber unbedeutende Siedlungen und Weiler. Stark bewaldetes Gebiet, gegen Norden zu teils freies Gehänge.

b) Historisches: Schon aus der römischen Kaiserzeit (Grenze zwischen Pannonien und Noricum!) zahlreiche Hügelgräber im Wienerwald. Gehen vermutlich auf illyrische Bevölkerung der Hallstattzeit zurück. Hauptkamm des Wienerwalds von den Awaren befestigt. 791 durchbrach fränkisches Heer mit seiner Hauptmacht diese

Sperre, bestehend aus einer lebenden Hecke mit Erdwerk, Wällen und Gräben („Gyöpü-System").

Ried am Riederberg: Schon zur Römerzeit Übergang aus dem Wiental über Sattel bei Ried ins Tal der Kleinen Tulln bekannt (Schanzwerk auf dem Rauchbuchberg: 2 m hoher Erdwall mit 3 m breiter Krone und vorgelegtem Graben nördlich der Paßhöhe, umwallte Fluchtburg angeschlossen). Auch südlich der Senke 500 m langer Erdwall beim „Weißen Kreuz".

Burgruine seit 1457 verfallen. Reste einer Ringmauer und eines Turms auf einer Gipfelkuppe anderthalb Kilometer südlich von Ried. (Über Klosterruine siehe vorhergehenden Text.)

Sieghartskirchen: Markt seit 1227 mit 4274 Einwohnern. Burg 1529 endgültig zerstört. Poststation an der Reichsstraße Wien–St. Pölten ab 1700. Absteigquartier hoher und höchster Herrschaften.

Margaretenkirche Pfarre 1321 in Hochlage mit Friedhof, vom Ort umgeben. Mittelalterlicher, fünfjochiger Saalbau mit 5/8-Chorschluß noch an den gotischen Strebepfeilern erkennbar. Mächtiger spätromanischer Westturm mit viertreppigem, schon gotisch profiliertem Rundbogenportal aus der zweiten Hälfte des 13. Jh.s. Rest einheitlich barockisiert. Rokokobetstühle aus dem 18. Jh.

Abstetten: Kirchweiler mit 859 Einwohnern auf dem Kirchhügel am Ostufer der Großen Tulln. Karolingische Urpfarre „Abbatesteti" erstmals 983/991 genannt. Große Bedeutung im frühen Mittelalter. Martinskirche Pfarre 1137. Außen gotisch mit mächtigem mittelalterlichem Westturm, Strebepfeilern und zwei Chören. Ehemals gotischer Südchor durch Erdbeben 1590 zerstört und nur dürftig wiederhergestellt.

Plankenberg: Teilgemeinde von Abstetten, bis 1928 Loibersbach genannt. Jagdschloß am Berghang, 1665/74 erbaut, Uhr im Giebel, kürzlich vergrößert, Torwappen.

Murstetten: Kirchensiedlung mit 430 Einwohnern auf der Nordabdachung des Haspelwalds. Mittelalterliche Burg zur Gänze verschwunden, an ihrer Stelle „Goldburg" in frühbarocker Zeit ausgebaut. Von den Türken zerstört, als hochbarockes Prunkwasserschloß wieder errichtet. 1809 durch französische Artillerie in Brand geschossen, da einquartierter Franzose erstochen aufgefunden wurde. Heute nur noch einzelne Steinfiguren auf Terrasse und in künstlicher Grotte von 1644.

Verklärungs-Pfarrkirche Pfarre 1256. 3/4-kreisrunder, stichkappengewölbter Chor mit zarten Rippen, Reste eines romanischen

Rundbaus. Beispiel einer frühbarocken Kirche mit gotisierenden Formen (Nachgotik). Nördliches Haupttor mit Diamantquadern, Säulen, Beschlagwerk und Erlöserrelief. Drei Epitaphe mit Althan-Reliefs, alle 1578 von Alexander Colin. Am Triumphbogen fünf Totenschilde 1535–1706. An der Außenwand römischer Grabstein.

Raipoltenbach: Dorf mit 320 Einwohnern. Ehemalige Wasserburg, urkundlich 1120 genannt. Heute nur mehr überwucherte Reste dreier im Rechteck angeordneter, von Graben umgebener Rundtürme aus dem 16. Jh.

Markersdorf bei Neulengbach: Dorf mit 150 Einwohnern. Außerhalb des Orts, am Hang des Buchbergs, romanischer Rundbau der Lorenzikirche mit spätgotischem Chor aus dem Ende des 15. Jh.s und massigem, niederem gotischem Nordturm mit Zeltdach. Romanischer Runddienst und romanisch skulptierte Werksteine mit Rankenornament und Schachbrettmuster. Gotische Sakramentsnische mit Maßwerk und Zinnenkranz. Rechter Seitenaltar aus dem 17. Jh. noch als mittelalterlicher Flügelaltar behandelt. Außen eingemauert der römische Grabstein mit dem „Todesengel". (Siehe Knoll: „Vom Nordwald bis zur Puszta".)

Rappoltenkirchen: Dorf mit 450 Einwohnern, vermutlich nach Grenzgraf Rapoto genannt, der von 836 bis 854 in Tulln residierte. Burg 1590 durch Erdbeben zerstört, urkundlich 1359. Ausbau durch Theophil Hansen 1870.

Georgskirche Pfarre 1229. Gotischer einjochiger Chor, platzelgewölbt mit 3/4-Schluß und Strebepfeilern. Bedeutendes Renaissancetor 1586. Grabstein von 1586.

c) Bemerkenswert: Sommerbäder in Gablitz, Sieghartskirchen und Altlengbach, überdachtes Schwimmbecken in Neulengbach mit Wasserrutsche, Sauna und Vorwärmeanlage.

2. Wandermöglichkeiten

Zahlreiche markierte Wanderwege im Wiener- und Haspelwald. Besonders schöne Fernsicht von der Riederbergsiedlung und vom Neulengbacher Buchberg (von Markersdorf über Lorenzikirche ca. 1 St.).

3. Zufahrt und Verkehrsverbindungen

Gutes Postautobus- und ÖBB-Busnetz ab Hütteldorf-Stadtbahn auf der Bundesstraße 1 über den Riederberg und in die einzelnen Ortschaften.

Pkw-Fahrer: Bundesstraße 1 bis Ried (ca. 29 km, Riederberghöhe ca. 2 km weniger), Sieghartskirchen (5 km weiter), Abstetten (3 km weiter), Murstetten, Landesstraße ab Abzweigung zwischen Michelndorf und Saladorf über Würmla (ca. 18 km), Raipoltenbach (ca. 4 km). Rappoltenkirchen von Sieghartskirchen (ca. 2 km). Markersdorf auf Bundesstraße 19 ab Abzweigung von Bundesstraße 1 (ca. 7 km). Rückfahrt von Markersdorf über Neulengbach und Westautobahn ab Altlengbach möglich (Heimfahrtstrecke ca. 49 Kilometer).

4. Sehenswertes unterwegs

Kartause Mauerbach (derzeit in Restaurierung), Burg Neulengbach, Kirchen Altlengbach und St. Christophen.

5. Karten und Führermaterial

Generalkarte Österreich, 1:200.000, Kartenblatt 1; Freytag-Berndt & Artaria, Wienerwald-Atlas, 1:50.000, Kartenblatt 7; Bundesamt für Eich- und Vermessungswesen, 1:50.000, Blätter 57 (Neulengbach) und 39 (Tulln); Freytag-Berndt & Artaria, 1:100.000, Blatt 1 (Wienerwald); Dehio-Kunstführer: „Niederösterreich"; Reclams Kunstführer: „Österreich", Band I; Kröner: „Handbuch der historischen Stätten: Österreich", Band I; Wiesmeyer/Arnberger: „Ein Buch vom Wienerwald"; Helmfried Knoll: „Vom Nordwald bis zur Puszta", Kapitel 31; Hans Edelmann: „Führer durch Niederösterreich".

29 (H)

ERLEBTE GESCHICHTE IN ZINN

Raum St. Pölten – Böheimkirchen – Pottenbrunn

Es gibt solche und solche Museen. Manch eines – vielleicht weniger in Österreich als im Ausland, denn bei uns bemüht man sich ehrlich –, in dem den Besucher verstaubte Papiere und vergilbte Pergamente anstarren, mit denen er entweder nur höchst mühsam oder aber auch gar nichts anzufangen weiß. Dann wieder andere, lebensstrotzende, mitreißende Schaustellungen, wie etwa das „Haus der Natur" in Salzburg, das Technische Museum in Wien, das Asparner Urgeschichtsmuseum und – für die „Erlebte Geschichte" besonders beziehungsreich und beeindruckend – das Zinnfigurenmuseum in Pottenbrunn bei St. Pölten, im wehrhaften Wasserschloß. 1974 gab es dort eine äußerst eindrucksvolle Schau über die Bauernkriege, 1975 ist die Bevölkerung aufgerufen, Erinnerungen jeglicher Art an das Kriegsende 1945 in Österreich einzusenden. Auch davon darf man sich bereits jetzt allerhand erwarten und versprechen, gab es doch Derartiges bisher nirgends in so konzentrierter Form zu sehen. „Zeitlos" hingegen, die wechselnden Jahresausstellungen allesamt überdauernd, sind die mit ungeheurer Geduld, in Zehntausenden von Arbeitsstunden zusammengestellten großen Schlachtendarstellungen von den Türkenkriegen bis herauf zum Ersten Weltkrieg. Historisch ist Trumpf, tage- und nächtelang müssen Geschichtsbücher gewälzt und genauestens studiert werden, ehe eines der prachtvollen Dioramen entstehen und mit den nur 3 cm großen, aber völlig naturgetreu gekleideten und ausgerüsteten Soldaten belebt werden kann. „. . . Auch die Landschaft muß stimmen“, heißt es in einem Zeitungsartikel, der sich mit den „Armeen aus einem Guß“ beschäftigt. „Alles muß so echt wie möglich aussehen. Und es sieht so echt wie möglich aus. So wie damals, als die Soldaten noch mit Gewehr, Säbel, Kanonen um Land und Leben kämpften, zu Fuß und zu Pferd in den Kampf zogen. Der Himmel blau, die grüne Wiese mit roten Flecken – vom Blut der verwundeten und der toten Soldaten. Der Pulverdampf liegt über dem Schauplatz: grau gefärbte Watte . . .“

Ja, gar nicht genug Geschichtsprofessoren könnten die Autobusse ihrer Schulausflüge nach dem still verträumten Wasserschloß von Pottenbrunn dirigieren und dort ihren Schülern Geschichte aus erster Hand zeigen; Geschichte, wie kein Lehrbuch sie zu lehren imstande ist, kein noch so mitreißender Lehrer sie zu schildern vermag: Die Türkenbelagerung Wiens, die Erstürmung Belgrads, die großen Napoleonischen Schlachten, die Siege Radetzkys und die Kämpfe in Rußland und Italien im Ersten Weltkrieg, um nur die markantesten herauszugreifen.

1. Das Zielgebiet

a) Landschaftliches: Einzugsgebiet der Traisen und des Perschlingbachs. St. Pöltner Becken nur entlang der Traisen offen, im Osten vom Haspelwald und den westlichen Ausläufern des Wienerwalds begrenzt, im Nordwesten vom Dunkelsteiner Wald. Trotz der dominierenden Rolle St. Pöltens im Umkreis viele Dörfer, Weiler und Einzelgehöfte. Relativ große Waldbestände an den Traisenufern, zwischen St. Pölten und Böheimkirchen und in den Wienerwaldausläufern.

b) Historisches:

St. Pölten: Auf den westlichen Traisentalhöhen Siedlung aus der Jungsteinzeit nachgewiesen. Römer erbauten an der Stelle des heutigen Bezirksvororts Aelium Caetium. Im 2. nachchristlichen Jh. städtische Organisation nach römischem Recht. Territorium reichte bis Enns, Hochschwab, Wienerwald und Donau. In der

Völkerwanderung nur unbedeutende Siedlung. 760 nach Baiernvorstoß Benediktinerkloster gegründet und dem heiligen Hippolyt geweiht. Unter Karl dem Großen als „Traisma“ bedeutendes Zentrum der bairischen Grenzmark. Nach Ungarninvasion schon im 11. Jh. Marktort und 1159 Stadtrecht. Im 13. Jh. Erweiterung und Mauerring, der auch beiden Türkenstürmen trotzte. Zentrum hochbarokker Baukunst. Im Zweiten Weltkrieg drei Wochen lang Frontbereich. Widerstand am Bahnhof. Heute durch Eingemeindungen größte Stadt Niederösterreichs mit 50.144 Einwohnern.

Sehenswürdigkeiten (Kurzfassung):

Domkirche (Klosterkirche), ursprünglich dreischiffige romanische Basilika, 1150 geweiht. Neubau 1267 spätromanisch-frühgotisch. Im Barock prächtige Ausschmückung durch Jakob Prandtauer und Daniel Gran. 1949 romanische Apsis freigelegt.

Bischofshof, ehemaliges Chorherrenstift mit Ausgrabungen des Domkreuzgangs, Kapitelsaals und frühgotischen Kapellenchorschlusses. Funde römischer Mauern und „terra sigillata“.

Franziskanerkirche als Karmeliterkirche erbaut. Gemälde des Kremser Schmidt.

Institut der Englischen Fräulein mit prunkvoller zweigeschossiger Front.

Rathaus, 1567 durch Zusammenziehung zweier Häuser errichtet. Achteckiger Turm, spätgotische Sitznischen.

Stadtmuseum mit urgeschichtlichen und römerzeitlichen Funden.

Pottenbrunn: Markt seit 1927 mit 1800 Einwohnern. Vermutlich schon als „Quelle eines Poto“ zur Karolingerzeit entstanden. Gräberfeld aus der Zeit um 900 ostwärts des Markts aufgedeckt. Zwei Siedlungskerne um Burg und Kirche.

Sehenswürdigkeiten: Ulrichskirche Pfarre um 1300, urkundlich 1248, barockisiert 1729/30 unter Leitung J. Munggenasts. Einjochiger Haupt- und Nebenchor um 1400 mit Kreuzrippengewölbe. Langhaus Ende des 16. Jh.s mit Netzgratgewölbe. Spätgotischer Orgelchor. Ölbergrelief aus dem Anfang des 16. Jh.s.

Schloß aus zwei Teilen; von Wasser umgeben. Vierbogige Steinbrücke zum neueren Teil mit Torbau. Zweigeschossiges Hauptgebäude, von Achtecktürmen mit Zeltdächern flankiert. Altbau aus dem 16. Jh. viergeschossig, steht getrennt. In Nordostecke vermutlich noch romanischer Berchfrit. Offene Galerie um das ganze Gebäude unter dem Dach, Steingeländer und Flachbogenarkaden. Österreichisches Zinnfigurenmuseum und alljährlich wechselnde Ausstellungen.

Wasserburg: Wasserschloß, im 12. Jh. bezeugt. Jetziger Bau aus dem 16. Jh. Dreiachsiges Mittelstück der Hauptfront mit Giebel und Attika verbunden. „Granzimmer" mit Fresken von Daniel Gran. Vor Schloßeingang zwei steinerne Hunde mit Initialen der Zinzendorfer.

Böheimkirchen: 1443 Markt mit heute 3813 Einwohnern. In der Bronzezeit „Hochfeld" zwischen Perschling und Michelbach besiedelt. Keramik mit Sonderformen des „Böheimkirchner Typus". Urkunde von 985 nennt es einen „Ort an der Perschling, den Slawen und Böhmen bewohnten und bewirtschafteten".

Jakobskirche Pfarre um 1045. Dreijochiges Langhaus mit Stichkappen und zwei Seitenkapellen, im 18. Jh. von Prandtauerschule erneuert. Chor mit 5/8-Schluß von 1518, netzrippengewölbt, mit farbigen Schlußsteinen. Darunter Gruft. Spätgotischer Turm.

Erdwerk von Burg Wolfsberg als „ödes Schloß" am Westhang des Perschlingtals gut erhalten: quadratischer Pyramidenstumpf, von Graben umgeben, aus dem alten Perschlingsteilufer geschnitten.

Lanzendorf: Gassengruppendorf. Martinskirche abseits an der Westbahn. Urkundlich 1248. Einfacher romanischer Bau aus dem 13. Jh. Halbkreisapsis, im Chor romanisch profilierte Kämpfer des ehemaligen Gewölbes. Teilweise vermauerte romanische Rundbogenfenster, etliche spätgotisch vergrößert. Gotischer Westturm, keine Einrichtung.

Perersdorf: Gassengruppendorf. Kirchenruine der Cäcilienkirche seit Anfang des 19. Jh.s in Verfall. Gotischer Bau aus dem 14. Jh. Ansätze zu Kreuzrippengewölbe im Chor. Sakristei mit gotischem Tor. Viergeschossiger Turm.

c) Bemerkenswert: Hallenbad mit Sauna in St. Pölten. Sommerbad mit Sprungturm, Vorwärmeanlage und Sportplatz ebendort. – Freibad in Böheimkirchen. – Eislaufplatz in St. Pölten. – Altmodische Straßenbahn nach Harland. – Schloß Pottenbrunn täglich von April bis Oktober, außer Montag, von 9 bis 17 Uhr geöffnet.

2. Wandermöglichkeiten

Vielzahl markierter Wanderwege im westlichen Wienerwald (höchste Erhebung der Hegerberg mit 651 m) und im Haspelwald sowie im Augebiet der Traisen. Rote Straßenmarkierung von Schloß Pottenbrunn zur Bahnhaltestelle.

3. Zufahrt und Verkehrsverbindungen

Westbahn mit Personenzugsverbindung nach Böheimkirchen, Pottenbrunn und D-Zugs-Station St. Pölten. Busverkehr St. Pölten–Pottenbrunn mit ungünstigem Fahrplan. Ebenso nach Wasserburg, Perersdorf und Lanzenkirchen.

Pkw-Fahrer: Westautobahn bis St. Pölten (ca. 63 km). Pottenbrunn auf Bundesstraße 1 ab St. Pölten (ca. 8 km). Böheimkirchen auf Bundesstraße 227 (ca. 11 km), Perersdorf ab Kollersberg, Bundesstraße 227 (ca. 2 km) südlich auf Landesstraße, Lanzendorf (ca. 2 km) ostwärts Böheimkirchen auf Bundesstraße 227. Wasserburg auf Nebenstraße (ca. 2 km) nördlich Pottenbrunn.

4. Sehenswertes unterwegs

Gotische Kirchen in Altlengbach und St. Christophen. Bei Rückfahrt auf Bundesstraße 227 Burg Neulengbach, Kirche Maria Anzbach. Wehrkirchen Außerkasten und Kasten am Weg zum Hegerberg. Grab des Dichters Josef Weinheber in Kirchstetten.

5. Karten und Führermaterial

Generalkarte Österreich, 1:200.000, Kartenblätter 1 und 2; Bundesamt für Eich- und Vermessungswesen, 1:50.000, Blätter 38 (Krems an der Donau) und 56 (St. Pölten); Freytag-Berndt & Artaria, 1:100.000, Blatt 1 (Wienerwald); Dehio-Kunstführer: „Niederösterreich“; Reclams Kunstführer: „Österreich“, Band I; Kröner: „Handbuch der historischen Stätten: Österreich“, Band I; Hans Edelmann: „Führer durch Niederösterreich“; Museumsführer Pottenbrunn.

30 (G)

HÖHLEN UND RUINEN AN DER PIELACH

Raum Rabenstein – Kirchberg an der Pielach – Frankenfels

„Am Westende des Bahnhofs St. Pölten (269,3 m Seehöhe) der Bundesbahnen beginnt der Schienenstrang der elektrisch betriebenen Bahn nach dem altehrwürdigen Wallfahrtsort Mariazell, welcher seinen Ruf nicht nur dem Umstande verdankt, daß er alljährlich das Ziel überaus zahlreicher Pilgerscharen ist, sondern in ebenso hohem Maße den herrlichen Naturschönheiten, deren Mittelpunkt dieser obersteirische Marktflecken ist . . ."

So beginnt in „Försters Turistenführer", Band IV (Ausgabe 1930) das Kapitel über die Mariazeller Bahn. Wir erfahren weiter, daß diese Schmalspurbahn bis 1905 noch ihren Endpunkt in Kirchberg an der Pielach hatte, in jenem Jahr bis Laubenbachmühle vorangetrieben wurde und 1907 nach überaus großen Schwierigkeiten Mariazell erreichte; die Endstation Gußwerk noch etwas später. Seit 1911 – als erste Strecke in Österreich! – wird sie elektrisch betrieben. Weit über 60 Jahre also bedient diese Bahn eine der landschaftlich reizvollsten Voralpengegenden, und wie gemütlich es bisweilen auch heute noch darin zugehen kann, davon können Freund Erich und ich ein brandneues Liedlein singen: Wir sind in den Ruinentrümmern von Burg Rabenstein umhergeklettert, haben waghalsige Fotos von der Ruine Weißenburg geschossen – bis zu den Knien auf glitschig-moosigen Steinen im nicht gerade warmen Pielachwasser stehend –, und nun wollen wir noch zur Nixhöhle in Frankenfels. Das Samstagzügle von Kirchberg bis Laubenbachmühle hat nur einen einzigen Personenwaggon. Ganz wenige Fahrgäste darin. Zwei davon dreschen einen Skat. Wo bleibt der Schaffner? – Jäh erhebt sich der eine der beiden, setzt sein Amtskappl auf, eine gewichtige Amtsmiene dazu: „Fahrkarten, bitte!" Nachdem dem Gesetz also Genüge getan ist, hängt er beides, Kappl und Miene, wieder auf den Haken – und spielt weiter. Glückliche Mariazeller Bahn!

1. Das Zielgebiet

a) Landschaftliches: Voralpenlandschaft im Einzugsgebiet der Pielach. Windungs- und waldreiches Engtal mit aussichtsreichen Voralpengipfeln bis an die 1000-m-Grenze, durch zahlreiche Gräben und Zuflüsse zur Pielach stark gegliedert. Große Ortschaften im Talgrund, Weiler und Einzelgehöfte („Gegend", „Rotte") bis in mittlere Höhenlagen. Um Frankenfels und Schwarzenbach einige Höhlen.

b) Historisches:

Rabenstein an der Pielach: Burg Rabenstein im 12. Jh. von steirischen Ministerialen Hohenstauf errichtet (1136 Wichard von Hohenstauf genannt). Rabenstein heute Markt mit 2199 Einwohnern, Straßenplatz im Verhältnis 1:10. Lorenzikirche schon 1283 Pfarre. Dreischiffige, spätgotische Staffelkirche, Hauptchor mit 5/8-Schluß von 1496. Netzrippengewölbe und Maßwerkfenster. Fresken aus dem 15. Jh. im Chor.

Burgruine großteils vom Wald überwuchert, nur Westfront steil über diesen hinausragend. Großartige Reste einer umfangreichen Anlage. Ursprünglicher Bauzustand kann auf Votivbild in der Pfarrkirche eingesehen werden. In der Hochburg gotisches Gebäude von fünf Seiten des Achteckes erhalten. Turmrest am westlichen Steilrand, Rundturm mit romanischen Quadern. Tor im verfallenen Rundturm.

Kirchberg an der Pielach: Marktflecken mit 2694 Einwohnern. Vermutlich schon im 12. Jh. von den Rabensteinern als kirchliches Zentrum des gebirgigen Einzelhofgebiets gegründet. Pfarre 1266. Martinskirche und Friedhof in schöner Lage auf dem Kirchbühel. Dreischiffige gotische Pfeilerbasilika. Frühgotischer Chor, spätgotische Tore.

Schloß mit rundem Erkerturm 1531, heute Amtsgebäude. Ringmauer und Gräben teilweise erhalten.

Kohlenbergbau im 19. Jh. in der Kirchberger Gegend.

Ruine Weißenburg: In hervorragender strategischer Lage über dem hier besonders engen Pielachtal (herrlich grünes Wasser in ganz schmalem, tiefem Felsbett!) an der Einmündung des Weißenbachs errichtet. Erbauung vermutlich schon um die Mitte des 12. Jh.s durch die Hohenstaufer. 1648 weiter ausgebaut, doch wenige Jahre hernach dem Verfall preisgegeben. Einst eine der großartigsten Burgen des Landes. Zwei Halsgräben mit Toren. Mittelalterlicher Berchfrit mit Rundturm. Burgtor mit Inschrift und Wappen, eigenes Fußgängertor. Im Burghof Kapelle.

Frankenfels: Markt mit 1989 Einwohnern, besonders fremdenverkehrsfreundlich. Pfarre im 13. Jh. Margaretenkirche spätgotisch. Chor mit Netzrippengewölbe aus der Mitte des 15. Jh.s. Mittelalterlicher Turm mit Kleeblatt-Schallöchern. Kanzel um 1600. Wappengrabmal aus dem Jahr 1649.

Nixhöhle: Elektrisch beleuchtete Schauhöhle mit vielgestalten Bergmilch- und Sinterbildungen. Etwa 700 m Höhlengänge erschlossen, Führungen im Ort erfragen.

c) Bemerkenswertes: Heimatmuseum in Rabenstein. Sommerbäder mit Vorwärmeanlagen in Frankenfels und Rabenstein, Schwimmbad in Kirchberg, Wildbadeplätze an der Pielach. Volkstumsabende in Frankenfels.

2. *Wandermöglichkeiten*

Im Gebiet von Rabenstein nur Weg zur Ruine gut gekennzeichnet, sonstiges Wegenetz ziemlich vernachlässigt (z. B. auf den Gaisbühel). In Frankenfels und Kirchberg gute Wegenetze. Nixhöhle etwa 1,5 km auf der Bundesstraße Richtung Laubenbachmühle, dann Serpentinenaufstieg von etwa 100 Höhenmetern (15 bis 20 Min.). Besuch der Höhle nur mit Führer zulässig! Ruine Weißenburg von den ersten Häusern im Weißenbachgraben in 10 bis 15 Min. erreichbar.

3. *Zufahrt und Verkehrsverbindungen*

Westbahn bis St. Pölten, dann Mariazeller Bahn mit Stationen Rabenstein, Steinklamm, Kirchberg, Loich und Frankenfels.

Pkw-Fahrer: Westautobahn bis Abfahrt St. Pölten, dann Bundesstraßen 20 und 39. Bis Rabenstein ab Wien (ca. 80 km), Kirchberg (weitere 6 km), Frankenfels (noch ca. 10 km).

4. Sehenswertes unterwegs

St. Pölten (Altstadt, Dom), Obergrafendorf (Kirche).

5. Karten und Führermaterial

Generalkarte Österreich, 1:200.000, Kartenblatt 2; Freytag-Berndt & Artaria, 1:100.000, Blatt 3 (Ötscher, Mariazell); Bundesamt für Eich- und Vermessungswesen, 1:50.000, Blätter 55 (Obergrafendorf), 73 (Türnitz) und 72 (Mariazell); Dehio-Kunstführer: „Niederösterreich"; Kröner: „Handbuch der historischen Stätten: Österreich", Band I; Hans Edelmann: „Führer durch Niederösterreich"; Försters Turistenführer, 4. Teil („Bergland zwischen Traisen und Enns"), Ausgabe 1930.

31 (H)

DER HERZOGSHUT AUF DEM KIRCHTURM

Raum Traismauer – Herzogenburg – Heiligenkreuz – Gutenbrunn – Hollenburg

Rückblickend, kann und soll man sogar auch an verrückte Ausflüge erinnern, an eine Zeit, da noch nicht das kunsthistorische Interesse im Vordergrund gestanden ist, sondern allein die körperliche Leistung. In jenen ersten Wiener Jahren waren es die großen, weiten Radfahrten, die bisweilen schon fast zur Kilometerfresserei ausarteten und erst ein Ende nahmen, als das treue Stahlroß auf einer tollen Abfahrt im Mühlviertel seinen Geist aufgab und unter meinem Gewicht auseinanderbrach, mit genauer Not noch an den Berghang gelenkt, so daß wenigstens der „Reiter" glimpflich davonkam, wenn schon das „Roß" auf der Strecke blieb und schmählich per Postautobus und Bahn nach Hause geschafft werden mußte.

In jene Zeit also, auf den letzten Feiertag vor der Geburt unserer Ältesten, fällt meine erste Bekanntschaft mit Traismauer und Hollenburg. Ortsnamen, Kilometersteine damals auf der Fahrt nach Aggstein, das ich in eintägiger Hin- und Rückfahrt von Wien aus erreichen wollte und auch erreichte. Zwetschkenbäume und gierig gesuchte rinnende Brunnen auf der Rückfahrt, ausgedörrt von den mehr als 200 km eines endlosen Augusttags, ohne Auge für römische Ruinen, gotische Kirchen oder barocke Schlösser.

13 Jahre hernach staunen drei Generationen – Großeltern, Eltern und fünf Kinder – über die liebevoll zusammengestellte Schau von Ausgrabungen und Sammlungen im romantischen Heimatmuseum von Traismauer, lauschen den Erklärungen

des alten Lehrers und ziehen dann als Amateurarchäologen hinaus in die Umgebung, können allerdings übers Suppenkochen nicht hinauskommen.

Und abermals vier Jahre später zeigen Herzogenburg und Heiligenkreuz-Gutenbrunn ihre Schätze, vor allem die Maulbertsch-Ausstellung. Es ist immer etwas los in der Gegend, man kann auch dort Geschichte auf Schritt und Tritt erleben!

1. Das Zielgebiet

a) Landschaftliches: Westrand des Tullner Felds mit Mündungsgebieten der Traisen und des Perschlingbachs. Uferwald entlang der Donau auf weiten Strecken, sonst fruchtbares Ackerland mit nur geringen Erhebungen, die nirgends die 400-m-Grenze erreichen (Seelackenberg, Wetterkreuz). Dennoch großartige Fernsicht über das flache Vorland. System von Höhlen und Kellern im Lößgelände, vor allem bei Traismauer.

b) Historisches: Besiedlung schon zur Römerzeit (Donaulimes!)

Hollenburg: Wachtturm der Limesbefestigung bereits zur Zeit der römischen Besetzung an Kreuzung Donaustraße – Traisen – Kamptal. „Purgum" des heiligen Severin aus der zweiten Hälfte des 5. Jh.s. 860 urkundlich „as Holunburc". 1160 „Kleedorf", später von der Donau fortgerissen. 1160 Urfahrrecht. 1248 Errichtung einer Burg Pertholdstein, heute nur mehr in geringen Resten vorhanden. Markterhebung 1359, heute 1010 Einwohner.

Himmelfahrtskirche Pfarre 1276. Spätgotische Pfeiler-Staffelkirche, dreischiffig, kreuzrippengewölbt. Fast lebensgroße Marienstatue um 1420. Zehn Wappengrabsteine aus dem 16. Jh. mit bemerkenswertem Muttergottesrelief von 1455.

Wetterkreuzkirche auf einem der höchsten Punkte beherrschend in 368 m Höhe gelegen. 1651 erbaut. 1727 erweitert.

Zweigeschossiges Rathaus um 1700 mit quadratischem Turm.

Prangersäule „Mandl ohne Kopf" aus dem 17. Jh.

Burgruine Pertholdstein. Quadratisches, turmartiges Hauptgebäude mit steingefaßten Fenstern.

Traismauer: Seit 1958 Stadt mit 5353 Einwohnern. 240x170 m großes römisches Reiterkastell am Ostufer der Traisen (Augustianis). 800 Haufendorf Traisma, wegen der römischen Mauerreste „Traismauer" genannt oder einfach „Mauer". Heutiger Grundriß noch auf antiker Grundlage. Reste der Stadtbefestigung vorwiegend aus dem 14. Jh. auf den Mauern der römischen Kastellmauer. Wehrgraben im Süden der Stadt erhalten. St. Pöltner und Kremser Tor verschwunden.

Sehenswürdigkeiten: Hauptstraße deckt sich mit „via principalis" des Kastells. In der Umfassung des Altorts besterhaltene Römersiedlung in Österreich.

Wiener (Römer-)Tor aus dem 14. Jh. Wahrzeichen der Stadt. Rechteckiger, mächtiger Torbau mit Wappen zwischen niedrigen Kegeldachrundtürmen.

Reste der Stadtmauer im Reck- oder Hungerturm mit hochinteressantem Heimatmuseum. Zweiter Turm an der Südseite bei Haus 22. Rupertkirche Pfarre seit 1359. Mauern stammen noch von spätromanischer Kirche vor 1293. Gotisch umgebaut 1475–1500. Dreijochiges Langhaus mit Spitzbogenarkaden und Netzrippengewölbe. Chor mit Kreuzrippengewölbe auf Halbsäulenbündel aus dem 14. Jh. Turmuntergeschoß mit Fische-Schlußstein aus dem Anfang des 14. Jh.s. Reich profiliertes Westportal aus dem 14. Jh.

Schloß heute Miethaus. Römischer Grabstein des Veteranen C. J. Agricola im Hof. Über Barockportal Inschrift der Ala I Augusta Thracum aus den Jahren 140/144 eingemauert.

Häuser mit Renaissancearkaden.

Pranger (Ritterfigur) von 1584.

Nußdorf an der Traisen: Dorf mit 1294 Einwohnern. Johanneskirche Pfarre seit 1324. Spätgotisches Langhaus mit Netzrippengewölbe. Als Schlußsteine Wappen mit Winzermessern und Früchten. Mächtiger Westturm. Chor aus dem 14. Jh. Kapelle mit Kreuzrippengewölbe. Gotisches Tor mit Vorhalle. Muttergottesstatue um 1500. Ein römischer Wappengrabstein, weitere bis ins 15. Jh. zurückreichend.

Stollhofen: Dorf mit 470 Einwohnern. Martinskirche Pfarre 1343. Kreuzrippengewölbter Chor mit $^5/_8$-Schluß aus dem 14. Jh. Spätgotischer Westturm mit Eckzinnen, Rundzinnen und gemauertem Helm von 1526/29.

Herzogenburg: Stadt seit 1927 mit 7299 Einwohnern auf den Schottern der Niederterrasse am Westufer der Traisen. Alt- und jungsteinzeitliche Funde in den nahen Ortschaften Getzersdorf und Ossern, Töpferofen aus mittlerer Bronzezeit. Hallstättische Flachgräber in St. Andrä. Siedlungskontinuität zumindest seit Jungsteinzeit erwiesen. Ende 9. Jh. befestigte Siedlung, 1131 Marktteilung.

Ostarrichi-Gedenkstein in Neuhofen an der Ybbs (Seite 179)

Krypta von Ardagger (Seite 184)

Keltentisch vor der Wallfahrtskirche von Maria Taferl (Seite 187)

Ruine Aggstein (Seite 191)

Sehenswürdigkeiten: Augustiner-Chorherrenstift in St. Georgen an der Donau 1112 gegründet; nach Hochwasser 1244 nach Herzogenburg verlegt. Unterbau des Westturms vom romanischen, gotisierten Bau erhalten. Barocker Umbau unter Prandtauer und Munggenast.

Stiftskirche barockes Prachtgotteshaus, Turm mit Herzogshut auf Kissen. Haupttor spätgotisch aus dem 15. Jh. Farbenprächtiges Inneres mit Fresken von Daniel Gran und Altomonte.

Stift mit gotischem Kreuzgangflügel und Refektorium mit Fresken um 1500. Gotisches Portal. (Nähere Einzelheiten im sehr aufschlußreichen, in der Stiftstaverne aufliegenden Kirchenführer. Führungen von dort aus.)

Heiligenkreuz-Gutenbrunn: Dorf mit 390 Einwohnern. Endpunkt der niederösterreichischen Barockstraße. In abgelegenem Talkessel zwischen unterem Traisental und Tullner Feld.

Himmelfahrtskirche Pfarre 1709. Stattliche Rokokokirche mit Deckenfresken von A. F. Maulbertsch. 1974 Maulbertsch-Gedenkausstellung. Schloß aus dem 17. Jh., im 18. Jh. umgebaut, fünfzehnachsige Fassade mit Fresken von Paul Troger.

c) Bemerkenswert: Wildbadeplätze an der Donau und den Seitenarmen, sowie an der unteren Traisen. Sommerbäder in Herzogenburg und Traismauer. – Erstes österreichisches Atomkraftwerk in Zwentendorf donauabwärts in Fertigstellung. – Donaukraftwerk Altenwörth gleichfalls in Endbauphase.

2. Wandermöglichkeiten

Von Hollenburg zum Wetterkreuz mit umfassender Aussicht ca. 1 St. Spazierwege mit weitem Fernblick vom Venusberg bei Traismauer.

3. Zufahrt und Verkehrsverbindungen

Mit der Franz-Josefs-Bahn nach Tulln, dann Verbindungsstrecke nach St. Pölten mit Haltestellen Traismauer und Herzogenburg. Buslinien von St. Pölten über Herzogenburg nach Traismauer und von Krems über Hollenburg–Traismauer, bzw. Herzogenburg nach Wien.

Pkw-Fahrer: Westautobahn bis Abfahrt St. Pölten (ca. 63 km), dann Bundesstraße 32 bis Viehofen und Landesstraße nach Herzogenburg (ca. 12 km).

Variante: Bundesstraße 1 bis Kapelln (ca. 56 km) und Bundesstraße 228 nach Herzogenburg (ca. 7 km).

Von Herzogenburg nach Heiligenkreuz-Gutenbrunn auf Landesstraße (ca. 6 km). Nach Traismauer auf Landesstraße ab Herzogenburg (ca. 10 km), bis Stollhofen (weitere ca. 2 km). Von Traismauer nach Hollenburg (ca. 7 km), nach Nußdorf an der Traisen (ca. 4 km).

4. Sehenswertes unterwegs

St. Pölten (Altstadt, Dom). Schloß Pottenbrunn (Österreichisches Zinnfigurenmuseum). Sieghartskirchen (romanische Kirche). Ried am Riederberg (Klosterruinen).

5. Karten und Führermaterial

Generalkarte Österreich, 1:200.000, Kartenblatt 1; Bundesamt für Eich- und Vermessungswesen, 1:50.000, Blätter 38 (Krems an der Donau) und 56 (St. Pölten); Freytag-Berndt & Artaria, 1:100.000 Blätter 1 (Wienerwald) und 7 (Wachau, Kamptal); Dehio-Kunstführer: „Niederösterreich"; Reclams Kunstführer: „Österreich", Band I; Kröner: „Handbuch der historischen Stätten: Österreich", Band I; Hans Edelmann: „Führer durch Niederösterreich"; Kirchenführer Herzogenburg; Dr. Franz Eppel: „Die Wachau".

32 (G)

DIE RÖMERBRÜCKE IM WALD

Raum Melk – Mauer – Loosdorf – Hafnerbach

Er kann ganz schön pfeifen, der Wind vom Donautal! Das haben Freund Erich und ich erlebt, als er uns im Winter zu richtigen Schneemännern gemacht hat. Das erlebe ich nun am ersten Tag des „Wonnemonats" Mai wieder. Auf der Donaubrücke zuerst, als mir hoch über dem Strom plötzlich die Augen voll Sand werden, obwohl doch da weit und breit nur Wasser ist. Auf den freien Hängen zum Dunkelsteiner Wald dann, anfangs noch von der Sonne gekitzelt, dann nur mehr regenschwer. Schritt vor Schritt setzte ich auf der alten Römerstraße, die auf dem Scheitelstück des freien Rückens zwischen Gerolding und Mauer bei Melk fast schnurgerade von West nach Ost zieht. Ja, sie waren keine Freunde der Gräben, die Römer. Wo immer es möglich war, da wählten sie für ihre Verkehrswege freies, aussichtsreiches Gelände. Scheuten keine auch noch so großen Höhenunterschiede, wenn nur die Sicht frei blieb, wenn nur die unterworfenen Bewohner oder die äußeren Feinde keine Deckung, keinen Hinterhalt finden konnten.

Nicht immer freilich spielte das Gelände mit. Bäche, Täler, die verquer verlaufen, die müssen einfach überbrückt, überwunden werden. So unangenehm dies für die Römer gewesen sein mag, so angenehm erscheint mir bei diesem „Mailüfterl" seltsamer Art solch eine Senke; denn da kann der Sturm nicht gegen mich an. Da schützen hohe Bäume zusätzlich vor den Naturgewalten. Und in eben diesem Seegraben, der später in den Mauerbach (und dieser wieder in die Pielach) mündet, da steht sie heute noch: die Römerbrücke. Grobes Bruchsteinmauerwerk mit einem modernen Eisengeländer darüber. Was könnte sie alles erzählen – von Marc Aurels Legionen über die Völkerwanderung, vom Hunnenzug und Ungarnsturm, von Türkennot und Dreißigjährigem Krieg bis herauf zu den Endkämpfen des Zweiten Weltkriegs!

1. Das Zielgebiet

a) Landschaftliches: Gebiet zwischen Donau, Unterlauf der Pielach und den Südhängen des Dunkelsteiner Walds. Mischbereich zwischen Wald- und Kulturland mit wenigen größeren Siedlungen, zahlreichen Weilern und fallweise auch Einzelgehöften. Vom windungsreichen Unterlauf der Pielach durchflossen, der vor allem bei der Osterburg (Sophienhain) und im Gebiet der Steinwand (knapp vor der Mündung in die Donau) schluchtartig eingeengt ist. Prächtige Fernsicht auf die Voralpen von den exponierten Stellen. Höchste Erhebung im Dunkelsteiner Wald 625 m.

b) Historisches:

Melk, das Kastell Namare der Römer und Medelike des Nibelungenlieds. Römische Siedlung auf dem Stiftsfelsen. Heute Stadt und Bezirksvorort mit 5108 Einwohnern. Seit dem Mittelalter Donauüberfuhr der Linzer Straße. Name „Melk“ selbst kommt vom gleichnamigen slawischen „Melk“ = „Grenzfluß“. Von 976 bis 1106 Babenbergerpfalz, seither selbständige Geschichte des Benediktinerstifts und seiner Siedlung. 1277 Markterhebung, Stift im 14. Jh. zur Klosterfestung ausgebaut. Melk seit 1898 Stadt.

Sehenswürdigkeiten: Mittelalterlicher Straßenplatz. Mehreckiger, zum Teil noch erhaltener Mauerring mit drei Türmen.

Himmelfahrtskirche 1020 von Passau aus gegründet. Dreischiffige Staffelkirche aus dem Ende des 15. Jh.s mit Netz-, Kreuz- und Sternrippengewölbe. Gotisches Weihwasserbecken, Ölberggruppe. Erkerhäuser teils bis in die Gotik zurückreichend.

Benediktinerstift auf westlichem Ausläufer des Dunkelsteiner Walds, durch die Pielach abgesprengt, zwischen Stadt und Donau. In seiner heutigen Form einziges niederösterreichisches Stift des Spätbarocks, von 1702 bis 1736 unter Bauabt Bartold Dietmayer nach Plänen Jakob Prandtauers errichtet. 320 m lange Ost-West-Achse mit Stiftskirche, Aussichtsterrasse, Sakristeien, Stiftsgebäude, Prälaturhof, Speisesälen, Prüfungssaal, Gartenpavillon, Kaiserzimmern und großartiger Bibliothek mit berühmter Handschriftensammlung.

Pielach, Gemeinde Melk: Schloß, unter Abt Urban von Melk aus älterer Anlage 1766 erbaut. Malerischer, zweiflügeliger Torbau. Fresken von Johann Bergl.

Gerolding: Dorf mit 670 Einwohnern der Gemeinde Dunkelsteiner Wald. Name stammt vom Grafen Gerold, dem Schwager Karls des Großen, der Präfekt von Bayern und des Ostlands war. Pfarre seit 1373. Gotische Wehrkirche in malerischer Hochlage, Langhaus barockisiert. Alte Wappengrabsteine aus dem 15. und 16. Jh.

Mauer bei Melk: Name von Römermauern, die noch im frühen Mittelalter bestanden. In der Kirche heute Grabstein der Römer eingemauert. Römische Reservestraße über Mauer und Lanzing (Römerbrücke!) nach Mautern. Dorf mit 530 Einwohnern der Gemeinde Dunkelsteiner Wald. Kirche Mariä Namen mit ältesten Bauteilen aus der Zeit um 1300. Ungegliederter Westturm mit Walmdach. Reiche Maßwerkfenster, berühmter Schnitzaltar aus Lindenholz an Seitenwand in Augenhöhe (um 1515), Sakramentshäuschen aus Sandstein 1506.

Umbach: Weiler an der Straße Mauer – Aggsbach. Von hier blau markierter Stichweg zur nahen Römerbrücke über den Seegraben.

Ruine Hohenegg: Auf steilem Vorgipfel des Dunkelsteiner Walds erbaut. Urkundlich schon aus dem 12. Jh. Neubau 1584. Durch den Sieger von Mogersdorf über die Türken, Feldmarschall Montecuccoli, zu einer der schönsten Burgen des Landes ausgestaltet. Verfall seit 1850. Großartige Tore und Bastionen, Palas und gotische Kapelle. Runde Befestigungstürme mit Dacherkern und Gußlöcherkranz. Gründung eines Vereins zum Wiederbaubau.

Hafnerbach: Markt mit 1414 Einwohnern, „villicatio Hauaenerbach". Zenokirche mit ehemals romanischem Langhaus und mächtigem gotischem Westturm, Zenofresken und reichen Stukkaturen.

Bildsäule beim Zenostein am Zenobach mit angeblichen Fußabdrücken des heiligen Zeno.

Haunoldstein: Dorf mit 700 Einwohnern, abseits erhöht gelegene Kirche mit mittelalterlichem Langhaus und Rautengewölbe. Westturm aus dem 16. Jh. Spätgotischer Taufstein, Renaissancegrabsteine.

Osterburg: Zur Bewachung des Durchbruchstals der Pielach gegründet. Ursprünge reichen bis ins 11. Jh. zurück. Jetzige Anlage aus dem 15. Jh. Seit Ende des 17. Jh.s unbewohnt und bis auf romanischen Berchfrit (13. Jh., Spiraltreppe) und spätgotische Kapelle mit Spitzbogenfenster verfallen. Rundturm. Oberhalb der Burg mittelalterlicher Meierhof. Wappen der Geyer und Waltzer.

Sitzenthal: Schloß, urkundlich 1238, 1835 aus der Anlage des 16. Jh.s umgebaut. Säulenhalle im 1. Stock, beachtliche Bilder- und Möbelsammlung.

Loosdorf: Markt mit 2300 Einwohnern. Im 16. Jh. bedeutendes protestantisches Zentrum (Neubau der von den Türken verwüsteten Lorenzikirche, durch Schwibbogen mit der „Hohen Schule" verbunden, die evangelisches Mustergymnasium – „Loßdorfische Schulordnung"! – war). Muttergottesstatue aus Holz aus dem 15. Jh., köstliche Kalksteinreliefs mit typologischen Szenen aus dem Anfang des 17. Jh.s. Kleines Museum mit Erinnerungen an „Hohe Schule". Ehemaliger hoher Karner aus dem 15. Jh., heute Wohnhaus.

Albrechtsberg an der Pielach: Gemeinde Loosdorf. Schloß aus dem 16. Jh., im 19. Jh. umgestaltet. Gequadertes Haupttor. Frühgotische Kapelle. Steinerne Muttergottes aus dem 16. Jh., Epitaph David Enenkels um 1600.

c) Bemerkenswert: „Heiratswald" mit Baum für jedes Paar, das in Melk die Ehe schließt. – Jugendherberge in Melk. – Wachaubad in Melk mit Wasserrutsche und Liegewiesen. – Führungen im Stift Melk täglich um 9, 10, 11, 14, 15, 16 und 17 Uhr, sonn- und feiertags ab 10 Uhr. – Loosdorf-Museum frei zugänglich.

2. Wandermöglichkeiten

Großsierning – Osterburg (über Haunoldstein) Sophienhain – Mauer bei Melk: ca. 2 1/2 St., markiert. Hafnerbach – Ruine Hohenegg – Dunkelstein, ca. 2 1/2 St., teilweise markiert.

Gerolding – Umbach – Römerbrücke: ca. 1 St., teilweise markiert.

3. Zufahrt und Verkehrsverbindungen

Westbahn nach Melk mit Personenzugshaltestellen in Prinzersdorf, Markersdorf (für Hafnerbach und Hohenegg), Groß-Sirning (für Osterburg und Mauer), Loosdorf (für Sitzenthal, Albrechtsberg, Mauer). Schnellzugsstation in Melk.

Postautobuslinien in fast alle Zielorte, Fahrpläne jedoch ungünstig.

Pkw-Fahrer: Westautobahn bis Melk (ca. 85 km), Mauer über Spiegelberg – Pielach (ca. 7 km), Gerolding über Umbach (Römerbrücke!) (ca. 4 km), Hafnerbach über Osterburg – Wimpassing (ca. 10 km), Ruine Hohenegg (Sackstraße, Parkplatz vor der Burg!) (ca. 2 km), Hafnerbach – Wimpassing – Haunoldstein – Großsierning – Bundesstraße 1 nach Loosdorf (ca. 10 km). Albrechtsberg und Sitzenthal (je ca. 2 km). Loosdorf – Melk (ca. 8 km).

4. Sehenswertes unterwegs

St. Pölten (Dom, Stadtzentrum), Schloß Pottenbrunn (Zinnfigurenmuseum), Schloß Schallaburg (Renaissanceausstellung).

5. Karten und Führermaterial

Generalkarte Österreich, 1:200.000, Kartenblätter 1 und 2; Bundesamt für Eich- und Vermessungswesen, 1:50.000, Blatt 55 (Obergrafendorf) und 54 (Melk); Freytag-Berndt & Artaria, 1:100.000, Blatt 7 (Wachau, Kamptal); Franz Eppel: „Die Wachau"; Dehio-Kunstführer: „Niederösterreich"; Kröner: „Handbuch der historischen Stätten: Österreich", Band I; Reclams Kunstführer: „Österreich", Band I; Hans Edelmann: „Führer durch Niederösterreich"; Helmfried Knoll: „Vom Nordwald bis zur Puszta", Kapitel 12.

33 (G)

ÖSTERREICHS RENAISSANCEJUWEL

Raum St. Leonhard am Forst – Zelking – Matzleinsdorf – Schallaburg

Seit der große „NSWW“, der Nord-Süd-Weitwanderweg, zwischen Melk und dem Naturpark Ötscher-Tormäuer den Hiesberg überquert, ist diesem der Nimbus des „Urwalds“, der Wegelosigkeit weitgehend genommen. Dennoch – ich muß mich noch immer ganz schön durchs Dickicht schlagen, überraschend bizarr ausgehöhlte Wildbachtobel queren und kann ganze Familien glatt geschliffener Rundlinge bestaunen, als ich von der Weitwanderwegmarkierung abweiche und meine eigenen Pfade nach der Ruine Zelking suche. Kein Mensch ist da unterwegs, nur flüchtendes Wild, Brombeergerank mit süßen, dicken Früchten, verspätete Herbstblumen und ab und zu ein kurzer Durchblick auf die Ebene, aufs Donautal, Maria Taferl oder Melk.

Welch ein Gegensatz dann dafür vor der Schallaburg! Eine Massenauffahrt Hunderter Benzinkutschen erweist der bedeutendsten Ausstellung des Jahres 1974 in Österreich ihre Reverenz; man muß sich anstellen, wenn man bei einer der sachkundig geführten Gruppen mitmachen will und wird gleich zu Beginn, zur Einführung gleichsam, mit einer verewigten Sage bekanntgemacht: Zwei Brüder waren in den Anfängen der Burggeschichte gleichberechtigte Erben. Der eine tüchtig, bescheiden, arbeitsam; der andere hochfahrend, gewalttätig, nur dem Waidwerk zugetan. Im Streit erschlug er den Bruder, war fortan noch mehr in den Urwäldern des Hiesbergs auf rastloser Hatz hinter dem Wild her. Doch das

Glück war ihm nicht mehr hold – nicht Hirsch, nicht Eber, nicht Reh oder sonstiges Getier kamen ihm vor die Waffen. Voll Wut legte er daraufhin auf ein Christusbild an, das am Weg stand, zertrümmerte es mit den Worten: „Du Hund! Du bist schuld, daß ich wieder nichts erjagt habe!“ Als er zornig nach Hause zurückkehrte, mußte er zu seinem Entsetzen sehen, daß seine schwangere Frau inzwischen niedergekommen war und ein Scheusal geboren hatte: ein Mädchen mit einem Hundekopf ...

Dieser Hundekopf ist nun in der „Ahnengalerie“ der Terrakotten deutlich sichtbar verewigt. Was die Schallaburg aber sonst noch alles als wahres Juwel der Renaissance zu bieten hat, das muß man schon mit eigenen Augen gesehen haben. Denn wenn auch wohl die Ausstellung der „Objekte“ selbst wegen zahlreicher Leihgaben nicht über das Jahr 1974 hinaus geöffnet bleiben wird – das mit hohen Millionenbeträgen von Bund und Land auf Hochglanz restaurierte Schloß, das man schon weithin von Bahn und Autobahn sehen kann, sollte gewissermaßen zu einer „Pflichtübung“ eines Schulausflugs, einer Kunstfahrt oder auch nur einer bescheidenen Wanderung zu jeder Jahreszeit gemacht werden. Weil dort die Steine, die Terrakottafiguren und so vieles andere mehr reden!

1. Das Zielgebiet

a) Landschaftliches: Dichtes Waldgebiet des Hiesbergs südlich der Donau, umgeben von hügeligem Acker- und Wiesenland, im Westen vom Melkfluß, im Süden von der zufließenden Mank abgegrenzt, im Norden durch die Westautobahn. Auf dem Hiesberg stellenweise noch urwaldartiger Charakter, der erst in den letzten Jahren durch den Weitwanderweg und diverse Forststraßen etwas aufgeschlossen wurde. Von freien Lichtungen schöne Fernblicke auf Donautal und gegenüberliegendes Waldviertel, bzw. nach Süden auf Voralpenkette mit Ötscher im Mittelpunkt.

b) Historisches:

St. Leonhard am Forst: Markt mit 1456 Einwohnern. Markterhebung schon 1230 unter den Grafen von Peilstein. Pfarrkirche noch in der ersten Hälfte des 12. Jh.s gegründet, älteste Kirche in Niederösterreich unter diesem Patrozinium.

Planmäßiger Rechteckplatz 1 : 4. Vierseithöfe.

Leonhardskirche weiträumige, dreischiffige Staffelkirche, ursprünglich romanisch. Heutige Form aus der zweiten Hälfte des 15. Jh.s. Mehrere Kapellen, Kreuz- und Sternrippengewölbe, Fischblasenmaßwerk im Mittelschiff an Brüstung der Westempore. Taufkessel aus rotem Marmor von 1478, steinernes Ölbergrelief mit alter Fassung vom Ende des 14. Jh.s. Auf Seitenaltar Leonhardsstatue um 1440. Drei römische Inschriftensteine. In Nische des nördlichen Seitenschiffs romanischer Löwe aus dem 13. Jh.

Zelking: Dorf mit 580 Einwohnern, heute eine Gemeinde mit dem benachbarten Matzleinsdorf. Burg Zelking ursprünglich regensburgischer Besitz. Erhardskirche bestand schon frühzeitig. Pfarre von 1346, Chor aus dieser Zeit, Hauptschiff romanisch, Ende des 16. Jh.s barockisiert. Seitenschiff aus dem 15. Jh. Im Chor Reste alter Glasmalereien: Christus am Kreuz und Auferstehung vom Ende des 14. Jh.s. Sechs Tafeln mit Wappen vom Anfang des 15. Jh.s. Holzgeschnitzte Muttergottes um 1520. Wappengrabsteine der im 17. Jh. ausgestorbenen Zelkinger bis 1414 zurückreichend. Auf fünf Särgen zum Teil figürliche Metalltafeln.

Burgruine: 1100 ein Werner von Zelking bekannt. Heute Bruchsteinmauerreste mit 2 hohen, völlig verwachsenen Wänden, die rechten Winkel bilden. Seit dem Aussterben der Zelkinger dem Verfall preisgegeben.

Großweichselbach: Weiler am Südrand des Hiesbergs. Schloß Embicho de Wichselpah urkundlich im 12. Jh. erwähnt, im 19. Jh. verfallen, 1882 restauriert. Drei Flügel um viereckigen Hof. Südseite durch Mauer mit Tor abgeschlossen. An zwei Ecken zwei desolate Rundtürme.

Matzleinsdorf: Dorf mit 520 Einwohnern, zur Doppelgemeinde Zelking-Matzleinsdorf gehörig. Bartholomäuskirche Pfarre 1350, Chor um 1400, Langhaus barock, Einrichtung neugotisch.

Schloß 1750 neu erbaut. Kleiner Marmorsaal mit Pilasterordnung.

Schallaburg: Hoch über der Gemeinde Anzendorf-Schollach (320 Einwohner) auf nach Norden vorspringender, ca. 90 m hoher Geländekuppe in beherrschender Lage zwischen Hiesberg und Dunkelsteiner Wald gelegen. Schon 888 in einer Königsschenkung ein Bach „Scalaha" genannt. Schönstes Renaissanceschloß in Niederösterreich, in sechsjähriger Arbeit um hohe Millionenbeträge bis zur großen Landesausstellung 1974 restauriert. Älteste Teile Schloßkapelle und Wohnburg aus romanischer Zeit. Krypta mit vierjochigem Kreuzgratgewölbe. Gotischer Umbau im 14. Jh. „Festes Haus" der Wohnburg spätestens aus der ersten Hälfte des 12. Jh.s. Mindestens fünfgeschossig. Mauern unten über 2 m stark, nach oben zu verjüngt. Ringmauer in über 100 m Länge erhalten. Prunkstück der Burg der große Arkadenhof mit aus 1600 Einzelstücken zusammengesetztem Terrakottenmosaik mit Fabelwesen, mythologischen Figuren, Göttern, Masken und Fratzen, antiken Helden, den sieben freien Künsten, Kardinalstugenden u. a. m. Stammbaum der Losensteiner mit den eingeheirateten Mitgliedern. Alle Terrakotten zwischen 1570 und 1573 aus dem Ton nahe gelegener Tongruben gefertigt. Weitere Höhepunkte der Burg: Kleiner Arkadenhof, Quadertore mit Wappen, teils vom gewachsenen Fels heraufgezogener Hochturm. (Mehr in den einschlägigen Führern!)

c) Bemerkenswert: Schwimmbad in St. Leonhard am Forst mit Kinderplanschbecken, Duschanlage und Liegewiese. – Nord-Süd-Weitwanderweg von Melk über den Hiesbergrücken nach St. Leonhard am Forst und weiter gegen Naturpark Ötscher-Tormäuer.

2. *Wandermöglichkeiten*

Schallaburg-Wanderweg vom Bahnhof Melk zur Burg (ca. 1 1/2 St.), teils auf Straßen. – Verschiedene markierte Wanderwege im Hiesberggebiet, teils verwachsen. – NSWWW siehe oben. – Zugang zur Schallaburg auch vom Bahnhof Loosdorf auf Straßen und Feldwegen.

3. *Zufahrt und Verkehrsverbindungen*

Westbahn bis Melk (Eilzugsstation); Haltestelle Loosdorf vorher für Personen- und gewisse Eilzüge. – Schmalspurbahn St. Pölten – Obergrafendorf – Wieselburg mit Haltestellen St. Leonhard am Forst und Ruprechtshofen. – Private Buslinie von Melk zur Schallaburg Mai bis Oktober. – Private Buslinie von Melk über Matzleinsdorf – Zelking nach St. Leonhard am Forst.

Pkw-Fahrer: Westautobahn bis Melk (ca. 85 km), Landesstraße über Anzendorf zur Schallaburg (ca. 8 km). Waldstraße über den Hiesberg und Großweichselbach nach St. Leonhard am Forst (ca. 9 km). Bundesstraße 230 über Zelking und Matzleinsdorf nach Maierhöfen Bundesstraße 1 (ca. 13 km), nach Melk zurück auf Bundesstraße 1 (ca. 3 km).

4. Sehenswertes unterwegs

Gotische Kirchen in Altlengbach und St. Christophen; St. Pölten (Altstadt, Dom). Benediktinerstift Melk und Stadt, „Heiratswald".

5. Karten und Führermaterial

Generalkarte Österreich, 1:200.000, Kartenblätter 1 und 2; Bundesamt für Eich- und Vermessungswesen, 1:50.000, Blätter 54 (Melk) und 55 (Obergrafendorf); Freytag-Berndt & Artaria, 1:100.000, Blätter 3 (Ötscher, Mariazell) und 7 (Wachau, Kamptal); Kompaß-Karte 1:50.000, Blatt 207 (Wachau); NSWWW-Führer des Österreichischen Alpenvereins; Dehio-Kunstführer: „Niederösterreich"; Kröner: „Handbuch der historischen Stätten: Österreich", Band I; Reclams Kunstführer: „Österreich", Band I; Hans Edelmann: „Führer durch Niederösterreich"; Dr. Franz Eppel: „Die Wachau". Diverse Kunstführer über die Schallaburg.

34 (G)

VON ADIUVENSE ZUM DONAUKRAFTWERK

Raum Ybbs – Säusenstein – Petzenkirchen – Wieselburg an der Erlauf

Segelflieger müßte man sein! Aus der Vogelschau den Lauf des Donaustroms verfolgen können, dieses mächtige Knie, das er da bei Ybbs-Persenbeug bildet. Von der Westbahn aus, da ahnen wir es kaum, wenn wir das liebliche Gottsdorf am jenseitigen Donauufer von Säusenstein vorüberhuschen sehen, dessen malerischer mittelalterlicher Kirchturm soeben eine sehr fragwürdige, giftgrüne Tünche verpaßt erhielt. Von der Westautobahn aus, vom Rasthaus am Wieselburger Knoten, da sehen wir schon bedeutend mehr: wie sich das silbern glänzende Band wieder nach Norden biegt, wie Brücke und Schleuse des Kraftwerks die Wasserkraft nutzen und bändigen und wie der Ostrong als schier grenzenloses Waldgebirg dahinter bis zum Waldviertler Horizont aufragt. Aus der Vogelschau aber, da müßte das Bild dieser niederösterreichischen Donauschlinge, dieser uralten, geschichtsträchtigen Landschaft vollendet wirken. Und so bleibt der Blick nach oben, der Blick zu den silbernen Vögeln mit und ohne Motoren, mit und ohne Triebwerk; bleibt die Hoffnung, daß uns der eine oder andere einmal mitnimmt, von Wien stromaufwärts, nach Linz, nach Salzburg oder gar über Grenzen und Meere hinweg, damit auch wir durch ein Kabinenfenster, durch eine Flugzeugkanzel, durch ein Guckloch das Wunder dieser Stromlandschaft wie Star und Schwalbe, Bussard oder Falke erleben können.

1. Das Zielgebiet

a) Landschaftliches: Ausgang des Strudengaus mit Donauknie (auch „böse Beug“) und südliches Hinterland am Unterlauf von Erlauf und Ybbs. Gegen Norden durch die waldigen Hügel des Waldviertler Hochlands und den Ostrong abgeschlossen, gegen Westen durch die Ostabdachung der Neustadtler Platte und das Ostende des Ybbsfelds, nach Süden zu von der Bundesstraße 25a und gen Osten ungefähr von der Erlauflinie, jedoch nicht bis zu ihrer Mündung begrenzt. Starker Wechsel von Wald- und Ackerland, Höhenrücken und Tallandschaften mit schönen Ausblicken in die Voralpen von allen Höhenpunkten. Zahlreiche kleine Weiler neben den größeren Siedlungen Ybbs und Wieselburg, auch Einzelgehöfte. Obstreiche Gegend, vor allem jedoch Mostobst.

b) Historisches: Altes Kulturland („Wieselburger Kultur“!) an Donau und Erlauf. „Donau-Limes“ der Römer mit zahlreichen Stützpunkten. Nibelungenstraße und Einzugsgebiet der bayrischen Ostkolonisation.

Ybbs an der Donau: Stadt mit 6426 Einwohnern am Austritt aus der Enge des gefürchteten Strudengaus. Alte römische Limesstraße und spätere Königs- und Reichsstraße von Linz über Enns nach Ybbs. Salzstraße von Gmunden über Steyr und Eisenstraße vom Erzberg über Waidhofen an der Ybbs münden in Ybbs in die Ost-West-Verbindung. Römischer Befestigungsturm „Adiuvense“ durch Grabsteine, Münzen und Ziegel überliefert (I. Norische Legion). Urfahr zu Handelswegen nach Böhmen über Donau. Römischer Stützpunkt „ad pontem Ises“ bei Neumarkt am Ybbsfeld anzunehmen. Dort 788 Niederlage der Awaren. Auf Felskuppe noch vor 1000 Ringburg mit Laurentiuskapelle entstanden. Altes Königsgut der „Ybbsburg“ schon aus dem 9. Jh. Seit 1239 Name „Yps“ gebräuchlich. Stadtrecht unter den ersten Habsburgern 1308 verliehen. Hochwassernot, erfolgreiche Türkenverteidigung. Großkraftwerk Ybbs-Persenbeug mit 11 m hohem Donaustau als erstes in der österreichischen Donaukraftwerkskette.

Lorenzi-Pfarrkirche 1280 Pfarre. Langhaus um 1490, Chor bezeichnet 1512, Westteil mit Turm 1721. Große dreischiffige Staffelkirche mit spätgotischem Netzrippengewölbe; gerade geschlossener Chor, um sechs Stufen erhöht, mit Sternrippengewölbe, Wappen an Rippenschnittstellen. Taufbecken aus dem 15. Jh. Monstranz um 1525. Ölberg mit lebensgroßen Figuren um 1480.

Grabsteine bis ins 14. Jh. zurück (Hans von Ibs 1368 mit Relief des Toten).

Karner (ehemalige Michaelskapelle) aus dem 12. Jh.; mehrfach umgebaut, heute Wohnhaus.

Muttergottes-Steinstatue aus dem 14. Jh. im Stadtarchiv. Malerische Häuser.

„Passauer Kasten“ jahrhundertelang Getreidespeicher der Passauer Bischöfe. Romanisch gewölbtes Untergeschoß mit Rundfenster, im Obergeschoß frühgotische Doppelfenster.

Persenbeug-Gottsdorf: Doppelgemeinde, Markt mit 1928 Einwohnern. Persenbeug: 863 Urkunde über Landerwerb „ad Biugin“ zur Zeit Karls des Großen. 970 „Persinpiugan“ („Beuge eines Perso“), damit Donauknie gemeint. Persenbeug samt Maut von Babenbergern als Reichslehen erhalten. 1521 Huldigung der Landstände an König Ferdinand I. in Ybbs und Persenbeug. 1597 Zentrum des Bauernaufstands, Burg Persenbeug und Stadt Ybbs von den Bauern erobert. Im 19. Jh. bedeutendster Schiffsbauplatz an der Donau.

Pfarrkirche Florian und Maximilian in Persenbeug erst 1784 Pfarre. Kleiner Bau mit netzrippengewölbtem, einjochigem Chor mit $^5/_8$-Schluß aus dem Anfang des 16. Jh.s. Wappenkonsolen und -schlußsteine, Maßwerkfenster. Langhaus breiter als lang. Westturm und Anbauten aus der zweiten Hälfte des 17. Jh.s. Holzbildwerke Ecce homo und heilige Katharina aus der Mitte des 15. Jh.s. Muttergottes um 1530.

Schloß seit dem 10. Jh. nachzuweisen. Auf Felsen hoch über der Donau errichtet, dreigeschossig von 1617 bis 1621 mit älteren Baubestandteilen. Innenräume im 17. Jh. reich stuckiert. Kapelle von 1617 auf gotischen Grundmauern.

Haus Nr. 6 mit Erker und Sgraffitomalerei.

Gottsdorf: Am Ostrand der Gottsdorfer Scheibe 1143 erstmals als „Dorf eines Gozzo“ genannt. Im 16. Jh. Goldwäscherei an der Donau. In Fehdewirren des 15. Jh.s Tabore (Erdbefestigungen) errichtet.

Peter-und-Paul-Kirche Pfarre von 1268, im Turm und Mittelschiff noch romanisch. Dreischiffige Staffelkirche, kreuzrippengewölbt. Gotisches Tor mit verstäbtem Gewände. Muttergottes um 1400. Figurale Grabsteine bis 1386 zurückreichend. Holzfiguren der Kirchenheiligen aus der zweiten Hälfte des 15. Jh.s. Geißelsäule von 1600. Renovierung 1974.

Sarling: Weiler an der Donau. Veitskirche romanische Dorfkirche mit einspringendem, um ein barockes Joch erweitertem Chor. Drei bemerkenswerte Altäre von 1636, am Seitenaltar Madonnenstatue um 1470. Altarbild von 1658, Orgel 1661. Vor der Kirche Römersteine.

Säusenstein: Dorf mit 800 Einwohnern, Gemeinde Ybbs an der Donau. Im 12. Jh. nach Laurentiuskirche „St. Lorenz" genannt. Name „Säusenstein" vom Geräusch der Wellen und Donaukiesel angenommen. 1334 Gründung des Klosters „Gottestal", 1789 aufgehoben. Schwere Schäden in Franzosenkriegen. Westbahntrasse durch ehemalige Klosteranlage geführt.

Donatus-Pfarrkirche Neubau von 1765 mit prächtiger Innenwirkung. Von Zisterzienserabtei Schloß erhalten. Von 1703 bis 1760 erbaute dreigeschossige Gruppe mit zwölfachsigem Mittelteil. Grabstein des Abtes Johann Adam von 1539.

Loretokapelle, Rest der ursprünglichen Pfarrkirche, heute in Häuserzeile eingezwängt. Baujahr 1382 fraglich. Ein kreuzrippengewölbtes Joch und 5/8-Schluß.

Holzern: Weiler in Höhenlage. Mittelalterliche Filialkirche St. Nikolaus gotischer Bau mit länglichen Schartenfensterchen, primitiver Zinnenkrone und gemauertem Helm. Auffallend gedrungene, westlich glatt abgeschlossene (unvollendete?) Anlage. In Westwand Holzladenfenster für Einblick, Schlüssel für Kirche in Haus Nr. 6.

Kreuzrippengewölbtes Joch und 5/8-Schluß, Steinrippen auf typisch profilierten Konsolen aus der Mitte des 15. Jh.s. In drei Fenstern des Chorhaupts alte Butzenscheibenverglasung mit vielfarbigen Zwickelfüllungen. Sechs Fragmente figuraler Glasmalerei (Heiligenfiguren mit ihren Namen, in der Mitte Stifter Pankraz von Plankenstein und Muttergottes). Auf Hauptaltar rote Marmorplatte. Vier Rokokoleuchter mit Rosenranken in bäuerlicher Bemalung. Auf Seitenaltar spätgotische Nikolaus-Holzplastik vom Anfang des 16. Jh.s. Spätgotische Opferstöcke, Granitblöcke mit schmiedeeisernem Abschluß.

Petzenkirchen: Dorf mit 883 Einwohnern. Alte Passauer Urpfarre. Name von Koseform „Petzo" des Eigennamens Berengar. Hinweis auf Bischof Berengar von Passau, Erbauer der Stephanskirche (1013–1045).

Heutige Form dreijochige, zweischiffige Hallenkirche Anfang des 16. Jh.s. Bündelpfeiler und Sternrippengewölbe. Älterer Chor aus der zweiten Hälfte des 15. Jh.s als Fortsetzung des südlichen Seitenschiffs mit zwei kreuzrippengewölbten Jochen und 5/8-Schluß.

Madonna mit den sechs Fingern, Maria Laach (Seite 196)

Dürnstein (Seite 200)

„Dachhase“ von St. Michael (Seite 206)

Simandlbrunnen in Krems (Seite 210)

Orgelchor- und Emporenbrüstung mit spätgotischem Fischblasenmaßwerk (Astwerkgotik). Taufstein vom Anfang des 16. Jh.s, Grabsteine bis 1432 zurück.

Schloß ehemaliger kaiserlicher Gutshof mit vorspringendem Torturm und zwei breiten, einstöckigen Seitenflügeln aus der Mitte des 17. Jh.s.

Haus Nr. 11 Hallenraum mit Kreuzgewölbe über drei Säulen auf Würfelsockeln aus dem 15. Jh.

Wieselburg an der Erlauf: Markt mit 2883 Einwohnern. 1101 erstmals genannt. Name von „Zuisila" = „Zwiesel", d. h. im „Zwiesel" (Zusammenfluß) von Großer und Kleiner Erlauf gelegen. Zuisila wurde schon 976–979 von Kaiser Otto II. dem Bischof von Regensburg zum Bau einer Schutzburg für Regensburger Siedlung Petzenkirchen geschenkt. Trotz Römerfunden auf Kirchenberg kein Siedlungsnachweis der Römer. Vermutlich um 900 Beginn geringer Umwallung. Um 1000 Mauerring auf zweimal erhöhten Wall aufgesetzt. Ruine viereckigen Wehrturms ausgegraben. 1235 selbständige Pfarre. Siedlung auf Kirchenberg hieß nur „Berg" mit Recht auf drei Jahrmärkte, die bis ins 19. Jh. auch nicht im zu Füßen liegenden Wieselburg abgehalten wurden. Wieselburg selbst erst 1586 Marktort.

Ulrichskirche heute zweischiffiges gotisches Langhaus um 1500. Kreuzrippengewölbe auf achteckigen Pfeilern. Barockisierter, vorromanischer Chor, ursprünglich Zentralbau mit Kuppel und vier Kreuzarmen. Kuppelfresken teilweise erhalten. Spätgotischer Orgelchor und Marienstatue aus dem 16. Jh.

Schloß dreiflügelig, zweistöckig. Umbau einer älteren Anlage 1824. Zwei Römersteine, fünf Figuren der österreichischen Flüsse von der Wiener Albrechtsrampe davor aufgestellt.

c) Bemerkenswert: Sommerbad Purgstall an der Erlauf mit Sportbecken, Sprungturm, Unterwasserfenstern. – Wildbadeplätze an Erlauf und Donau. – Wieselburger Volksfest mit Landwirtschaftsmesse im Hochsommer jedes Jahres. – Donaukraftwerk Ybbs-Persenbeug.

2. Wandermöglichkeiten

Von Ybbs zur Ruine Freyenstein und weiter auf die Neustadtler Platte oder entlang der Donau mit schönem Blick auf das gegenüberliegende Ufer. – Von Persenbeug und Gottsdorf ins Waldviertel. – Von Säusenstein zu den Höhen um Holzern und auf verkehrsarmen Nebenstraßen über Bundesstraße 1 und Westautobahn (querend), teils durch Wald, nach Petzenkirchen.

3. Zufahrt und Verkehrsverbindungen

Westbahn mit Eilzugsstationen Pöchlarn und Ybbs an der Donau, Personenzugshaltestelle Säusenstein. – Donauuferbahn mit Bahnhof Persenbeug. – Flügelbahn Pöchlarn–Kienberg–Gaming mit Bahnhöfen Petzenkirchen und Wieselburg an der Erlauf. – Lokalbahn St. Pölten–Wieselburg an der Erlauf–Gresten mit Bahnknoten Wieselburg an der Erlauf. Diverse Postautolinien in die kleineren Ortschaften.

Pkw-Fahrer: Westautobahn bis Knoten Wieselburg (ca. 100 km), dann Bundesstraße 25 bis Wieselburg (ca. 6 km); Petzenkirchen auf halber Strecke. Zurück nach Petzenkirchen (ca. 3 km), Bezirksstraße nach Holzern (ca. 7 km) und Säusenstein (ca. 5 km). Landesstraße donauaufwärts über Sarling nach Ybbs an der Donau (ca. 6 km). Donaubrücke des Kraftwerks Persenbeug (ca. 3 km), dann Bundesstraße 123 nach Gottsdorf (ca. 2 km) und nördlich der Donau nach Emmersdorf, über Melker Donaubrücke zur Westautobahn zurück.

4. Sehenswertes unterwegs

Gotische Kirchen Altlengbach und St. Christophen. – St. Pölten (Dom, Altstadt, Zinnfigurenmuseum Pottenbrunn). – Renaissanceschloß Schallaburg. – „Hohe Schule“ und Karner in Loosdorf. – Benediktinerstift Melk mit Stadt und Heiratswald – Pöchlarn (Kirche, Kokoschka-Geburtshaus und -Museum). – Maria Taferl (Wallfahrtskirche, Steintisch). – Marbach (Kirche). – Emmersdorf (Kirche).

5. Karten und Führermaterial

Generalkarte Österreich, 1:200.000, Kartenblatt 2; Bundesamt für Eich- und Vermessungswesen, 1:50.000, Blätter 53 (Amstetten, 1974 neu) und Melk (Nr. 54); Freytag-Berndt & Artaria, 1:100.000, Blatt 3 (Ötscher, Mariazell) und 11 (Waldviertel, Strudengau); Kompaß-Karte der Wachau, 1:50.000; Dr. Franz Eppel: „Die Wachau“; Dr. Franz Eppel: „Die Eisenwurzen“; Kröner: „Handbuch der historischen Stätten: Österreich“, Band I; Reclams Kunstführer: „Österreich“; Dehio-Kunstführer: „Niederösterreich“; Hans Edelmann: „Führer durch Niederösterreich“.

35 (G)

WO ÖSTERREICHS WIEGE STAND

Raum Neuhofen an der Ybbs – Ulmerfeld – Winklarn – Amstetten

„Den unsicheren Verhältnissen in unserem Lande setzte der epochale Sieg Ottos I. über die Ungarn ein Ende. Die Schlacht am Lechfeld vom 10. August 955 brachte die Wende, denn nun konnte der deutsche König und spätere Kaiser Otto I. eine deutsche Mark errichten, die von der Enns oder vom Erlauffluß bis zum Wienerwald reichte und im weiteren Verlauf der Geschichte zum Ausgangspunkt des heutigen Österreich wurde. Kernlandschaft und Wiege dieses nun schon tausendjährigen Österreich aber war der Amstettner Bezirk, das Land zwischen Enns und Erlauf, durchflossen und gegliedert vom Ybbsfluß. So ist es denn nicht weiter verwunderlich, daß hier in diesem Raum der Name Österreich zum erstenmale urkundlich aufscheint . . . Eine dieser Schenkungsurkunden ist nicht nur für die Geschichte des Amstettner Raumes wichtig, sondern darüber hinaus zum offiziellen Taufschein des neugeborenen Landes geworden. Kaiser Otto III. schenkte am 1. November 996 in Bruchsal in Baden auf Bitten seines Vetters, des Herzogs Heinrich von Bayern, dem Hochstift Freising unter Bischof Gottschalk einen Königshof mit dem Namen Neuhofen und 30 angrenzende Königshufen . . . Die Originalurkunde von 996, wegen ihrer Bedeutung auch kurzum ‚Ostarrichi-Urkunde' genannt, ist ursprünglich im Besitz der Freisinger Bischöfe gewesen und befindet sich heute im Hauptstaatsarchiv in München. Sie beginnt mit folgenden Worten: „In nomine sanctae et individuae trinitatis. Otto divina praeordinante clementia imperator augustis. Noverint omnium industriae fidelium nostrorum tam praesentium quam et futurorum, qualiter nos dignis petitionibus dilectissimi nepotis nostri Baioariorum ducis Heinrici ammentes quasdam nostri iuris res in regione vulgari vocabulo Ostarrichi in marcha et in comitatu Heinrici comitis filii Liutpaldi marchiaris in loco Niuuanhova dicto . . .“

(„Im Namen der heiligen und ungeteilten Dreieinigkeit. Otto, durch göttliche, vorbestimmende Milde Kaiser und Herrscher des Reiches. Es möge der Eifer aller unserer Getreuen, sowohl der gegenwärtigen, als auch der zukünftigen, wissen, daß wir, den würdigen Bitten unseres geliebten Vetters Heinrich, des Herzogs von Bayern, zustimmend, gewisse Besitzungen unseres Rechtes in der Gegend mit dem üblichen Namen Ostarrichi, in der Mark und Grafschaft des Grafen Heinrich, des Sohnes des Markgrafen Liutpald, in dem Ort, der Niwanhova (Neuhofen) genannt wird . . .“) – (Text aus „Österreichs Wiege“ – Textband.)

Es würde zu weit führen, wollte ich die gesamte Urkunde in lateinischer Sprache und deutscher Übersetzung wiedergeben. Viel besser ist da schon eine Fahrt oder eine Wanderung in den blitzsauberen Marktflecken mit dem Rathaus, das in modernen Fresken die tausendjährige Geschichte des Markts erzählt, in die Ostarrichi-Siedlung, an deren Bau ein Gedenkstein erinnert, zum Ostarrichi-Stein selbst, in das ehrwürdige Gotteshaus. Blumenschmuck in den Fenstern jedes Gebäudes, freundliches Grüßen aller Bewohner, ob jung, ob alt – das macht den heutigen Zauber des alten „Ostarrichi“ aus; und daß es den Anschluß an die Moderne nicht verpaßt hat, das beweist der Skilift, der hinter der Kirche auf den waldigen Hausberg führt.

1. Das Zielgebiet

a) Landschaftliches: Hügelland des „Mostviertels“, von der Ybbs im Westen und den Strengbergen im Norden begrenzt, während im Süden schon der Flysch-Höhenzug vom Sonntagberg über Hochpyra und Randegger Hochkogel die 700-m-Grenze übersteigen. Wechsel zwischen Wald- und Ackerland mit vielen Obstbäumen, durch zahlreiche kleinere Zuflüsse zur Ybbs untergliedert. Industrielandschaft um Amstetten und im Ybbstal (Böhler-Werksgruppe).

b) Historisches: „Wiege Österreichs" nach der Schlacht auf dem Lechfeld. Mammutzähne schon aus der Steinzeit an verschiedenen Plätzen gefunden. Jagdwerkzeuge aus der mittleren Altsteinzeit, Werkzeuge aus der Jungsteinzeit. Bezirk Amstetten damals schon stark besiedelt. Römerkastell Mauer bei Ulmerfeld. Römische Reichsstraße von Lorch bei Enns über St. Valentin – Haag – Mauer nach Erlauf. Diverse Funde aus der Römerzeit.

Neuhofen an der Ybbs: Markt mit 2015 Einwohnern. Mit Schenkung an Hochstift Freising 996 begann intensive Rodungs- und Kolonisationstätigkeit in Österreichs Kernland. Ybbsfeld jedoch schon in karolingischer Zeit besiedelt. Filialkirche Toberstetten beliebter Bauernwallfahrtsort mit Hühnerstall für Hühneropfer hinter Hochaltar.

Himmelfahrtskirche in Neuhofen Pfarre um 1000. Dreischiffige spätgotische Hallenkirche von 1460/66. Netzrippengewölbe auf Achteckpfeilern. Zwei sternrippengewölbte Vorhallen beidseits des Langhauses. Kapelle mit Netzrippengewölbe und Schlußstein (Jahreszahl 1400). Grabsteine bis ins frühe 16. Jh. zurück. Ostarrichi-Gedenkstein vor der Kirche. Geschichtliche Fresken am Gemeindeamt. Ostarrichi-Siedlung. Freisinger Mohrenkopf noch heute im Marktwappen.

Ulmerfeld-Hausmening: Vor 1535 schon Markt mit heute 670 Einwohnern. Urkundlich 995 erwähnt. Auf Terrasse über rechtem Ybbsufer gelegen. Zentrum der freisingschen Rodungs- und Missionstätigkeit im österreichischen Kernland. 1683 erfolgreiche Türkenabwehr. Im Mittelalter Befestigungsrecht, aber viel zu groß geplant. Mauerring und Turmreste teilweise erhalten.

Peter-und-Paul-Kirche Pfarre im 15. Jh. Gotischer Chor mit Wappen von 1421/43. Kreuzrippen mit Stukkaturen verkleidet.

Schloß: Wehrhafter Bau der Freisinger Bischöfe aus dem 14./15. Jh., von dichtem Wald umgeben. Pultdächer, Torturm, Rundbogentor, Balkon auf Kragsteinen. Torhalle mit gotischem Kreuzgewölbe und Kleeblattnischen. Quadratischer Berchfrit. Rechteckige Kapelle mit Kreuzrippengewölbe über Altarraum. Spitzbogenfenster und Fresken: Marienleben, Ulrichslegende aus dem 14. Jh. (Ende).

Winklarn: Dorf mit 1200 Einwohnern, das alte „Ipusa" (Ybbs), wo Ludwig der Deutsche dem Hochstift Salzburg Gebiet und Kirche schenkte. Dem heiligen Rupert geweihte Kirche, eine der ältesten Pfarren im westlichen Niederösterreich. Unregelmäßige Anlage. Barockisierter gotischer Chor, aus der Achse gerückt. Zweischiffiges gotisches Langhaus. Im Turm Schallöcher mit Kleeblattbogen. Eingemauerter romanischer Weinlaubfries.

Amstetten: Bezirkshauptstadt mit 21.621 Einwohnern. Funde aus Jungsteinzeit beweisen alten Siedlungsboden. 1111 „Amistetin" erstmals erwähnt. Pfarre aber wahrscheinlich schon im 11. Jh. von Passau aus gegründet. 1276 Befestigungsrecht durch Rudolf von Habsburg verliehen. In den Bauernkriegen Lager von 35.000 Aufständischen in und um Amstetten. Schwere Schäden durch Türken, Schweden und Franzosen. Am 8. Mai 1945 Zusammentreffen von Amerikanern und Sowjetrussen in der Stadt.

Stephanskirche: Dreischiffige, vierjochige Staffelkirche mit Westturm. Im Langhaus gotisches Kreuzrippengewölbe aus dem 14. Jh. Chor des südlichen Seitenschiffs mit 5/8-Schluß. Höherer Hauptchor mit Netzrippengewölbe aus der ersten Hälfte des 15. Jh.s. Zwölfseitiger Taufstein aus rotem Marmor (15. Jh.). An Südseite gotisches Portal, Tür mit gotischen Beschlägen aus dem 14. Jh. Glasmalereien: Zwei Wappentafeln um 1610. Grabsteine bis ins frühe 16. Jh. zurück. Kilianbrunnen von 1664.

c) Bemerkenswert: Stadtbad Amstetten mit aufgewärmtem Becken und Unterwasserfenstern und großer Liegewiese. Sommerbad Blindenmarkt an den Auseen. Sommerbad in Ferschnitz. Skilift in Neuhofen an der Ybbs.

2. *Wandermöglichkeiten*

Markierte Höhenwege vor allem im südlichen Randbereich und im Norden Amstettens bis Kollmitzberg und Schloß Seisenegg.

3. *Zufahrt und Verkehrsverbindungen*

Westbahn bis Amstetten (D-Zug-Station), von dort Gesäusebahn mit Personenzugshaltestellen Greinsfurth und Ulmerfeld-Hausmening. Autobusverbindung von Amstetten nach Winklarn, Ulmerfeld und Neuhofen an der Ybbs.

Pkw-Fahrer: Westautobahn bis Amstetten-Ost (ca. 114 km), dann Bundesstraße 1 bis Amstetten (ca. 12 km). Bezirksstraße nach Ulmerfeld (ca. 6 km, bei 4 km Winklarn), weitere 3 km nach Neuhofen an der Ybbs.

4. Sehenswertes unterwegs

Kirchen Altlengbach und St. Christophen. Burg Neulengbach, Stift Melk, Pöchlarn, Ybbs mit Kraftwerk Persenbeug.

5. Karten und Führermaterial

Generalkarte Österreich, 1:200.000, Kartenblatt 2; Bundesamt für Eich- und Vermessungswesen, 1:50.000, Blätter 52 (St. Peter in der Au) und 53 (Amstetten), beide auf Syntosil, 1974 neu; Freytag-Berndt & Artaria, 1:100.000, Blatt 5 (Unteres Ennstal); Dr. Franz Eppel: „Die Eisenwurzen"; „Österreichs Wiege", Text- und Bildband der Bezirkshauptmannschaft Amstetten; Kröner: „Handbuch der historischen Stätten: Österreich", Band I; Reclams Kunstführer: „Österreich", Band I; Dehio-Kunstführer: „Niederösterreich"; Hans Edelmann: „Führer durch Niederösterreich".

36 (G)

ÖSTERREICHS ÄLTESTES GLASFENSTER

Raum Ardagger – Kollmitzberg

Welch ein Ostersonntag! Er könnte gar nicht schöner sein – blauer Himmel, strahlender Sonnenschein, frischer Wind und die Natur im Festkleid des hohen Frühlings mit seinen ungezählten Farbschattierungen auf Wiesen, Wald und Äckern. Eine tadellos funktionierende Organisation der Turn- und Sport-Union Ardagger hat uns in Amstetten vom Zug abgeholt, sorgt für Marschverpflegung und auch Rücktransport zur Bahn; ja, sogar für das „Einsammeln" der Nachzügler auf den letzten Kilometern dieses Volkswandertags im Zeichen der alten Donauschiffe. Der Kulturreferent der Gemeinde hält uns noch durch die offene Tür des VW-Busses einen umfassenden Einführungsvortrag zu Stift Ardagger; der Fahrer macht's möglich, daß wir noch auf der Rückfahrt diesen Höhepunkt besichtigen können – die Kirche, Österreichs ältestes Glasfenster, die Krypta. Den einen Höhepunkt! Denn der zweite, der liegt auf der Wanderstrecke. Er ist bei weitem nicht so bekannt wie Stift und Markt Ardagger. Und doch viel älter: der germanische Opferstein mit Bocksfußeindrücken, Opfernischen und dem unbeschreiblichen Tiefblick auf den Donaustrom, der gerade dort unten ein Inselchen beidseits umfließt. Wieviele Jahrhunderte mag es wohl her sein, seit unsere Ahnen dort – der Platz heißt heute noch „Donarstein"! – ihre Opfer darbrachten?

1. Das Zielgebiet

a) Landschaftliches: Ein gegen das bereits oberösterreichische Nordufer vorspringendes Stück Niederösterreich südlich der Donau, das von dieser einst von der Böhmischen Masse abgetrennt wurde. Liebliches Hügelland bis knapp an die 600-m-Grenze mit teils steilem, waldbedecktem Abfall gegen den Strom, von zahlreichen Gräben durchfurcht. Viele Einzelgehöfte, nur wenige, meist in beherrschender Höhenlage stehende Ortschaften (Kollmitzberg, Neustadtl an der Donau).

b) Historisches:

Ardagger-Markt: Marktflecken mit 450 Einwohnern. Uralter Kulturboden („bebaubarer Acker"), letzte Ausweiche vor der Einfahrt in den einst so gefürchteten Struden. Ende des 2. Jh.s Kämpfe zwischen Markomannen und Römern. Im 15. Jh. als durch den Donauhandel reich gewordenes „goldenes Marktl" Aufnahme in die Eisenwurzen. Pferdewechselstation für Schiffszugpferde. Rhythmische Reihung der Häuser aus dem 16. Jh. Klobige Pfarrkirche hoch oberhalb des Orts. Baukern frühgotisch, wuchtiger Turm mit Zeltdach. Pranger aus Granit mit Obeliskspitze und Kugelbekrönung aus dem 16. Jh., mehrere alte Bildstöcke im Ort.

Ardagger-Stift: Spätromanische Pfeilerbasilika um 1230, romanische und gotische Tore. Spätromanische Krypta, dreischiffig, zwei Reihen mit je 7 Säulen, ursprüngliche Bemalung aus dem 13. Jh. Im Chor hinter dem Hauptaltar rundbogiges Glasfenster (Margaretenlegende auf 14 kreisrunden Medaillons) von 1230 bis 1240, gilt als ältestes Glasfenster Österreichs. Kreuzgang aus dem 14. Jh. mit 14 figuralen Schlußsteinen, Fresken um 1440. Dreikönigskapelle (ehemaliges Brunnenhaus) 1410. Ehemaliges Stift, nun Schloß, aus dem 17. Jh.

Kollmitzberg: Dorf, 610 Einwohner, auf einem Ausläufer des über die Donau reichenden Granitplateaus. Im 12. Jh. kirchliches Zentrum. Ottilienkirche in beherrschender Hochlage mit gotischem Presbyterium und barockem Schiff. Herrlicher Aussichtspunkt. Berühmter „Schusterkirtag" im Herbst mit Hunderten von Jahrmarktsbuden auf den abgeernteten Feldern.

„Donarstein" unweit der Straße Kollmitzberg – Felleismühle – Ardagger-Markt. Germanische Opferstätte mit sechs Schalen und drei Zeichen. Bocksfuß, kleine Näpfchen zum Eintauchen der Finger. Vielleicht sogar schon vorgermanisch. Prachtvoller Donaublick!

Neustadtl an der Donau: Markt mit 2117 Einwohnern.

Verhältnismäßig spät besiedelt, da erst gerodet. Spätgotische dreischiffige Hallenkirche. Taufstein aus dem 15. Jh., Georgskreuz auf dem Friedhof von 1630.

c) Bemerkenswert: Viktoria-Adelheid-Hütte des ÖTK auf dem Brandstetterkogel mit prächtigem Donaublick. „Tausendjährige Eibe" auf dem Abstieg vom aussichtsreichen Gehöft Windhag zur Felleismühle. Donaukraftwerk Wallsee donauaufwärts. Donaubrücke bei Grein. Steckerlfischbraterei bei der Felleismühle.

2. *Wandermöglichkeiten*

Neues Markierungsnetz des ÖTK zu allen interessanten Punkten dieses abgelegenen und doch so interessanten Landstrichs von unterschiedlicher Gehzeit.

3. *Zufahrt und Verkehrsverbindungen*

Westbahn bis Amstetten, Donauuferbahn bis Grein, dazwischen Autobuslinie. Kollmitzberg und Neustadtl von öffentlichen Verkehrsmitteln sehr stiefmütterlich bedient.

Pkw-Fahrer: Westautobahn bis Amstetten-West, dann Bundesstraße 234 über Ardagger-Stift nach Ardagger-Markt (ca. 130 km). Lokale, stark steigende und wieder fallende Zufahrtsstraßen nach Kollmitzberg und Neustadtl an der Donau von Ardagger-Stift, bzw. vom Donauufer bei der Felleismühle und der Greiner Donaubrücke.

4. *Sehenswertes unterwegs*

Gotische Kirche Altlengbach, Stadt St. Pölten, Renaissanceschloß Schallaburg, Stift Melk, Ybbs mit Donaukraftwerk Ybbs-Persenbeug.

5. *Karten und Führermaterial*

Generalkarte Österreich, 1:200.000, Blätter 1, 2 und 3; Bundesamt für Eich- und Vermessungswesen, 1:50.000, Blatt 53 (Amstetten), 1974 neu; Freytag-Berndt & Artaria, 1:100.000, Blatt 11 (Waldviertel und Donautal); Dr. Franz Eppel: „Die Eisenwurzen"; Dr. Franz Eppel: „Die Wachau"; Dehio-Kunstführer: „Niederösterreich"; Kröner: „Handbuch der historischen Stätten: Österreich", Band I; Reclams Kunstführer: „Österreich", Band I; Hans Edelmann: „Führer durch Niederösterreich"; Helmfried Knoll: „Wanderungen rings um Wien", Kapitel 2.

37 (G)

RUND UM DEN TAFERLBERG

Raum Pöchlarn – Marbach – Maria Taferl

Unter dem Titel „Der keltische Opfertisch vor der Wallfahrtskirche“ schreibt Dr. Robert Dix in seiner köstlichen Broschüre „Raritäten und Kuriositäten in Niederösterreich“ u. a.:

„Die Menschen in vorgeschichtlicher Zeit siedelten oder hielten sich gerne auf Anhöhen auf. Die Täler waren von dichten Urwäldern bewachsen, gefährlich und unübersichtlich. Auf den Höhen fühlte man sich freier und sicherer. So gab es schon in illyrisch-keltischer Zeit Ansiedlungen auf dem Braunsberg bei Hainburg, auf dem Leiserberg im Weinviertel und auf dem Taferlberg, von dem heute die barocke Basilika Maria Taferl weit ins Land grüßt.

Auf dem Vorplatz der Kirche steht eine Steinplatte in Tischform, die laut einer mündlichen Überlieferung eine uralte Opferplatte sein soll. Vielleicht hat diese Steintafel auch dem Ort den Namen gegeben. Jedenfalls ist die übliche Erklärung des Namens, die von einem „Taferlstein“ abgeleitet wurde, nicht sehr einleuchtend; eher noch kann der breite, tafelförmige Gipfel des 443 m hohen Berges, auf dem die Wallfahrtskirche steht, Taufpate gewesen sein. Nun haben die Germanen, aber auch die Kelten Bäume verehrt und ihnen göttlichen Charakter beigelegt. Es ist also durchaus möglich, daß die Christianisierung zum Teil an heidnisches Brauchtum anknüpfte . . .

Sein Geheimnis wird dieser Opfertisch wohl nie preisgeben . . .“

1. Das Zielgebiet

a) Landschaftliches: West-Ost gerichtetes Donautal zwischen Persenbeuger Donauschlinge und Wachau. Nördlich des Stroms meist steil abfallende, teils bewaldete Südhänge, südlich Schwemmland mit Uferwald und Resten des alten Wagrams. Bedeutende Schifffahrtssiedlungen am Strom, Inseln und Halbinseln in der Donau. Typische Wallfahrersiedlung auf dem Taferlberg, der vor allem gegen Osten und Süden auf weite Strecken alles überragt und dadurch ein großartiges Panorama bietet. Während das Waldviertel nur unbedeutende, tief eingekerbte Bäche zur Donau entsendet, münden – aus den Voralpen kommend – im Süden Ybbs, Erlauf und Melk in relativ geringer Entfernung voneinander in den Strom.

b) Historisches:

Pöchlarn: Stadt, 3496 Einwohner. Schon in der Jungsteinzeit Ränder des Pöchlarner Felds besiedelt (Serpentinsteinbruch und Tongruben im gegenüberliegenden Kleinpöchlarn). 15 v. Chr. Römersiedlung Arelape (Erlauf!) mit Donauhafen gegründet. Infanterielager im Bereich der damals inselförmigen Altstadt. Nach Zerstörung im Markomannenkrieg vergrößert und in Reiterlager umgewandelt. Kommando der Donauflottille nach Verlust Pannoniens nach Arelape verlegt. Kolonisation der Bayern von Regensburg her durch Ungarneinfall unterbrochen. Rüdiger von Bechelaren (Nibelungenlied!) war bayerischer Grenzgraf im Sold der Ungarn. Pöchlarn im Mittelalter Handelszentrum, seit 1267 Stadt. Blütezeit durch Verschiffung von Roheisen und Halbfabrikaten über „Dreimärktestraße". Schiffsstation der DDSG.

Sehenswürdigkeiten: Himmelfahrtskirche dreischiffige gotische Hallenkirche aus der Wende des 14. und 15. Jh.s; nach Brand barockisiert. Ölbergrelief um 1430. Eingemauerte Römersteine. Gemälde des Kremser Schmidt.

Johanneskapelle, ursprünglich Karner aus der ersten Hälfte des 15. Jh.s.

Pfarrhof aus dem 15. Jh.

Friedhofskapelle mit reichen Wanddekorationen aus dem 15. Jh. Schloß, ursprünglich Wasserschloß. Quadratischer Berchfrit aus dem 16. Jh., Umbau im 18./19. Jh.

Heimatmuseum im Welserturm mit römischen Sammlungen.

Oskar Kokoschkas Geburtshaus mit wechselnden Ausstellungen.

Kleinpöchlarn: Markt mit 762 Einwohnern. Othmarkirche als dreischiffige Hallenkirche mit Bezeichnung 1517. Kreuzrippen- und Netzrippengewölbe. Quadratischer Südturm aus dem Anfang des 15. Jh.s mit Giebelkranz und gemauertem Spitzhelm. Steinernes Ölbergrelief.

Artstetten: Markt mit 1159 Einwohnern, auf Hochterrasse rund 200 m oberhalb der Donau gelegen. Pfarrkirche ursprünglich spätgotisch mit Steinbildwerk Schweißtuch Christi um 1400 (vom alten Sakramentshäuschen). Später von Erzherzog Franz Ferdinand von Österreich-Este als Museum umgestaltet. Bauteile aus den verschiedensten Ländern Europas. Gruft für den 1914 in Sarajewo ermordeten Thronfolger und seine Gemahlin. Beide stehen auf dem Kriegerdenkmal als erste Opfer des Ersten Weltkriegs.

Schloß urkundlich 1268, umgebaut im 16. Jh. Sammlung von ägyptischen Altertümern, Antiken und Gemälden.

Maria Taferl: Neuzeitliches Straßendorf (um 1700) mit Bürgerhäusern und allem Um und Auf eines Wallfahrtsorts. Markt mit 776 Einwohnern. Stattliche barocke Wallfahrtskirche auf dem Taferlberg hoch über der Donau mit beinahe überreicher Ausstattung durch verschiedenste Künstler. Gnadenaltar aus Metall, der Eiche mit Gnadenbild der Pietà rahmt. Opfertisch aus Stein neben der Kirche, vermutlich vorchristlich. Geländer darum 1736. Zahlreiche Bildsäulen, Kapellen und Fülle von Votivtafeln. Landesehrenmal für Niederösterreich des Österreichischen Kameradschaftsbundes.

Pfarrhof mit schönen Rokokozimmern.

Marbach: Markt mit 1605 Einwohnern, am Fuß des Taferlbergs gelegen. („Marbach“ = „Grenzbach“). Erstmals 1144 genannt. Schon im 14. Jh. Donauüberfuhr, Kreuzung eines alten Verkehrswegs. Martinskirche reicht als Königskirche vermutlich noch bis in die Karolingerzeit zurück. Einfacher Bau des 14. Jh.s. Sitzende Muttergottes aus der ersten Hälfte des 15. Jh.s. Rathaus aus dem 16. Jh.

Ehemaliges Herrenhaus mit 2 runden Ecktürmen an der Donaulände. Haus an der Mühle mit Erkern und Wappenschilden. Pranger um 1600 mit Pyramidenaufsatz.

c) Bemerkenswert: Donaufähre Krummnußbaum – Marbach. – Rollfähre Pöchlarn – Kleinpöchlarn. – Nibelungenbad Marbach mit Sprungturm, Kinderspielplatz, Tennis und Tischtennis, Liegewiesen und Duschen. – Schwimmbad Maria Taferl im Hotel Kaiserhof mit

Liegewiesen und Tischtennis. – Schwimmbad Pöchlarn mit Vorwärmeanlage.

Pöchlarner Heimatmuseum täglich, außer Samstag, Sonntag und Feiertag (an diesen Tagen nur gegen Voranmeldung) geöffnet.

2. *Wandermöglichkeiten*

Verschiedene Wanderwege von Marbach nach Maria Taferl, großteils markiert, je ca. 1 St. – Von Artstetten über Unterthalheim und Thalheimwiesen nach Maria Taferl, ca. 2 St.

3. *Zufahrt und Verkehrsverbindungen*

Westbahn bis Pöchlarn (Schnellzugsstation) oder Krummnußbaum (Personen- und bestimmte Eilzüge). Donauuferbahn mit Stationen Kleinpöchlarn und Marbach-Maria Taferl. Privatbuslinie Pöchlarn – Maria Taferl – Münichreith.

Postautolinie Pöchlarn – Pöggstall – Gutenbrunn mit Haltestelle in Artstetten.

Pkw-Fahrer: Westautobahn bis Abfahrt Melk (ca. 85 km). Dann Bundesstraße 1 bis Ornding und Landesstraße nach Pöchlarn (ca. 11 km). Rollfähre nach Kleinpöchlarn. Auffahrt nach Maria Taferl über Artstetten (ca. 6 km) – Unter- und Oberthalheim (ca. 8 km). Nach Marbach (ca. 3 km) Abfahrt, Rückkehr nach Melk auf Bundesstraße 123 bis Emmersdorf, dann Donaubrücke. Heimfahrt Westautobahn oder Wachaustraße.

4. *Sehenswertes unterwegs*

St. Pölten (Dom, Stadtkern), Renaissanceschloß Schallaburg. Benediktinerstift Melk. Ruine Weitenegg. Emmersdorf.

5. *Karten und Führermaterial*

Generalkarte Österreich, 1:200.000, Kartenblätter 1 und 2; Bundesamt für Eich- und Vermessungswesen, 1:50.000, Blatt 54 (Melk); Freytag-Berndt & Artaria, 1:100.000, Blatt 11 (Waldviertel und Strudengau); Dehio-Kunstführer: „Niederösterreich"; Kröner: „Handbuch der historischen Stätten: Österreich", Band I; Reclam Kunstführer: „Österreich", Band I; Hans Edelmann: „Führer durch Niederösterreich"; Helmfried Knoll: „Von meinen Wanderpfaden"; Helmfried Knoll: „Erwanderte Heimat – erlebte Fremde"; Dr. Robert Dix: „Raritäten und Kuriositäten in Niederösterreich".

38 (G)

SCHRECKENWALDS „ROSENGÄRTLEIN"

Raum Aggstein – Aggsbach-Dorf – Wolfstein – Gansbach – Maria Langegg

Fast sieht es so aus, als hätten Ritter Schreckenwald mit seinem „Rosengärtlein" oder die „Hunde von Kuenring" ihre Hände im Spiel, als ich die Ruine Aggstein besuchen will: Das erstemal, im März noch, klärt uns in Aggsbach-Markt der Gendarm auf, daß die Fähre zwischen Markt und Dorf wegen Pensionierung des Fährmanns eingestellt sei; stromab jedoch, bei Willendorf, da verkehre noch eine.

Nun, damals reichte die Zeit nicht mehr. Und als ich am 1. Mai eigens einen besonders frühen Zug nehme, da ist auch diese eingestellt. So wird es hoher Herbst, der letzte wirklich strahlend warme Herbsttag, als ich von Maria Langegg durch die bunten Gehölze des Dunkelsteiner Waldes aufbreche und die stolze Burg gewissermaßen von der „Maschekseite" nehme, wie die Wiener sagen. Auf Anhieb finde ich die kühne Felskanzel hoch oben im Wald, die den vielhundertfach geknipsten, gemalten und gezeichneten unvergleichlichen Blick auf das weit unten liegende Aggstein vor der silbern glitzernden Kulisse des tief eingeschnittenen Stroms schenkt. Auf die vom Föhn gewiegten vielfarbenen Kronen der Laubbäume, umflirrt vom Dunst der letzten kraftvollen Sonne des scheidenden Jahres. Eine ganze Kette von Felsgebilden, wie von Titanenhand aufeinandergetürmt, zieht sich von hier abwärts, immer tiefer, bis zur Burgruine selbst, eröffnet stets neue, pittoreske Perspektiven. Hat man dann den bescheidenen Eintrittspreis beglichen, dann kann man noch nach Herzenslust auf Stufen und Leitern, Bastionen und Basteien der weiträumigen Wehranlage umherturnen, soweit restaurierende Hände sie zugänglich gemacht haben. Da werden sie erst recht lebendig, die alten Donausagen – vom Schreckenwalder, der seine Gefangenen im schmalen „Rosengärtlein" vor die Wahl des Hungertods oder des Sprungs von Wolkenkratzerhöhe in die tödliche Tiefe stellte; bis er in einem kühnen Turner seinen Meister fand, der ihm dann selbst das nämliche Schicksal bereitete. Von den Kuenringer „Hunden", finsteren Raubrittern, die mit einer eisernen Kette die Donau sperrten und jedes Kauffahrerschiff zur Landung zwangen, um es dann auszuplündern. Bis dann eines mit trojanischer List unter den kostbaren Waren eine verwegene Ritterschar verbarg, die ihrerseits den Zwingherren den Garaus machte und die eiserne Kette gleich mitnahm. Noch manch andere Sage kommt mir in den Sinn – bis mich Gehupe und Motorenlärm aus dem Träumen reißen: Ein moderner Ritter von der traurigen Gestalt ist vor dem Burgtor vorgefahren und heischt, in Benzingestank gehüllt, gebieterisch Einlaß. Da ist es für mich im Nu um Burg Aggsteins Romantik geschehen; denn wenn die Autofahrer schon bis dort hinaufgelangen, ist auch ihr letzter Zauber dahin . . .

1. Das Zielgebiet

a) Landschaftliches: Westabdachung des Dunkelsteiner Walds und Ostufer der hier fast nordwärts fließenden Donau im Herzstück der Wachau. Überwiegend steil abfallendes Waldland mit schmalem Siedlungsraum unmittelbar am Strom. Vielfach bizarre Felsformationen, von einzelnen, tief eingeschnittenen Gräben durchfurcht. Außer Aggsbach-Dorf nur unbedeutende Siedlungen an der Donau, landeinwärts erst wieder auf den Höhen (Maria Langegg, Gansbach) bzw. im Wolfsteinbachtal.

b) Historisches: Römerzeitliche Besiedlung durch Münzfunde aus dem 2. und 3. Jh. nachgewiesen. Römerstraße führte vom heutigen Aggsbach-Dorf den Aggsbach entlang bei Maria Langegg über Bergsattel nach Nesselstauden und Favianis (Mautern).

Aggstein: Berühmteste Burgruine der Wachau, 300 Meter über

Gudenushöhle bei Hartenstein (Seite 216)

Heldenberg im Schloßpark von Kleinwetzdorf (Seite 227)

Langenlois (Seite 221 f.)

Rosenburg mit Kamp (Seite 231)

dem Strom auf 150 m langer Felszunge gelegen. Vorläufer der heutigen Burg bald nach 1100 errichtet, 1231 und 1295 zerstört. 1429 Neubau durch den angeblich grausamen Jörg, den Schreck vom Wald („Schreckenwald“ in der Sage!). 1529 Zerstörung durch die Türken. Nach 1606 unter Anna von Polheim Bauten im dritten Hof aufgeführt. Ab 1685 Verfall. Erhaltungsarbeiten erst in jüngster Zeit. Wegen Größe der Anlage und geschichtlicher Bedeutung unter wichtigste Burgen Österreichs zu zählen.

Nach Halsgraben spitzbogiges, 15 m hohes Tor (1. Tor). Dahinter 2. Tor mit Verliesturm, „Bürgel“ mit Mauerresten (Berchfrit). Hinter aufgefülltem Torgraben 3. Tor in sechs Meter dicker Schildmauer mit Inschrift und Sitznischen in Torweg. Im 3. Hof am Ende 11 m hohe Schildmauer, Küche mit Rauchfang und Speisehaus. Holztreppen und Spitzbogentor zur Hochburg. Dreistöckiger Frauenturm, Palas mit Zugang zum engen „Rosengärtlein“. Gotische zweijochige Kapelle mit Rippenansätzen, Spitzbogenfenstern, Tor mit gedrücktem Kleeblattbogen, Chor mit gotischer Wölbung. Querrechteckige Mauerschlitze in Westwand.

Aggsbach-Dorf: Dorf mit 540 Einwohnern der Gemeinde Schönbühel-Aggsbach. Schon 830 Besitz „Accusabah“ der bayrischen Benediktinerabtei Niederaltaich genannt. 1392 erbauten aus Mauerbach berufene Mönche Kirche und Kloster „Marienpforte“ in Seitental des Aggsbachs. Blütezeit der Kartause im 15. Jh. (umfangreicher Bibliothekskatalog). Kloster 1782 aufgehoben.

Himmelfahrts-Pfarrkirche, ehemalige Kartäuserkirche, 1392 geweiht. Charakteristischer, langgestreckter Schmalbau mit einem Schiff und vier Jochen, sehr hoch, kreuzrippengewölbt, mit figuralen Schlußsteinen: Muttergottes, Löwe, Einhorn, Pelikan, Phönix. Zweijochiger Chor mit $^5/_8$-Schluß. Ein dreiteiliges großes Maßwerkfenster, sonst schmale Maßwerkfenster. Gotische Sakristei- und Kapellenanbauten. Hochaltar 1913 von F. Zelezny mit spätgotischem Relief, Beweinung Christi, Anfang des 16. Jh.s. Wappengrabsteine der Maißauer aus dem 14./15. Jh.

Ehemalige Kartause. Mönchszellen und drei Flügel des gotischen Kreuzgangs abgebrochen, Rest jetzt Wohnungen und Pfarrhof. Malerische Bautengruppe mit Umfassungsmauern und sieben Türmen. Im Erdgeschoß des großen Hofs Pfeilerarkaden. Prälatur von 1592. Alte Mühle 1633. Gastflügel mit Erdgeschoßlauben 16. Jh. Viereckiger Torturm mit Spitzbogentor.

Wolfstein: Dorf der Gemeinde Schönbühel-Aggsbach. Dunkelsteiner Wald hieß bis ins 18. Jh. hinein „Aggswald“. Im 13. Jh.

Herren von Aggswald-Gansbach als Lehensleute bayrischer Herzöge auf Wolfstein. Burgbau von 1286, Verfall seit 1605. Burgruine noch in Torbau und Resten von Wohn- und Wehranlagen erhalten. Jakobskirche urkundlich 1392. Rechteck mit Kreuzrippengewölbe und Türmchen. Altar aus dem 17. Jh. Holzstatue Heilige Frau mit Tier vom Anfang des 15. Jh.s.

Bildsäule: Stein mit Fußtritten (Legende von Rast des heiligen Wolfgang).

Gansbach: Dorf mit 580 Einwohnern der Gemeinde Dunkelsteiner Wald. Seit dem 12. Jh. Kuenringer Besitz. Pfarre schon um Mitte des 12. Jh.s entstanden. 1339 Marktrecht. Planmäßiger Kirchort mit quadratischem Platz.

Bartholomäuskirche mit gotischem Chor aus dem 15. Jh. mit Südturm. Haupt- und Nebenschiffe mit je drei gedrückten Kreuzgewölben von 1665.

Gurhof 1493 erstmals genannt. Weitläufiger Gebäudekomplex, heute an Männerstrafanstalt Stein verpachtet.

Maria Langegg: Dorf der Gemeinde Dunkelsteiner Wald, Wallfahrtsort. Langegg urkundlich erstmals 1429 erwähnt. „Ursprungskapelle“ 1604/05 von salzburgischem Güterinspektor zum Dank für Heilung seines Kindes errichtet. Bildstiftung „Maria, Heil der Kranken“. 1615/16 Vergrößerung der Kapelle nach großem Wallfahrerzustrom. 1645 Berufung der Serviten. Heutige Kirche und Kloster von 1765 bis 1773 erbaut. Bemerkenswerte Deckenfresken aus dem Marienleben. Mittelkuppel täuscht durch perspektivische Malerei steile Kuppel vor. Ursprungskapelle, Servitenkloster und Bibliothek sehenswert.

c) Bemerkenswert: Teilstrecke des Nord-Süd-Weitwanderwegs von Spitz nach Melk über Ruine Aggstein und Aggsbach-Dorf. – Jugend- und Touristenherberge auf Aggstein. – Donau-Flußbad im gegenüberliegenden Aggsbach-Markt. – Fähren Willendorf – Gasthof Ruine und Aggsbach-Markt – Aggsbach-Dorf außer Betrieb! – Rollfähre in Spitz an der Donau, Donaubrücke Melk – Emmersdorf. Wachaubad in Melk.

2. Wandermöglichkeiten

Etappe des NSWWW von Spitz nach Melk über Aggstein ca. 8 St. – Schattiger Waldweg von Maria Langegg nach Aggstein ca. 1 1/2 St. – Aufstieg vom Gasthaus Ruine (Autobushaltestelle) nach Aggstein ca. 1 St. – Zahlreiche weitere markierte und unmarkierte Wanderwege im Dunkelsteiner Wald.

3. Zufahrt und Verkehrsverbindungen

Westbahn bis Melk (Eilzugsstation), Franz-Josefs-Bahn bis Krems an der Donau, dazwischen ÖBB-Busverbindung auf rechtem Donauufer über Mautern mit Haltestellen Gasthaus Ruine und Aggsbach-Dorf. – Querverbindungen von Aggsbach-Dorf nach St. Pölten und Melk mit sehr ungünstigen Fahrplänen über Wolfstein und Gansbach. – ÖBB-Bus von Krems (Bahnhof) nach Maria Langegg.

Pkw-Fahrer: Westautobahn bis Melk (ca. 85 km), dann Bundesstraße 33 bis Aggsbach-Dorf über Schönbühel (ca. 10 km). Für Waghalsige Auffahrt zur Ruine Aggstein vom gleichnamigen Gasthaus auf Naturfahrweg, sehr steil (ca. 5 km) – Gansbach auf Bundesstraße 229 von Aggsbach-Dorf (ca. 6 km). Maria Langegg auf Landesstraße (ca. 6 km). Wolfstein auf Landesstraße über Kartause Aggsbach (ca. 7 km).

Zufahrt auch über Schnellstraße 3 nach Krems, Mauterner oder Kremser Donaubrücke und Bundesstraße 33, bzw. durch den Nordteil des Dunkelsteiner Walds möglich.

4. Sehenswertes unterwegs

Gotische Kirchen Altlengbach und St. Christophen. – St. Pölten (Dom, Altstadt, Zinnfigurenmuseum Pottenbrunn) – Renaissanceschloß Schallaburg. – Benediktinerstift Melk und Stadt, Heiratswald. – Schloß Schönbühel an der Donau. – Krems, Stein, Mautern. – Hadersdorf (Ortsbild und Karner). – Gotische Kirche Engabrunn.

5. Karten und Führermaterial

Generalkarte Österreich, 1:200.000, Kartenblatt 1; Bundesamt für Eich- und Vermessungswesen, 1:50.000, Blatt 37 (Mautern); Kompaß-Karte der Wachau, 1:50.000; Freytag-Berndt & Artaria, 1:100.000, Blatt 7 (Wachau, Kamptal); Dr. Franz Eppel: „Die Wachau“; Dehio-Kunstführer: „Niederösterreich“; Kröner: „Handbuch der historischen Stätten: Österreich“, Band I; Reclams Kunstführer: „Österreich“, Band I; Helmfried Knoll: „Vom Nordwald bis zur Puszta“, Kapitel: „Von der Pielach bis zur Donau“; Hans Edelmann: „Führer durch Niederösterreich“.

39 (G)

MARIA MIT DEN SECHS FINGERN

Raum Aggsbach-Markt – Gossam – Maria Laach – Emmersdorf/D.

„Am Jauerling liegt das schmucke Dörfchen Maria Laach mit seiner Wallfahrtskirche, einem Meisterwerk der gotischen Baukunst. Ihr Inneres birgt kostbare Bildwerke, darunter eines, das Maria in der Mutterfreude darstellt und so alt sein soll wie die Kirche selber. Es ist auf Holz gemalt, und sonderbar: An der rechten Hand Mariens erblickt man sechs Finger.

Diese Kirche, so erzählt man, hat ein Ritter von Kuefstein erbauen lassen und zu ihrem Schmuck bei einem tüchtigen Meister in Pöchlarn ein Bild bestellt: eine Muttergottes, wie sie mit mildem Lächeln auf das Jesuskind in ihrem Schoß herabblickt.

Der Meister machte sich unverzüglich an die Arbeit. Doch als er sich anschickte, das Antlitz Mariens zu malen, begann er – niemand weiß warum – sich dem Trunke zu ergeben. Wohl regte sich sein Gewissen, aber er konnte dennoch nicht von seiner Sucht lassen, und so gerieten ihm die Züge der Madonna nicht so froh, wie er eigentlich wollte, sondern es wurde ein sehr ernstes Gesicht. Was er auch versuchte, Maria wollte nicht heiter lächeln.

Da wurde der Maler seiner Mühe überdrüssig und verübte an dem Gemälde einen tollen Scherz. Übermütig pinselte er an Mariens rechte Hand sechs Finger anstatt fünf und rief: ‚Maria, lach! Jetzt mußt du wohl!‘ Doch Maria lachte nicht.

Im Gegenteil: Es war ihm zumute, als ob sie ihn sogar zürnend ansehe . . ."

(Aus: „Donausagen" von Josef Pöttinger, Verlag Kremayr und Scheriau, Wien)

1. Das Zielgebiet

a) Landschaftliches: Südlicher Ausgang der Wachau um den wuchtigen, 960 m hohen Bergstock des Jauerlings („Javornik", slawisch „Ahornberg"), der höchsten Erhebung in diesem Gebiet. Waldreiche Region mit Streusiedlungen bis in mittlere Höhenlagen. Dazwischen tief eingeschnittene Bachbetten, die nur teilweise von den Straßen ausgenützt werden. Wein- und Obstbau an den Talhängen.

b) Historisches:

Aggsbach-Markt („Axtbach" = „der tief eingeschnittene Bach"), Marktflecken mit 350 Einwohnern. Lößstation des oberen Paläolithikums. Ortsname vom gegenüberliegenden Dorf Aggsbach übernommen.

Sehenswürdigkeiten: Schon 1148 wird eine Kirche „Acsbah" genannt. Romanische Mariä-Himmelfahrts-Kirche, dreischiffige Basilika von 1286 bis 1300 erbaut. Gotischer Chor mit Grabsteinen aus dem 15. Jh. Glocken aus dem 14. und 15. Jh. Pfarrhof nach einem Entwurf von Jakob Prandtauer. In der Umfassungsmauer Tor mit geschwungenem Giebel. Baukern einiger Häuser im Markt noch aus dem 15. Jh. Baukörper mit stark rhythmischen Fensterreihen.

Gossam: Dorf mit 430 Einwohnern, Teil der Gemeinde Emmersdorf an der Donau. Etwa 2 km bachaufwärts im Felbringbachtal Burgruine Gossam. Im 15. Jh. Wallfahrtsort. Mittelalterliche Wehranlage mit romanischem Baukern und Verputz. Reste roter Quadermalerei: Heiligenfiguren eines byzantinischen Künstlers um 1120 entdeckt (heute im Kremser Stadtmuseum). Schlankes, hochragendes Türmchen mit Maßwerkfenstern. Eindrucksvolle Gesamtanlage auf jungholzüberwuchertem Felskegel.

Maria Laach: Hochgelegener, ehemaliger Wallfahrtsort auf Terrasse des Jauerlingstocks. Markt mit 897 Einwohnern. Urkundlich 1336 erstmals genannt. Im 16. und 17. Jh. lutherische Prädikanten unter den Grafen von Kuefstein, die jedoch den Marienaltar unverändert stehen ließen.

Sehenswürdigkeiten: Pfarrkirche Mariä Heimsuchung, spätgotisch, dreischiffig. Netzrippengewölbtes Langhaus mit überhöhtem

Mittelschiff. Anfang 16. Jh. Niedrigerer Chor um 1400. Spätgotischer, dreigeschossiger Westturm. Haupttor mit Kleeblattbogenschluß. Strebepfeiler teilweise mit Wappenschildern. Spätgotischer Flügelaltar mit doppelten, teils geschnitzten, teils gemalten Flügeltüren. Überlebensgroße, sitzende Madonna aus dem 15. Jh. Im linken Seitenschiff Gnadenaltar mit Ölbild auf Holz, Madonna mit sechs Fingern. Prachtvolles Freigrab des Protestanten Johann Georg III. von Kuefstein (1607) aus mehrfarbigem Marmor und Kalkstein. Für Niederösterreich einzigartiges Beispiel eines Renaissancefreigrabs. Unter der Empore herrliche Holzplastik: Muttergottes mit dem Kinde, 1440.

Emmersdorf an der Donau: Markt mit 1429 Einwohnern. Schon im 12. Jh. erwähnt. Seinerzeit große Bedeutung durch Wassermaut. Langgestrecktes, malerisches Straßendorf an der Donau mit zahlreichen alten Häusern im Zentrum. Pfarrkirche hoch über dem Donautal, im Ortsteil Hofamt, durch Donauuferbahn getrennt.

Sehenswürdigkeiten: Magdalenenkapelle auf dem Hauptplatz. Spätgotisch (nach 1516), mit Freitreppe und Spitzbogentor im 1. Stock unter gratgewölbter Laube. Außenfresko mit Muttergottes auf der Mondsichel und Wappen aus dem 16. Jh. Kapellenraum mit weiten Netzrippengewölben. Heute nicht mehr geweiht.

Alter Holzbrunnen mit geschnitztem Aufbau eines Pumprads. Häuser teils noch aus der Zeit der Spätgotik. Mittelalterliche „Reihen“ zwischen den einzelnen Häusern (Feuerschutz!).

Pfarrkirche St. Nikolaus mit eigener Wehranlage aus dem Mittelalter. Pfarre 1336. Spätgotische, dreischiffige Pfeilerbasilika aus dem 15. Jh. Netzrippengewölbe im Mittelschiff. Kreuzrippen in den Seitenschiffen. Holzstatue des hl. Nikolaus um 1530, Grabsteine reichen bis ins 15. Jh. zurück.

Gegenüber Schloß, zur Zeit der Romantik völlig verunstaltet: Rotenhof mit mittelalterlichen Bauresten der Burg aus dem 16. Jh.

c) Bemerkenswert: Neue Donaubrücke von Emmersdorf zur Pielachmündung unterhalb von Melk. Schwimmbäder in Melk und Spitz, Freibadegelegenheiten in Donau und Pielach. Pilzmuseum in der Theresienhütte auf dem Jauerling. Jugendherbergen in Melk und Krems. Fähre nach Aggsbach-Dorf eingestellt!

2. Wandermöglichkeiten

Von Maria Laach auf den Jauerling über Zeißing, blau markiert, ca. 1½ St. – Von Aggsbach nach Maria Laach, gleichfalls blau, ca. 2 St.

3. Zufahrt und Verkehrsverbindungen

Donauuferbahn Wien–St. Valentin mit Stationen Aggsbach, Grimsing (für Gossam) und Emmersdorf. Westbahn bis Melk und über die Donaubrücke nach Emmersdorf.

Pkw-Fahrer: Über Westautobahn bis Abfahrt Melk, dann Donaubrücke nach Emmersdorf (ca. 90 km). Wachaustraße bis Schallemmersdorf (ca. 3 km). Lokalstraße über Gossam in den Felbringgraben zur Kirchenruine und weiter nach Maria Laach (7,5 km). (Bergstraße über Gießhübl und Oberndorf auf den Jauerling weitere 8 km.) Abfahrt von Maria Laach nach Aggsbach-Markt (7 km), Rückfahrt über Wachaustraße und Krems möglich (ab Aggsbach-Markt ca. 107 km).

4. Sehenswertes unterwegs

St. Pölten (Dom, Stadtkern), Benediktinerstift Melk, auf der Rückfahrt Spitz, St. Michael, Weißenkirchen, Dürnstein, Krems-Stein.

5. Karten und Führermaterial

Generalkarte Österreich, 1:200.000, Kartenblätter 1 und 2; Freytag-Berndt & Artaria, 1:100.000, Blatt 7 (Wachau, Kamptal); Bundesamt für Eich- und Vermessungswesen, 1:50.000, Blätter 36 (Ottenschlag), 37 (Mautern), 54 (Melk) und 55 (Obergrafendorf); bei diesen Blättern ungünstige Überschneidungen in diesem Raum; Dr. Franz Eppel: „Die Wachau“; Dehio-Kunstführer: „Niederösterreich“; Reclams Kunstführer: „Österreich“, Band I; Kröner: „Handbuch der historischen Stätten: Österreich“, Band I; Hans Edelmann: „Führer durch Niederösterreich“; Helmfried Knoll: „Wanderungen rings um Wien“, Kapitel 6.

40 (G)

„SUCHE TREU, SO FINDEST DU!"

Raum Mautern – Rossatz – Dürnstein – Weißenkirchen

Ein strahlender, kalter Oktobertag. Fast wollten uns die Beine schon nicht mehr tragen. Die Beine, die seit der Dämmerstunde des Vorabends unterwegs sind. Unterwegs von Nußdorf über Klosterneuburg–Gugging–St. Andrä vor dem Hagentale nach dem Fliegerhorst Langenlebarn als erster Raststation nach vier harten Nachtstunden. Und weiter dann, zum erstenmal über die Donau bei Tulln, von Lautsprechermusik aus dem Auwalddunkel angefeuert, durch die nächtlichen Donauauen. Auf nie zuvor gezogenen Straßen, durch nie vorher gekannte Ortschaften. Gegen Sturm und Regen, ja, sogar gegen den ersten Schneefall dieses zeitigen Herbstes nach Grafenwörth. Beim Morgengrauen, dem Heraufdämmern dieses schönen Tages taumelnd weiter, mit verschwollenen Füßen weiter, durch die weitläufigen Parkanlagen des Schlosses Grafenegg, dieses im englischen Tudorstil errichteten Gebäudes. Durch eine kilometerlange Zwetschkenallee voll überreifer, herrlicher Früchte, an Rohrendorf vorbei zum Stadtrand von Krems. Sammeln, warten. Warten auf die Hunderte, die gleichfalls den Härtetest dieses Marsches durchgestanden haben. Warten auf Blinde, Frauen und Mädchen, auf den 76-jährigen Oberst und den blutjungen Präsenzdiener, auf so manchen „Zivilisten", der sich vielleicht in dieser vergangenen, endlosen Nacht besser geschlagen hat als so mancher gedrillte Soldat.

Nun kommt sie, die Militärmusik mit ihrem Maskottchen,

dem herzigen Pony, nun formieren wir uns zum Zug der letzten Kilometer, zum Zug durch Krems-Und-Stein nach Mautern. Menschen säumen auf einmal die Straßen, immer mehr Menschen! Rufen, klatschen, winken begeistert und anfeuernd: Durchhalten ist alles! Hei, wie da die Takte der Musik in die Beine fahren! Wie da alles Nächtliche, Beschwerliche von einem abfällt! Durch ein kilometerlanges Spalier winkender Kremser spulen wir unser letztes Wegstück ab – die letzten der insgesamt 80 km des Distanzmarsches Wien–Krems, ziehen müde, aber glücklich und als Sieger in die Raab-Kaserne von Mautern ein: Geschafft!

1. Das Zielgebiet

a) Landschaftliches: Östlichster Teil der Wachau und ihr Austritt in die Ebene des Tullner Felds. Klimatisch begünstigtes Obst- und Weinbaugebiet am windungsreichen Donaulauf, der von relativ hohen, felsdurchsetzten Waldbergen überragt wird. Südlich des Stroms schon ab Rossatz Flachland, das erst allmählich in die Ausläufer des Dunkelsteiner Walds übergeht. Wasserarmes Gebiet. Höchste Erhebung im Norden der Sandl mit Weigl-Aussichtswarte (722 m), im Süden Dunkelsteiner Wald bis 730 m ansteigend. Siedlungen nahezu ausschließlich am Strom.

b) Historisches: Kulturreste des Aurignacien aus der Zeit um und vor 30.000 v. Chr. in der Wachau gefunden. Massenweise Vorkommen von Mammutknochen und Mammutstoßzähnen.

Mautern an der Donau: Stadt mit 2590 Einwohnern. Römisches Militärlager in Zusammenhang mit „Donaulimes“ Ende des ersten nachchristlichen Jh.s errichtet. Zivilstadt angeschlossen, zusammen „Favianis“. Von Markomannen zweimal überrannt, Angriffe von Marc Aurel jeweils zurückgeschlagen. 453 Sitz des heiligen Severin. Klostergründung zum Schutz gegen die Rugier. 903/906 erste urkundliche Nennung „ad mutarum“. Im Nibelungenlied „Mutaren“. 1276 Befestigungsrecht verliehen; Mauern folgten im allgemeinen römischer Umwallung. Neben Traismauer hier Kastellform am besten erhalten.

Sehenswürdigkeiten: Hauptstraße folgt heute noch römischer „via principalis“. An der Südostecke des Donaubrückenkopfes Rundturm, gegenüberliegender Südwestturm nur mehr teilweise erhalten.

Stephanskirche 1050 Pfarre. Gotischer Bau um 1400, 1697 barockisiert. Dreischiffige Staffelkirche mit Tonne und Stichkappen. Spätgotisches Südtor.

Ehemalige Margaretenkapelle jetzt Stadtmuseum. Urkundlich 1083. Gotisches zweijochiges Langhaus, quadratischer Chor, kreuzgewölbt. Reiche Fresken (Chorraum um 1300, Langhaus aus dem ersten Viertel des 14. Jh.s).

Schloß bis ins 15. Jh. zurückreichend.

Zahlreiche malerische Häuser von der Gotik bis ins Barock. Pfarrhof von 1708 mit verstäbtem Spitzbogen-Nordtor.

Förthof: Weiler an der Bahnstation Stein-Mautern. Matthiaskapelle urkundlich 1291. Kreuzrippengewölbter, zweijochiger Bau, reich polychromierte Rippen. Dachreiter, Strebepfeiler, Freskenreste an der südlichen Außenwand aus dem 14. Jh. Mischung frühgotischer mit romanischen Erinnerungen. Einstufiges Tor mit frühgotischem Blattkapitell.

Ober- und Unterloiben (Gemeinde Dürnstein): Dörfer mit 620 Einwohnern. Stiftung Ludwigs des Deutschen 860 an Erzbistum Salzburg („ad liupinam"). 1002 daneben Tegernseer Niederlassung. 1805 entscheidender Sieg der Österreicher und Russen zwischen Dürnstein und Oberloiben. Feldmarschalleutnant Schmidt gefallen. (Gedenksäule!) Quirinskirche interessantes Beispiel der Verbindung zweier gotischer Bauten (je einschiffig). Pfarre 1379, ältere Kirche aus dem 14. Jh. Kreuzrippengewölbe, später Netzrippengewölbe eingezogen. Grabsteine bis ins 15. Jh. zurück. Ölbergrelief aus dem 15. Jh. Drei spätgotische Statuen von 1515. Vesperbild von der Wende des 14./15. Jh.s.

Haus Nr. 12 mit Christophorusfresko und Ornamentik 14./16. Jh.

Dürnstein: Stadt mit 1056 Einwohnern. Frühe Besiedlung durch Funde aus Jungsteinzeit und Bronzezeit bezeugt. Burg um die Mitte des 12. Jh.s gegründet. 1193 dort König Richard Löwenherz durch Hadmar II. von Kuenring festgesetzt (Blondelsage!). 1428 und 1432 Hussitenplünderungen, 1477 und 1485 Einfälle der Ungarn. 1492 Stadterhebung. 1645 Plünderung durch Schweden und Brand. 1805 Franzosenkämpfe. 1925 mehrfach Brände.

Sehenswürdigkeiten: Burgruine auf Felskuppe hoch über Stadt und Donau aus der Mitte des 12. Jh.s. Langsam verödet und verfallen. Burg mit Stadt durch lange, turmbewehrte Mauer verbunden. Zwischen beiden Teilen der Hochburg Reste spätromanischer Schloßkapelle. In Apsis Freskenspuren aus der ersten Hälfte des 15. Jh.s.

Im Wald Trümmer eines Vorwerks. Teilweise erhaltene Wehrtürme und östliches Stadttor mit Turm.

Himmelfahrts-Pfarrkirche: Ehemalige Stiftskirche, 1289 Pfarre. Barocker anstelle des früheren gotischen Baus. Baumeister Prandtauer, Steinl, Munggenast und Beduzzi. Reiche Barockausstattung. Kreuzgang 1722–1724.

Ehemaliges Augustiner-Chorherrenstift 1410 aus weltlicher Propstei gegründet, barockisiert. Holzgeschnitztes Eingangstor, „Salettl" mit prächtiger Donauaussicht. Reiche Innenausstattung.

Ehemalige Kunigunden-Pfarrkirche erbaut Ende des 13. Jh.s, seit Mitte des 18. Jh.s verfallen, 1803 zerstört. Langhaus-Grundmauern und Chorquadrat mit Halbkreisapsis erhalten.

Karner: Turmartiger Bau aus dem 14. Jh., Gruft mit Gebeinen im Untergeschoß, Kapelle im Obergeschoß. An Ostwand halbkreisförmige Mauernische. Doppelfenster mit Kleeblattbogen an Südwand. Außenfresko um 1520. Westwand mit gotischem Holzkruzifix aus dem 14. Jh. Ruinenartiger Charakter.

Ehemaliges Clarissinnenkloster: Vor 1289 gegründet, in der Reformationszeit ausgestorben. Mächtige zweischiffige, fünfjochige Hallenkirche, jetzt Heimatmuseum. Gleichfalls Ruinencharakter. Weiheinschrift von 1304/05. Hohe gotische Maßwerkfenster. Fresken aus dem 14. Jh.

Spätgotisches Rathaus und viele mittelalterliche Häuser.

Rossatz: Markt am Donausüdufer mit 1172 Einwohnern. Hochterrasse am Donauufer durch Funde aus Neolithikum, La Tène-Periode und Römerzeit bezeugt („Donaulimes", Hügelgräber aus dem 1. nachchristlichen Jahrhundert). Slawische Besiedlung („Rosseza") seit etwa dem 8. Jh. 1462 Markterhebung. Altes Urfahrrecht über die Donau, vierte Übernachtungsstation stromauf von Wien.

Sehenswürdigkeiten: Jakobskirche ursprünglich gotisch aus dem 14. Jh., im 18. Jh. durch Zubau zweier Seitenschiffe zu dreischiffiger Basilika umgebaut. Kreuzrippengewölbe, Grabsteine 1459 und 1610.

Schloß: Unregelmäßiger Bau mit gemalten Pilastern. Dreigeschossige Laubengänge im Hof aus dem 16. Jh. Pfarrhof und Rathaus Bauten des 17. Jh.s. Häuser 54 bis 56 aus dem 16. Jh.

St. Lorenzen: Kirchweiler gegenüber Weißenkirchen. Filialkirche im 12. Jh. errichtet, umgebaut 1409. Geschlossener, kreuzrippengewölbter Chor. Bronzestatue aus dem 16. Jh.

Weißenkirchen in der Wachau: Markt mit 1739 Einwohnern. Nachweis einer steinzeitlichen Lößstation. Seit dem 12. Jh. Hauptort des „Tals Wachau“, bestehend aus Weißenkirchen, St. Michael, Wösendorf und Joching. Für diese Großgemeinde bis 1839 eigener Magistrat. 1258 noch „Liechtenchyrchen“ genannt, erst 1301 eigentlicher Ortsname. 1459 Markterhebung, 1531 Ausbau der Befestigungsanlagen um die Kirche mit Türmen, Gräben und Wall. Bauernbesetzung und Schwedenverwüstung 1645.

Sehenswürdigkeiten: Himmelfahrtskirche Pfarre 1632. Im 15. Jh. erbaut, Anfang des 16. Jh.s umgestaltet, heutiges Aussehen von 1736. Malerische Einheit durch zinnengekrönte Umfassungsmauer mit Rundtürmen. Unregelmäßiges Langhaus mit 3 Schiffen (südliches um 1300, Hauptschiff aus dem 14. Jh., nördliches Seitenschiff vor 1439. Netz- und Kreuzrippengewölbe, Strebepfeiler und Maßwerkfenster. Markanter quadratischer Turm mit Walmdach, reich profiliertes Tor. Sechsseitiger Südturm mit spitzem Zeltdach aus dem 14. Jh. Muttergottes um 1500.

In Kirchenbefestigung einbezogen: Teisenhoferhof (Wachaumuseum) mit Wappentor und malerischen Rundbogenarkaden. Zwei zinnenbekrönte Türme fertiggestellt 1542.

Zahlreiche malerische Renaissancehäuser.

c) Bemerkenswert: Donaufähren (Fußgänger) von Rossatz nach Dürnstein und Rollfähre von Weißenkirchen nach St. Lorenzen. Schwimmbäder in Dürnstein, Krems und Spitz. Hallenbad mit Sauna in Krems. Wildbadeplätze an der Donau. Schiffsstationen der DDSG in Dürnstein und Weißenkirchen (Sommerbetrieb) – Römisches Museum in Mautern Mittwoch und Sonntag von 9 bis 11 Uhr geöffnet. – Teisenhoferhof April bis Oktober, täglich außer Montag von 10 bis 17 Uhr zugänglich (Wachaumuseum). Bis 1974 Distanzmarsch Wien – Krems – Mautern des österreichischen Bundesheeres über 80 km.

2. *Wandermöglichkeiten*

Gut markiertes Wegnetz im Dunkelsteiner Wald (z. B. Seekopf, Hirschwand, Rührsdorfer See) und in den felsigen Bergen am Nordufer der Donau (z. B. Dürnstein – Ruine 20 Min., bis zur Starhembergwarte insgesamt ca. 1 St.) Auf den Sandl mit Aussichtswarte von Weißenkirchen ca. 2 1/2 St.

3. *Zufahrt und Verkehrsverbindungen*

Donauuferbahn von Wien-Franz-Josefs-Bahnhof mit Stationen Stein-Mautern, Unterloiben, Dürnstein-Oberloiben und Weißenkirchen in der Wachau. Busverkehr von Krems auf beiden Donauufern (ÖBB) und von Weißenkirchen ins Waldviertel (Postautolinien). Sommerverkehr der DDSG von Wien und Krems mit Anlegestellen in Krems, Mautern, Dürnstein und Weißenkirchen.

Pkw-Fahrer: Autobahn über Stockerau und Bundesstraße 3 bis Krems (ca. 78 km), weiter nach Mautern über Donaubrücke (ca. 4 km). Auf Wachaustraße nach Dürnstein von Krems-Stein (ca. 8 km, Bundesstraße 29), bis Weißenkirchen (weitere ca. 6 km). Rossatz von Mautern (ca. 6 km), St. Lorenzen (weitere ca. 4 km). Rückfahrt von Krems über neue Donaubrücke und Göttweig – St. Pölten – Westautobahn nach Wien (ca. 100 km).

4. Sehenswertes unterwegs

Hanak-Freilichtmuseum in Langenzersdorf. Korneuburger Stadtturm. Gotische Kirchen am Wagram. Hadersdorf (Ortsbild, Karner). Krems-Stein (Stadtbild, Ausstellungen). Auf der Rückfahrt Stift Göttweig, St. Pölten (Dom, Altstadt).

5. Karten und Führermaterial

Generalkarte Österreich, 1:200.000, Kartenblatt 1; Bundesamt für Eich- und Vermessungswesen, 1:50.000, Blatt 37 (Mautern); Freytag-Berndt & Artaria, 1:100.000, Blatt 7 (Wachau, Kamptal); Kompaß-Wanderkarte 1:50.000: „Wachau"; Dr. Franz Eppel: „Das Waldviertel"; Dr. Franz Eppel: „Die Wachau"; Dehio-Kunstführer: „Niederösterreich"; Reclams Kunstführer: „Österreich", Band I; Kröner: „Handbuch der historischen Stätten: Österreich", Band I; Helmfried Knoll: „Wanderungen rings um Wien", Kapitel 21 und 22; Helmfried Knoll: „Vom Nordwald bis zur Puszta", Kapitel 13; Helmfried Knoll: „Wandern – jahrein und jahraus" (Distanzmarsch); Helmfried Knoll: „Erwanderte Heimat – erlebte Fremde", Kapitel: „Land am Strome . . .".

41 (G)

DIE „DACHHASEN" VON ST. MICHAEL

Raum Spitz an der Donau – St. Michael – Schwallenbach

Wie ein Pfeil schießt das Boot auf der spiegelnden Wasserfläche der träg strömenden Donau dahin. „Raketa" – schon der Name sagt, daß da gewaltige Pferdekräfte freigemacht sind, um die Strömung zu zwingen. Vor kaum anderthalb Stunden hat das Boot in Wien abgelegt, nun braust es schon durch die Wachau Melk entgegen. Von Preßburg ist es erst heute abgefahren, in Preßburg will es abends wieder anlegen – Entfernungen werden klein geschrieben in unserem Jahrhundert! 60 km/h stromauf, 70 km/h stromab – da rücken auch Melk und Preßburg auf Halbtagsentfernung zusammen. Ich träume am durchsonnten Ufer unter den früchteschweren Obstbäumen, lasse die Gedanken in die Vergangenheit schweifen: Keine dahinrasenden Autos auf der neuen Wachaustraße, kein Motorenlärm auf dem Wasser. Nein, Pferdegetrappel hier bei den Fuhrleuten auf steinigem Weg, schwitzende Pferde dort auf dem Treppelweg, die sich abmühen, das schwere Donauschiff stromauf zu ziehen, welches die Fluten, vollbeladen mit Obst, Gemüse und Holz, vor Tagen in die Reichshauptstadt getragen haben. Wie sehr hat sich doch alles gewandelt, und wie bildhaft steht die Vergangenheit auf, wenn wir den Erlahof in Spitz an der Donau betreten, das österreichische Schiffahrtsmuseum!

1. Das Zielgebiet

a) Landschaftliches: Kernland der Wachau am fruchtbaren, sonnigen Nordwestufer der Donau. Von den hohen Waldbergen des gegenüberliegenden Dunkelsteiner Walds mit einzelnen markanten Felsgruppen, sowie von der Buschandlwand und dem Jauerling abgeschirmt. Reiche Obst- und Weinkulturen.

b) Historisches:

Spitz an der Donau: Marktflecken mit 1697 Einwohnern. Schon zur Keltenzeit besiedelt, 865 erstmals schriftlich als „ad Spizzum" erwähnt. Malerisch um den „Tausendeimerberg" gruppiert, einen steilen Bergkegel in beherrschender Lage, der wegen seines Weinreichtums so genannt wird. Durch lange Jahrhunderte hindurch bayrischer Besitz (Kloster Niederaltaich). Sehr gefragter Umschlagplatz für Waldviertler Holz, Salz, Wein, Obst und Zement.

Sehenswürdigkeiten: Schiffahrtsmuseum im Schloß Erlahof. Einführung in die Schiffahrt, die bis in die Römerzeit zurückverfolgt werden kann. Modelle, Werkzeuge, Kartenmaterial, Bilder, Gemälde. Pferdegezogene Schiffszüge, Geschichte der Flößer, Modelle von Schiffsmühlen, Schiffbau, Schiffszimmerei. Im Schloß auch Reste gotischer Fresken.

Pfarrkirche: Einst hochgelegene Wehranlage, Chor wegen des Geländes stark verdreht. Turmuntergeschoß um 1300, Obergeschoß spätgotisch. Spätgotische Steinempore mit Figurenmalerei „Christus und die 12 Apostel" um 1380, hervorragende Holzplastiken, 2 gotische Lichthäuschen. Außen Freskenreste aus dem Anfang des 16. Jh.s.

Schloß: 1312 erweitert, heutige älteste Teile um 1600.

Altes Rathaus und Bürgerspital: Einst gotische Baugruppe, die unter dem Bau der Donauuferbahn gelitten hat und geteilt wurde. Interessante Fresken. Kapelle aus dem Anfang des 14. Jh.s.

Burgruine Hinterhaus: Gotische Vorburg, romanischer Berchfrit, Schildmauer mit zwei Rundtürmen. Schwere Schäden im Dreißigjährigen Krieg und in den Franzosenkriegen.

Verschiedene alte Häuser, u. a. Pfarrhof um 1500.

St. Michael in der Wachau: Kleiner Kirchweiler um eine der ältesten Pfarren im Donautal. Von der 987 bestehenden Kirche nichts mehr vorhanden. Großartige, gut erhaltene Wehranlage aus anschließender Zeit. Gotischer Wehrturm mit Renaissancezinnen und runden Wehrtürmchen an den Ecken. Romanische Säulenbasis des Langhauses und eingemauerte romanische Reliefköpfe. Ölbergrelief um 1500. Auf dem Dach sieben Tierfiguren („Hasen"?), Symbolik ungeklärt („Wilde Jagd?"). Unter der Empore Witwenzöpfe, die sich Frauen beim Tod ihrer Männer abschnitten. Gotischer Karner vom Anfang des 14. Jh.s. Christophorusfresko mit Herzogshut um 1500. Altar aus Totenköpfen aufgebaut. Mumienreste aus der Zeit zwischen 1150 und 1300. Rundturm mit Schartenfenstern, heute Aussichtsturm, ehemalige Talsperre.

Schwallenbach: Markt mit 180 Einwohnern. Schon Karl der Große soll dieses Gebiet dem Kloster Niederaltaich geschenkt haben. Ortschaft durch Großbrand 1463 fast völlig vernichtet. Trotzdem malerisches, fast mittelalterliches Ortsbild.

Sigismundkirche aus der Zeit der Spätgotik mit Freskenresten, überlebensgroßem Christophorusbild, gotischer Sakramentsnische mit seltenem Zinnenaufsatz und spätgotischer Madonnenplastik.

Schloß, „Glöckerl von Schwallenbach"; heute Privatbesitz. Viereckbau um malerischen Innenhof um 1600, Fenster spätgotisch in Stein gerahmt.

Rannahof beherrscht aus Hochlage Ortsbild mit gewaltigem Vierecksturm, Schlüssellochscharten, Holzschindeldach auf dem Wirtschaftstrakt.

Reihe mittelalterlicher Bruchsteinhäuser um das Mesnerhaus.

c) Bemerkenswert: In Spitz Schiffsstation an der Donau mit Sommerverkehr. Bassinbad in Spitz 25 x 12,5 m mit Vorwärmeanlage, Wasserrutsche, Turngeräte, Tennis und Tischtennis. Zentrale Autobusstation für Fahrten in das Waldviertel. Talstation des Nord-Süd-Weitwanderwegs. Rollfähre über die Donau. Öffnungszeiten des Schiffahrtsmuseums: Vom 1. April bis 1. November täglich, außer Montag, von 10 bis 12 Uhr und von 14 bis 16 Uhr. Gruppen nach Voranmeldung auch außerhalb der genannten Zeiten.

Eintrittspreise 1974: Erwachsene: S 10.–, Schüler und Studenten: S 2.–, Gruppen pro Person: S 7.–.

2. *Wandermöglichkeiten*

Rotes Tor mit schönem Tiefblick auf Spitz, ca. 3/4 St. – Buschandlwand, aussichtsreiche Felskanzel, 741 m, ca. 3 St. – Zu Fuß an der Donaulände nach St. Michael, ca. 3/4 St. – Zu Fuß auf der alten Wachaustraße nach Schwallenbach, ca. 3/4 St. – Auf Teilstück des Nord-Süd-Weitwanderwegs über Ruine Hinterhaus auf den Jauerling, 960 m, ca. 3 St. – Mit der Rollfähre über die Donau und zur Ruine Aggstein, ca. 2 1/2 St.

3. *Zufahrt und Verkehrsverbindungen*

Donauuferbahn Wien-Franz-Josefs-Bahnhof – Krems – Spitz an

Romanische Reliefs an der Apsis von Schöngrabern (Seite 236)

Rathaus von Retz (Seite 241)

Stift Geras (Seite 247)

Waidhofen an der Thaya (Seite 252)

der Donau – Schwallenbach und weiter nach Grein und St. Valentin.

Mit Pkw: Wachaustraße (Bundesstraße 3) über Stockerau – Krems – Dürnstein nach Spitz an der Donau (94 km). St. Michael etwa 3 km näher, Schwallenbach ca. 3 km weiter.

4. Sehenswertes unterwegs

Krems, Dürnstein, Weißenkirchen – malerische Ortskerne mit zahllosen historischen Bauten. Bei Rückfahrt über Melker Donaubrücke und Westautobahn: Aggsbach (Wehrkirche), Melk (Benediktinerstift), Schallaburg (Renaissanceschloß).

5. Karten und Führermaterial

Prospekt über das Schiffahrtsmuseum in Spitz, im Museum aufliegend; Generalkarte Österreich 1:200.000, Kartenblatt 1; Bundesamt für Eich- und Vermessungswesen, Blatt 37 (Mautern); Freytag-Berndt & Artaria, 1:100.000, Blatt 7 (Wachau, Kamptal); Dehio-Kunstführer: „Niederösterreich"; Kröner: „Handbuch der historischen Stätten: Österreich", Band I; Reclams Kunstführer: „Österreich", Band I; Dr. Franz Eppel: „Die Wachau"; Hans Edelmann: „Führer durch Niederösterreich"; Helmfried Knoll: „Vom Nordwald bis zur Puszta", Kapitel 13; Helmfried Knoll: „Wanderungen rings um Wien", Kapitel „Ein Stück NSWWW".

42 (G)

DIE STADT DER KUNSTAUSSTELLUNGEN

Raum Krems – Stein – Rehberg – Imbach – Senftenberg

Ein Kapitel über den Raum Krems mit seiner Fülle von Historischem und Sehenswertem zu schreiben, ist besonders schwierig. Man kann bei den fast alljährlichen großen Kunstausstellungen in den alten Kirchen beginnen, bei den „Michael-Kohlhaas"-Freilichtaufführungen vor der mittelalterlichen Gozzoburg, kann bis zur sagenhaften Rugierburg in Stein zurückgreifen oder auch nur auf die alljährliche Landesausstellung, auf das Trachtentreffen – es wird immer nur ein Versuch bleiben, den der Besuchende dann selbst weiter ausgestalten und zu einem erlebnisreichen Ende führen muß.

Lassen wir darum wieder Dr. Robert Dix zu Wort kommen, der in seinen „Raritäten und Kuriositäten" ein Kapitel einem Denkmal widmet, das vielleicht eher unscheinbar neben all der Pracht der Gotik und Romanik erscheint, aber so typisch für die Liebhaber eines (angeblich) guten Tropfens ist: dem „Simandl-Brunnen".

„Das Denkmal des Pantoffelhelden

In der Stadt Krems a. d. Donau, die am Ausgang der Wachau liegt, steht ein Denkmal, das die Männer nicht gerne sehen. Es ist der sogenannte ‚Simandl-Brunnen', der in einer verkehrsreichen Straße der mittelalterlichen Stadt Krems steht und auf dem ein Mann in mittelalterlicher Kleidung zu sehen ist, der vor einer Frau kniet und sie um den Haustorschlüssel bittet. Im späten Mittelalter gab es in Krems a. d. Donau einen Verein, der sich ‚Die Simonsbrüder' nannte und dessen Mitglieder sich allwöchentlich zu frohem Umtrunk zusammenfanden. Das sahen natürlich die Frauen nicht sehr gerne, und so gab es manchmal häusliche Szenen, von denen eine dieser Brunnen wiedergibt. Aus dem ‚Simonsbruder' wurde im Sprachgebrauch ein ‚Simandl', ein Ausdruck, der auch heute noch für den Pantoffelhelden durchaus gebräuchlich ist.

Es gibt freilich auch noch eine andere Sage, in der die Männer noch mehr zu Pantoffelhelden gestempelt werden: Ein Kremser Bürger namens Simon Handl wurde gar nicht selten von seinem Eheweib verprügelt. Das soll auf andere Gattinnen ansteckend gewirkt haben. Heute würde man so etwas eine Psychose nennen oder eine Emanzipation der Frauen mit starkem Aggressionstrieb gegen die Männerwelt. Im Jahre 1528 – so genau weiß es die Sage – soll es bereits so arg gewesen sein, daß sich die Ratsherren mit dem Problem befassen mußten und den am ärgsten bedrängten Männern rieten, die Ehefrauen mit reichlichen Geschenken vom Simonimarkt, der im Oktober abgehalten wird, zu bedenken und damit zu beschwichtigen. Simonimärkte werden übrigens auch heute noch in vielen Orten Niederösterreichs abgehalten, so in Krems selbst, in Retz, Tulln, Marchegg, Kilb und Raabs an der Thaya.

Der Namenstag des heiligen Simon fällt auf den 28. Oktober.

Aus dem Simon Handl und dem Simonimarkt machte der Volksmund den ‚Simandl'. Die so unterdrückten Männer organisierten sich auch und bildeten eine Simandl-Bruderschaft, die jedes Jahr im ‚Gasthaus zu den drei Raben' auf dem Hohen Markte in Krems zu einer Sitzung zusammenkamen. Viel dürfte diese Bruderschaft auch nicht genützt haben, wenn der Mann kniefällig seine Frau um den Schlüssel für die späte Heimkehr von der Protestkundgebung bitten mußte ..."

1. Das Zielgebiet

a) Landschaftliches: Unterlauf und Mündungsgebiet der windungsreichen Krems in die Donau. Ausgang der Wachau in die Ebene des Tullner Feldes. Altes Obst- und Weinbaugebiet mit malerischen, terrassenförmig angelegten Lößhügeln. In der Gegend um Krems, Stein und Rehberg auch Auftreten des Waldviertler Granits. Flußabwärts von Krems Donauhalbinseln und Inseln. Gegen Norden ab Senftenberg gewaltiges Rodungsgebiet des Gföhler Walds.

b) Historisches:

Krems-Stein: Doppelstadt mit 22.399 Einwohnern, neben St. Pölten und Mödling-Südstadt gut im Rennen als zukünftige eigene niederösterreichische Landeshauptstadt.

Auf dem Hundssteig und Wachtberg zwei altsteinzeitliche Siedlungsplätze aus der Zeit um 30.000 bis 25.000 v. Chr. ausgegraben. Um 400 erste seßhafte Kultur (linearkeramische Kultur) und Glockenbecher. Spuren von Urnenfeldern und Hallstattkultur. Erstes Auftreten der Markomannen im 2. nachchristlichen Jh. Nach der Völkerwanderung Rugierburg auf dem Steiner Schloßberg im 5. Jh. und Zentrum des Rugierreiches angenommen. Erste urkundliche Erwähnung 995 als „urbs Chremisa". Wichtiger Stützpunkt als Tal- und Straßensperre an bedeutenden Verkehrswegen des Mittelalters. Im 12. Jh. eigene Münzhoheit („Kremser Pfennige"). Stadtrecht im 12. Jh., wichtigstes Handelszentrum des Landes, noch vor Wien. Seit 1250 – mit einer Unterbrechung von 90 Jahren im 19./20. Jh. – Krems mit Stein vereinigt. Seit dem Mittelalter Maut- und Ladestätte.

Sehenswürdigkeiten: (Nur in Stichworten; mehr in den einschlägigen Werken!) Krems: Steiner Tor, gut erhaltenes Stadttor von 1480. Pulverturm mit Schießscharte und Kegeldach 1477.

Stadtmauerreste an Ringstraße, Wächtertor-, Wall- und Schwedengasse. Veitskirche Pfarre 1014, heutige Form eine der frühesten Barockkirchen.

Piaristenkirche älteste Pfarrkirche der Stadt. Heute spätgotisch mit Verwendung romanischer Teile.

Bürgerspitalkirche spätgotisch.

Ehemalige Dominikanerkirche 1263–1265, Chor 1320–1330, Kloster, frühgotischer Kreuzgang. Historisches Museum angeschlossen. Weinmuseum im Kloster, Kiesling-Mineraliensammlung des Waldviertels. Filialkirche des Einsiedlers Anton in Weinzierl. Romanischer Turm, sonst gotisch.

Gozzoburg, ehemalige Stadtburg, im 13. Jh. erbaut, Umbau aus dem 16. Jh.

Ehemaliger Passauerhof, teilweise 13. Jh., mit romanischen Fresken.

Ehemalige Ursulakapelle aus dem 14. Jh.

Stein: Nikolauspfarrkirche dreischiffige gotische Staffelkirche aus dem 15. Jh., Chor von 1400, gotischer Karner 1462. Frauenbergkirche auf Felsen gelegen, zweite Hälfte des 14. Jh.s, undeutbare Fundamente vielleicht noch der Rugierburg zugehörig. Ehemalige Minoritenkirche, dreischiffige spätromanische Basilika, 1264 geweiht.

Großer Passauerhof urkundlich 1263, Umbau in Gotik und Renaissance. Ehemaliger Göttweigerhof urkundlich 1286, frühgotische Kapelle mit bemerkenswertem Freskenzyklus.

Fischerturm, Rundturm aus dem 15. Jh. mit Pyramidendach. Reste von Stadtmauer und Burg im Norden.

Rehberg: Marktgemeinde, seit 1938 Stadtteil von Krems. Burgruine erstmals 1141 urkundlich erwähnt, seit 1822 dem Verfall preisgegeben. Johanneskirche am Steilhang des Burgfelsens zur Befestigung gehörig. Gotischer Ostturm mit Barockhelm.

Burgruine mit Rundbogentor in Zinnenmauer, durch Rundturm geschützt. Torturm von Vor- zu Hauptburg. Romanischer Palas noch erkennbar.

Imbach: Dorf mit 603 Einwohnern. Seit 12. Jh. Geschlecht der Minnebach erwähnt, Kapelle bezeugt. 1269 Dominikanerinnenkloster gestiftet. Pfarrkirche Mariä Geburt 1256 Pfarre. Bettelordenskirche von 1285 früheste zweischiffige Hallenkirche Österreichs. Spitzer Triumphbogen, Chor mit sechsteiligem Kreuzrippengewölbe. Quadratischer Westturm mit vier Ecktürmchen und Steinhelm.

Katharinenkapelle um 1320 mit freigelegter ursprünglicher Bemalung. Rundfenster mit reicher Maßwerkfüllung. Sakramentsnische mit Rosettengitter um 1400. Gotisches Flügelaltärchen. Muttergottesstatue von 1320/1330, hölzerne Blasiusstatue vom Ende des 14. Jh.s. Bildnis der Heiligen Jungfrau im Ährenkleid aus der zweiten Hälfte des 15. Jh.s.

Senftenberg: Nach Bodenfunden zu schließen, bereits steinzeitliche Station. 1583 Markt mit heute 1334 Einwohnern.

Andreaskirche Pfarre 1304. Spätgotische Kirche von 1512, barockisiert, malerische Lage auf befestigtem Felsen. Kapellenausbau mit reich profiliertem Kleeblattbogentor 1522. Nordturm mit Zeltdach. Umfriedungsmauer mit Schießscharten, Gang mit Brücke über Schlucht zum Burgberg.

Burgruine urkundlich 1197; zerstört 1645. Haupttor mit zwei weiteren Toren, 2,5 m dicke Wehrmauer, mittelalterliches Inneres der Ruine. Quadratischer Berchfrit, 3,5 m starke Schildmauer. Sgraffitohaus 1575.

Gneixendorf: Heute Stadtteil von Krems mit 360 Einwohnern. Schloß ehemaliger Wasserhof des Stifts Baumgartenberg. Dreistöckiger Turm mit Fassade 1725/30, Bau aus dem 17. Jh. Seit 1820 Besitz Johann van Beethovens; Bruder Ludwig verbrachte dort 1826 letzten Sommer und komponierte F-Dur-Quartett, op. 135.

c) Bemerkenswert: Segelflugplatz in Gneixendorf. Hallenbäder mit Sauna in Krems und Senftenberg, Donaustrandbad in Krems. – Sommerfestspiele (Freilichtaufführungen) vor der Gozzoburg in Krems. – Große Kunstausstellungen in Steiner Minoritenkirche. – Kremser Volksfest im beginnenden Herbst jedes Jahres.

2. *Wandermöglichkeiten*

Vielzahl markierter Wanderwege direkt aus dem Zentrum der Doppelstadt Krems-Stein auf die umliegenden Höhen und beiderseits des Kremstals. Besonders lohnend Donauwarte (ca. 1 St.) und Übergang über Starhembergwarte nach Dürnstein (ca. 3 1/2 St.).

3. *Zufahrt und Verkehrsverbindungen*

Donauuferbahn von Wien-Franz-Josefs-Bahnhof nach Krems mit Stationen Krems an der Donau und Stein-Mautern. Auch Zufahrt mit Westbahn bis St. Pölten und Verbindungsstrecke über Herzogenburg möglich, aber weiter.

Dichtes Autobusnetz im Unteren Kremstal mit Stationen in Imbach, Rehberg, Senftenberg und Gneixendorf.

Pkw-Fahrer: Autobahn über Stockerau, dann Bundesstraße 3 bis Krems (ca. 78 km). Senftenberg (ca. 8 km weiter), Rehberg und Imbach dazwischen. Gneixendorf von Krems (ca. 4 km nordostwärts).

Variante: Westautobahn bis St. Pölten (ca. 63 km), dann Bundesstraße 32 (ca. 28 km) über neue Donaubrücke nach Krems.

4. *Sehenswertes unterwegs*

Hanak-Freilichtmuseum in Langenzersdorf. Burg Kreuzenstein. Gotische Kirchen am Wagram. Ortsbild von Hadersdorf mit Karner,

Bauernmöbelmuseum Gobelsburg. – Von Süden: St. Pölten (Altstadt, Dom), Stift Herzogenburg, Benediktinerstift Göttweig, Römerstadt Mautern.

5. Karten und Führermaterial

Generalkarte Österreich, 1:200.000, Kartenblatt 1; Bundesamt für Eich- und Vermessungswesen, 1:50.000, Blätter 37 (Mautern) und 38 (Krems an der Donau); Freytag-Berndt & Artaria, 1:100.000, Blatt 7 (Wachau, Kamptal); Kompaß-Karte der Wachau, 1:50.000; Dr. Franz Eppel: „Die Wachau“; Dr. Franz Eppel: „Das Waldviertel“; Dehio-Kunstführer: „Niederösterreich“; Reclams Kunstführer: „Österreich“, Band I; Kröner: „Handbuch der historischen Stätten: Österreich“, Band I; Wilma Bartaschek: „Krems, erlebt und erschaut“; Wilma Bartaschek: „Wachau, Landschaft am Strom“; Hans Edelmann: „Führer durch Niederösterreich“; Helmfried Knoll: „Wandern – jahrein und jahraus“, Kapitel „Distanzmarsch Wien – Krems“.

43 (G)

VON WOTAN BIS ZUR BRANDUNGSHÖHLE

Raum Hartenstein – Albrechtsberg an der Großen Krems – Purk

Man kann ein Zielgebiet einfach nicht oft genug begehen! Wer einen Wanderführer, einen Kunstführer oder was sonst immer schreiben möchte, der ist nachgerade gezwungen, stets „up to date“ zu sein – um einen geläufigen Fremdausdruck zu verwenden. Bester Beweis für mich: der Raum Hartenstein.

Beim ersten Besuch der Ruine „Hoch aufm Berg und tief im Tal“, wie sie treffend im Volksmund heißt, gilt unser Begehren noch ganz ihr, der in Trümmern liegenden Kaltwasserheilanstalt, die noch allzu deutlich die Spuren der Besatzungsmacht trägt. Aber alles ist frei zugänglich, unversperrt; und ich sehe jetzt noch meinen Bürokollegen Günter vor mir, wie er sich wie ein Affe an die freischwebende Wendeltreppe des Berchfrits hängt.

Jahre vergehen. Mit einem geborgten Stock schaffe ich mit Familie Mück von der Hochfläche aus den Weg zur Teufelsrast, werfe schaudernd Blicke über das Felsen- und Spaltengewirr hinab zum Zwickel, eine Szenerie, wie man sie nie in dem sonst so friedlichen Waldland vermuten würde. Die Mücks müssen zu ihrem VW zurück. Mich zieht magisch eine verrostete Tafel an, die einen Direktabstieg nach Hartenstein anzeigt; einen Abstieg, den es – schon damals – gar nicht mehr gibt. Und sosehr die Ruine auch von tief unten durch das schüttere Herbstlaub lockt – mit rutschigen Sohlen, und erst ein halbes Jahr nach der Hüftoperation darf ich mich hier auf keine Experimente einlassen, muß wohl oder übel nach den verschiedensten Versuchen wieder zur Straße zurück. Die Freunde haben inzwischen die Gudenushöhle besucht; für mich – damals – ebenso unerreichbar.

Sommer drauf. In Sturm und Regen stehe ich mit viel Glück mit den Gottwalds auf dem Wotansfelsen. Schemenhaft zeichnet sich in Dunst und Nebel die gegenüberliegende Teufelsrast ab. „Dort muß es doch auch noch eine Höhle geben!" meint Sepp. Neuer Platzregen verhindert, daß wir den direkten Übergang wagen könnten. Wir fahren nach Hartenstein, tasten uns im ärgsten Wolkenbruch über die hochgehende Kleine Krems, rutschen förmlich die Gudenushöhle hinunter, dringen bis zum Zwickel vor. Wir versuchen uns auch an einem Steig, der vom Kremstal gegen die Felsen der Teufelsrast ansteigt. Doch er endet bald.

Und noch ein Sommer drauf. Der erste richtig heiße Sommertag. An Hartenstein, im Vorjahr noch so eine Art Pensionistenheim, wird restauriert. Vor der Burg kampieren Holländer. Das Hochwasser der Kleinen Krems macht den Besuch der Gudenushöhle zu einem fast waghalsigen Balanceakt. Aber ich bin ungestört, ganz allein, kann in Ruhe die längst fälligen Fotos in diesem uralten Natur- und Kulturdenkmal schießen. Und dann reißt's mich: Eine nagelneue, blaue Markierung führt atemberaubend steil, zwischen Felsgalerien und Jungholz zur Eichmeierhöhle. Ein phantastisch kühler Schacht inmitten der Glut des Julitags, von einer dicken Marmorader durchzogen, tief in den Berg hinein! Wenige Meter darüber der „Steinerne Saal", ein weiteres Naturdenkmal, und schließlich der Ausstieg zum Weg nach der Teufelsrast; dort, wo noch immer die verrostete Tafel steht. Der Kreis ist geschlossen, der Übergang nach Albrechtsberg frei. Danke, ÖTK Wachau!

1. Das Zielgebiet

a) Landschaftliches: Waldviertler Hochfläche, zerfurcht von den bisweilen schluchtartigen Gräben der Großen und Kleinen Krems mit ihren kleineren Zuflüssen. Kühne Felsszenerien (Wotansfelsen, Teufelsrast) an den Bruchlinien, mehrere Höhlen und urwaldartiger Forst in den Gräben. Hochland meist Kulturboden mit Ortschaften in beherrschender Lage. Außer Mühlen und Sägewerken kaum Einzelgehöfte.

b) Historisches:

Gudenushöhle: 1883/1884 entdeckt. Bisher einzige Fundstelle des Altpaläolithikums in Niederösterreich. Als „Faustkeilmousterien" datiert (ca. 50.000 v. Chr.) Steinartefakten in Verbindung mit Bären-, Hyänen-, Nashorn-, Mammut-, Ren- und Wildpferdknochen. Werkzeuge aus Quarzit, Bergkristall und Hornstein aus der Eis- und Zwischeneiszeit. Kulturreste aus dem Magdalenien. Heute Naturdenkmal, interessante Brandungshöhle der früher höher fließenden Kleinen Krems.

Hartenstein: Burgruine auf steilem Felsen im tief eingeschnittenen Tal der Kleinen Krems. Urkundlich 1187 von Heinricus de Harnensteine genannt. Ab Mitte des 17. Jh.s nicht mehr bewohnt. 1892 nach Abbruch verschiedener romanischer Bauteile Kaltwasserheilanstalt. Derzeit (1974) in Restaurierung. Vorburg zinnenbekrönt mit drei Toren. Berchfrit mit 3 1/2 m starker Mauer und Zinnenkranz. Dreistöckiger Palas und Rundturm von 20 m Höhe.

Großheinrichschlag-St. Johann: Dorf mit 581 Einwohnern, zur Gemeinde Weinzierl gehörig. Johanneskirche in Kirchweiler abseits der Ortschaft Großheinrichschlag in beherrschender, weitum sichtbarer Höhenlage (711 m). Schon 1284 Pfarre. Spätgotische Pfeilerbasilika, dreischiffig, im 18. Jh. umgebaut. Am barocken Hochaltar spätgotische Muttergottes. Grabsteine aus dem frühen 16. Jh. Vom Friedhof herrliche Rundsicht über große Teile des Waldviertels.

Els: Markt mit 220 Einwohnern, zur Gemeinde Albrechtsberg gehörig. Gotische Pankrazikirche, im 18. Jh. barock umgestaltet. Kreuzrippengewölbe aus dem 14. Jh. Marmorhochaltar. Quadratischer Westturm mit spitzem Steinhelm.

Albrechtsberg an der Großen Krems: Markt mit 1293 Einwohnern in beherrschender Hochlage. Malerische Baugruppe von Schloß und Himmelfahrtskirche auf steilem Hügel über der schmukken Siedlung mit dem besonders gepflegten Hauptplatz. Pfarre um 1380. Kirche Neubau aus dem Spätbarock nach Plänen von Matthias Munggenast. Malereien von Josef Fürst. Gnadenstatue aus der zweiten Hälfte des 15. Jh.s, Holzgruppe hl. Anna selbdritt um

1520. Grabsteine bis ins 14. Jh. zurückreichend. Schloß um drei Höfe im wesentlichen aus dem 16. Jh. Dreigeschossige Hochburg um kleinen Hof mit Arkadengang. Ringmauer mit Zinnen, Schießscharten und Turmbastionen. Pechnase im Haupttor.

Purk: Dorf mit 480 Einwohnern, Gemeinde Kottes. Martinskirche in malerischer Hochlage, urkundlich bereits 1120 erwähnt. Kleine romanische Pfeilerbasilika mit halbkreisförmiger Apsis. Stern- und Netzrippengewölbe. Spätgotische Kapelle. Holzstatue des heiligen Rupert aus dem 16. Jh. Grabstein mit eingeritztem Stangenkreuz aus dem 14. Jh.

Kottes: Markt mit 1920 Einwohnern, mit Purk verbunden. Schon im Jahr 1096 „novale Chotanisriute“ („Rodung eines Chotan“ = „Kuttenmanns“!) Himmelfahrtskirche 1124 geweiht. Siedlung lag am „Griesteig“, der alten Hochstraße von Spitz und Aggsbach nach dem Norden. Von der ältesten romanischen Kirche nur geringe Reste erhalten (Grundmauern der halbkreisförmigen Apsis). Heute spätgotischer Bau mit barockisiertem Westturm. Spätgotische Holzstatuen, zwölfeckiger Taufstein aus dem Ende des 15. Jh.s. Außenfresko des hl. Christophorus um 1520. Steinerner Marktmetzen aus dem 16. Jh. Pfarrhof mit interessantem Gewölbe um 1580.

c) Bemerkenswert: Eichmeierhöhle und „Steinerner Saal“ als Naturdenkmale im Tal der Kleinen Krems. Sommerbad in Purk. Wildbadeplätze in den malerischen Kremstälern. Gasthof Hofmühle bei Hartenstein nur für Pensionsgäste!

2. *Wandermöglichkeiten*

Neu markiertes, dichtes Netz von Wanderwegen in den Kremstälern, zu den malerischen Felsgruppen und in die markanten Höhlen (alles auf eigene Gefahr, gutes Schuhwerk!) sowie zwischen den einzelnen Ortschaften. Gudenushöhle bei Hochwasser nur watend erreichbar.

3. *Zufahrt und Verkehrsverbindungen*

Donauuferbahn von Wien-Franz-Josefs-Bahnhof nach Krems, Weißenkirchen und Spitz an der Donau. Von dort Postautobusse in alle Ortschaften, jedoch teilweise mit ungünstigen Fahrplänen.

Pkw-Fahrer: Schnellstraße 3 nach Krems (ca. 78 km). Dann Bundesstraße 37 über Senftenberg, hernach links abbiegend über Lokalstraßen auf der Strecke Reichau – Nöhagen – Maigen bis unmittelbar vor Burg Hartenstein (ca. 25 km). Durchfahrt nach Hartenstein von Untermeisling nicht gestattet!

Großheinrichschlag und St. Johann von Maigen über Lobendorf erreichbar (ca. 4 km). Von Hartenstein über Els nach Albrechtsberg (ca. 6 km), nach Purk (ca. 7 km), nach Kottes (weitere 6 km). Rückfahrt über Mühldorf – Spitz an der Donau – Krems (ca. 112 km).

4. Sehenswertes unterwegs

Krems-Stein (mittelalterliche Stadtbilder), Hadersdorf am Kamp (Karner, Marktplatz), Kirchen in Imbach, Rehberg, Senftenberg. Schloß Oberranna. Ortsbilder von Spitz, Dürnstein (Burgruine), Weißenkirchen (Museum Teisenhoferhof).

5. Karten und Führermaterial

Generalkarte Österreich, 1:200.000, Kartenblatt 1; Bundesamt für Eich- und Vermessungswesen, 1:50.000, Blätter 37 (Mautern) und 36 (Ottenschlag); Freytag-Berndt & Artaria, 1:100.000, Blatt 7 (Wachau, Kamptal); Kompaß-Karte 1:50.000, Wachau; Dehio-Kunstführer: „Niederösterreich“; Reclams Kunstführer: „Österreich“, Band 1; Kröner: „Handbuch der historischen Stätten: Österreich“, Band I; Hans Edelmann: „Führer durch Niederösterreich“.

44 (G)

KARNER UND BURGEN AM KAMP

Raum Gars am Kamp – Langenlois – Hadersdorf am Kamp

Volkswandertag der Freiwilligen Feuerwehr Gars am Kamp. Da ist was los! Ich habe schon eine kleine Fleißaufgabe hinter mir: bin ich doch mit dem frühesten Frühzug nach Etsdorf-Straß gefahren, dort ausgestiegen, habe mir Hadersdorf fotografisch und kulturgeschichtlich angesehen und bin durch den Dunst des schwülen Augustmorgens über die Weinberge, durch die zeckengefährdeten Wälder des Heiligensteins zur Kamptalwarte gepilgert („Heute geschlossen – kommen Sie gestern!"). Erst in Zöbing hat mich wieder das Dieselroß aufgenommen.

Echte Jahrmarktstimmung herrscht in Gars-Thunau auf dem Dreifaltigkeitsplatz, dem Start und Ziel zugleich. Loisl Mück, der unermüdliche AV-Mann, Wanderführerautor und „Wegbereiter" im echtesten Sinn, Professor an der Horner Handelsakademie, Medaillensammler en gros, ist hier selbst Organisator und einer der Hauptantriebsmotoren dieser gelungenen Veranstaltung. Und da er selber diesmal nicht mitgehen kann, weil man ihn zum unentbehrlichen Schreiber gemacht hat, schickt er die nächste Mückengeneration – die kleine Barbara – und die vorige, seine unglaublich rüstige Mutter, auf den Weg. Barbara schafft die kurze 13-km-Strecke spielend in meiner Begleitung; die alte Dame, schon hoch in den Siebzig, setzt ihren Ehrgeiz in die längeren 21 km – und kommt auch dort ans Ziel. Es ist freilich auch eine besonders schöne, mit Liebe angelegte Strecke: Aufstieg im

Schatten, Wald, soweit er überhaupt vorhanden ist, eine malerische Würstlbraterei der Feuerwehr im eindrucksvollen Ruinengelände von Thunau, wobei diese Feuerwehr den unbändigen Durst der Marschierer auch gleich mit ganzen Batterien von Limonade-, Bier- und Coca-Cola-Flaschen löschen kann. Am Weg die herrliche Gertrudkirche hoch am Berghang mit dem malerischen Karner, die Ruinen Kamegg und Schimmelsprung und das prächtige Waldgebiet, das die Hoyos-Sprinzenstein eigens für den Wandertag geöffnet haben. Nur dafür, welche Ehre! Zum Abschluß jedoch – auf ins Garser Bad mit seinen beiden Schwimmbecken und der Möglichkeit, im Fluß selbst bei nur + 17° C Wassertemperatur Abkühlung von der Hitzeschlacht zu suchen. Ist das ein Genuß!

Nur einer kann nicht lang bleiben; ihn lockt schon wieder das nächste Ziel: der Chronist. Er kann weder an heißen noch an Regentagen untätig sein, wenn er sein Pensum rechtzeitig erledigen will ...

1. Das Zielgebiet

a) Landschaftliches: Unterlauf des Kamp nach seiner Süddrehung bei der Rosenburg. Tief eingeschnittenes, windungsreiches Flußtal zwischen waldigen, stellenweise felsigen Hügeln, die gen Osten im 536 m hohen Manhartsberg gipfeln. Erst ab dem Heiligenstein mit Kamptalwarte Weitung des Tals und Eintritt ins fruchtbare Schwemmland der Donau, in die der Kamp südlich Grafenwörth mündet. Zahlreiche alte Siedlungen an den Flußschlingen, von Burgen und Ruinen überragt. Beliebtes Sommerfrischen- und Weinbaugebiet.

b) Historisches:

Kamegg: Dorf mit 260 Einwohnern. Barocke Wallfahrtskapelle Maria Bründl, in der ersten Hälfte des 17. Jh.s erbaut. Muttergottesstatue aus der ersten Hälfte des 16. Jh.s. Kachel mit Kreuzigungsgruppe um 1550.

Ruine der von Heinrich von Chambecha 1150 auf steilem Hügel erbauten Burg. Im Osten tiefer Halsgraben. Gotischer Berchfrit mit Spitzbogentor und Fenster erhalten.

Gars am Kamp: Markt, mit Thunau heute 3968 Einwohner. Name kommt vom slawischen Personennamen Gorze, Gorek. Im

11. Jh. von großer Bedeutung für die Markgrafschaft Österreich, Sitz und Sterbestätte des dort residierenden Markgrafen Leopold II. (gestorben 1095). Kampabwärts slawische Wallburg „Schanze" aus dem frühen 10. Jh. bei Grabungen entdeckt. Älteste Burganlage aus dem 11. Jh., heute Schloßruine. Durch Zubauten aus dem 18. Jh. nicht mehr deutlich im Kern erkennbare Anlage. Achtseitiger, mittelalterlicher Diebsturm. Alte Hochburg mit zweistöckigem Palas, Spitzbogentor. Gertrudskirche im 11. Jh. errichtet. Landesfürstliche Mutterpfarre mit großem Bereich bis einschließlich Eggenburg. Am Berghang auf ummauertem Platz südlich der Burg erbaut. 1620 zerstört, seit 1673 wiederhergestellt. Dreischiffiges romanisches Langhaus aus dem 13. Jh. Freskenreste aus der Mitte des 14. Jh.s. Schutzmantelmadonna um 1400. Ostwärts drei gotische kreuzrippengewölbte Chöre mit Maßwerkfenstern. Im mittleren Chor sieben Glasgemälde aus Johannes- und Gertrudlegende. Romanischer Westturm (um 1140) steht im Mittelschiff. Romanisches Radfenster in der Fassade („Katharinenrad": Rundfenster in romanischem Stil, um runde Nabe gruppiert und durch sechs Säulchen unterteilt). An einem Altar aus Holz geschnitzte Anna selbdritt-Gruppe aus der Mitte des 15. Jh.s. Vesperbild von 1420 im Chor. Bemalte Totenschilde und Renaissancerelief aus dem 16. Jh.

Frühgotischer Rundkarner aus dem 14. Jh. mit Halbkreisapsis.

Im Markt Gars Simon und Judas Thaddäus-Kirche, urkundlich 1387, 1593 erweitert.

Pfarrhof: Renaissancebau mit rustiziertem Rundbogentor 1595.

Redemptoristinnenkloster urkundlich 1390, Rundbogentor über die Gasse.

Bemerkenswerte Häuser auf dem Hauptplatz. Gars Geburtsort Franz von Suppés.

Ruine Schimmelsprung: Name von einer alten Sage eines auf einem Schimmel Flüchtenden. Urkundlich um 1200, schon Ende des 14. Jh.s verfallen. Drei Gräben einer einst sehr bedeutenden Burg, heute nur mehr in Grundmauern angedeutet.

Buchberg am Kamp: Dorf mit 180 Einwohnern. Sommerfrische.

Schloß Buchberg: Urkundliche Nennung des Geschlechts der Buchberger 1160. Bauliche Veränderungen im 16./17. Jh. unter Benützung älterer Teile. Zweigeschossige, teils auf gewachsenem Fels aufgesetzte Baugruppen um zwei Höfe. Prächtiges Renaissancetor zum inneren Burghof. Schloßkapelle tonnengewölbt mit Halbkreisapsis und Spitzbogenarkaden.

Plank am Kamp: Markt mit 520 Einwohnern. Gut „Blaeunikke" von Markgraf Leopold III. 1113 dem Stift Melk geschenkt, in Unterplank gelegen.

Auf Burg Oberplank saßen schon 1140 die „Plauniche". Heute nur mehr Mauerreste.

Nikolauskirche schon 1276 genannt, 1476 Pfarre, Barockkirche mit Benützung gotischer Bauteile.

Gotische, barockisierte Maria Magdalenen-Filialkirche.

Stiefern am Kamp: Vom altslawischen „stivinna" = der flüsternde Bach abgeleitet. Um 900 von freiem slawischem Adeligen („vir venerabilis") dem Stift Freising geschenkt. Kirchendorf mit straßenartiger Erweiterung, heute 450 Einwohner.

Johanneskirche um 1266 Pfarre. Netzrippengewölbtes Langhaus und Chor um 1500. Hochaltar mit Bild von M. J. Schmidt 1767.

Schönberg am Kamp: Bis 1387 Kuenringerbesitz, seit 1475 als Markt erwähnt. Erste Nennung Anfang des 12. Jahrhunderts. Burg nach dem Schwedensturm von 1645 nicht mehr lang bewohnt. Heute nur noch zwei Türme und mächtige Bastionen.

Markt mit 2034 Einwohnern. Agneskirche 1283 Pfarre. Gotischer Bau mit seitlich gestelltem, mittelalterlichem Turm. Barockes Langhaus, kreuzrippengewölbter gotischer Chor. Grabstein mit Doppelwappen 1384. Schön gelegener Kalvarienberg aus dem 17. Jh.

Zöbing am Kamp: Zwischen Heiligenstein (der 1280 noch „Helstein" hieß) und Gaisberg steinzeitliche Lößstation mit Klingen und Schabern gefunden. Höhlensiedlung aus dem Neolithikum auf dem Kogelberg. Ortsname reicht bis ins 10./11. Jh. zurück („Ebingin" = „bei den Leuten des Ebo"). Burg verschollen.

Seit 1439 Markt mit heute 690 Einwohnern. Martinskirche Pfarre 1258. Erbaut Anfang des 15. Jh.s. Kreuzrippengewölbtes, 1790 mit Fresken geschmücktes Langhaus. Strebepfeiler, Reste von Maßwerkfenstern. Spätgotische Kapelle mit neuem Flügelaltar und bemerkenswerten Temperabildern aus der zweiten Hälfte des 15. Jh.s.

Langenlois: Stadt mit 7071 Einwohnern. Durch Bodenfunde Lößstation der Steinzeit nachgewiesen. Kontinuierliche Kulturentwicklung über neolithische und bronzezeitliche Funde bis zu römischen Münzen. Ortsname vom slawischen „Liubisa" = „die Liebliche". Anfangs getrennte Gemeinden Oberes und Unteres Eigen zum Markt „Langenleyß" zusammengeschlossen. Seit 1925 Stadt.

Lorenzikirche Pfarre 1277. Ursprünglich spätromanisch aus dem

Ende des 13. Jh.s. (Rundbogenfenster und gemalter Fries). Umwandlung im 15. Jh. in spätgotische, dreischiffige Pfeilerbasilika. Nach 1750 barockisiert. Ecce homo 1415 in Turmnische, Fresken um 1350. Gotischer Schrein als Hochaltar. Wappengrabsteine bis ins 15. Jh. zurück.

Nikolaus-Filialkirche urkundlich 1289. Kreuzrippengewölbter Chor, ursprünglich einschiffig, tonnengewölbt. Anfang des 15. Jh.s Spitzbogenfenster und spitzes Steindach des Nordturms. Reste gotischer Glasmalereien um 1500.

Elisabeth-Spitalskirche von 1420 ursprünglich gotisch. Seit 1950 Aufbahrungshalle. Spätgotischer Chor mit Sternrippengewölbe.

Ehemalige Franziskanerkirche mit Kloster. Spätgotische Pfeilerbasilika 1458. Sehenswerte Stuckdecke im Klosterfreihof.

Rathaus einstöckig mit barocker Fassade 1728.

Kornplatz mit malerischen Barock- und Renaissancehäusern.

Museum mit Kunstwerken aus aufgelassenem Kloster, urgeschichtlichen Funden. Holzgemälde „Beweinung Christi“ 15. Jh.

Gobelsburg: Markt mit 735 Einwohnern. Nach Funden Siedlungen seit der älteren Steinzeit. Römergräber aus dem 2. nachchristlichen Jh. Kirchenhöhensiedlung über dem rechten Kampufer mit jüngerem Angerdorf. Älteste Erwähnungen lassen 1114 auf edlen Slawen schließen („Chobatispurc“, „Chopanspurch“).

Pfarrkirche Mariä Geburt Pfarre 1214. Frühgotische, dreischiffige Pfeilerbasilika, 1749 barockisiert. Bemerkenswerte romanische Steinreliefs, Sündenfall und drei Figuren aus dem 12. Jh. Weihwasserbecken von 1514. Fresken einer Kreuzigungsgruppe aus dem 15. Jh. Heiliger Bartholomäus aus dem 14. Jh. Schloß aus dem 16. Jh., 1725 umgebaut, mit Majolika- und Bauernmöbelmuseum (Öffnungszeiten Mitte Mai bis Ende Oktober, täglich außer Montag von 9 bis 17 Uhr).

Hadersdorf am Kamp: Siedlungsplätze des Neolithikums beim Bau der Kamptalbahn entdeckt. 130 Gräber mit etwa 600 Gefäßen und Bronzegegenständen der Urnenfelderkultur im Bahnhofsgelände. Erste urkundliche Nennung als „ecclesia Haderichesdorff“ 1136.

Markt mit 1395 Einwohnern, Markterhebung 1368. Beachtlicher, parkgeschmückter Platz mit ungemein malerischen Bürgerhäusern. Peter- und Paulskirche Pfarre vor 1238. Langhaus mit längsrechteckigem Platzelgewölbe. Rundkarner mit Halbkreisapsis und Rundbogenfries des 13. Jh.s, Portalvorbau um 1270. Rathaus urkundlich 1573. Fassade etwas jünger, pyramidengekrönt.

Straß im Straßertale: Markt mit 1485 Einwohnern.

Himmelfahrts-Pfarrkirche vor 1365 Pfarre, vor 1638 erbaut, Ersatz für baufällig gewordene Kirche aus dem 14. Jh. (heute Haus Nr. 142 mit erhaltenem Gewölbe). Spätgotischer Bildstock 1484.

c) Bemerkenswert: Naturlehrpfad in Gars am Kamp. Sommerbad in Hadersdorf am Kamp. Flußbad in Schönberg am Kamp. Strand- und Moorbad in Gars am Kamp. Wildbadeplätze am Kamp. Heimatmuseum Langenlois täglich von 9 bis 12 Uhr geöffnet (u. a. Urgeschichte, Volkskunde, Weinbau). Kamptalwarte auf dem Heiligenstein (nicht immer geöffnet!) mit herrlicher Aussicht.

2. *Wandermöglichkeiten*

Von jeder der genannten Ortschaften Wanderwege zu beiden Seiten des Flusses und weiter. Burgruinen Thunau, Kamegg und Schimmelsprung besonders lohnend, ebenso Heiligenstein.

3. *Zufahrt und Verkehrsverbindungen*

Franz-Josefs-Bahn bis Hadersdorf am Kamp, dann Kamptallinie Richtung Horn – Sigmundsherberg mit Stationen in allen genannten Ortschaften; für Straß im Straßertale Etsdorf-Straß an der Hauptstrecke Wien – Krems. Lokale Autobuslinien.

Pkw-Fahrer: Autobahn bis Stockerau, dann Bundesstraße 3 bis Hadersdorf am Kamp (ca. 60 km). Abzweigung nach Straß auf Bundesstraße 213 (ca. 2 km). Abzweigung auf Bundesstraße 34 ins Kamptal, bis Gars (ca. 25 km).

4. *Sehenswertes unterwegs*

Hanak-Freilichtmuseum Langenzersdorf. – Gotische Kirchen in Kirchberg und Fels am Wagram, Engabrunn. – Schloß Grafenegg, romantischer englischer Stil, mit Opern und Konzerten.

5. *Karten und Führermaterial*

Generalkarte Österreich, 1:200.000, Kartenblatt 1; Bundesamt für Eich- und Vermessungswesen, 1:50.000, Blätter 21 (Horn) und 38 (Krems an der Donau); Freytag-Berndt & Artaria, 1:100.000, Blatt 7 (Wachau, Kamptal); Dr. Franz Eppel: „Das Waldviertel"; Dehio-Kunstführer: „Niederösterreich"; Kröner: „Handbuch der historischen Stätten: Österreich", Band I; Reclams Kunstführer: „Österreich", Band I.

45 (G)

VATER RADETZKYS RUHESTÄTTE

Raum Limberg – Maißau – Heldenberg

Man tritt aus einem verwunschenen Wald voller alter Bäume, voll geheimnisvollen Zwielichts und voller leuchtender Immergrünblüten auf dem ungepflegten Waldboden. Tritt jäh in die gleißende Helle eines weißen, sonnenbeschienenen Platzes – und erschrickt: Büsten blicken aus dem Blattwerk, kaiserliche, fürstliche, militärische, Dutzende, ganze Reihen. Um Siegessäulen gruppiert, in Alleen gereiht. Manch einer der Sockel leer. Ein Säulenhaus mit Freitreppe inmitten, ein Obelisk, Statuen der Clio und der drei Parzen. Martialische, lobpreisende Inschriften. Eine ganze Batterie Feldschlangen, wie die kleinen Kanonen in der Fachsprache genannt werden. Ein ruhender Löwe. Und unterirdisch, vom sonnenüberfluteten Platz im Szenenwechsel hinab in muffiges Halbdunkel, das Mausoleum dessen, dem die ganze Anlage gewidmet ist – Feldmarschall Radetzkys. Hier aber wird die Geschichte leicht makaber: Nicht er allein ruht dort unten mit seinem Mitstreiter, Feldmarschall Wimpffen. Nein, als Dritter im Bunde ruht auch noch der Schöpfer der ganzen Anlage, der sich dort in des Wortes wahrstem Sinn „eingekauft“ hat, der kräftig mitnaschen wollte am Ruhm der beiden Feldherren, an einem Stück ruhmreicher altösterreichischer Militärgeschichte – der Heereslieferant und gefinkelte Geschäftsmann Josef Parkfrieder, zu Lebzeiten Herr auf dem benachbarten Schloß Wetzdorf. Es ist ihm vortrefflich gelungen, denn er ruht nun an zentraler Stelle, während die beiden Marschälle eher bescheidene Seitenplätze erhalten haben. Doch mehr darüber steht in der ausgezeichneten Broschüre „Der Heldenberg“ von Gunther Martin, die am Schauplatz des Geschehens vom Gruftführer verkauft (und ziemlich eigenwillig kommentiert) wird.

1. Das Zielgebiet

a) Landschaftliches: Hügelland ostwärts des Manhartsberges und nördlich des Wagram (= „Wogenrain“) der Donau im Einzugsgebiet der Schmida, eines der bedeutenderen nördlichen Donauzuflüsse. Relativ bescheidene Erhebungen bis an die 400-m-Grenze, verhältnismäßig waldarmes Acker- und Wiesenland, gelegentlich Weinbau. Besiedlung auf Ortschaften konzentriert, kaum Einzelgehöfte. Trockenes, regenarmes Klima. Schöne Fernsicht von allen Höhenpunkten.

b) Historisches:

Limberg („Lindenperch“), Dorf mit 383 Einwohnern. Ur- und frühgeschichtliche Siedlung „Heidenstatt“, seit dem Neolithikum bewohnte Höhensiedlung. Funde von Steinwerkzeugen, aus späterer Zeit Schnur- und Glockenbecher-Tonware, Bronzeschmuckstücke, Glasarmbänder. Der „Rittsteig“ als alter Verkehrsweg parallel zum Zug des Manhartsbergs, wichtigste Verbindung vom Sudeten- in den oberen Donauraum. Heute bedeutungslos geworden.

Sehenswürdigkeiten: Jakobskirche urkundlich 1267 mit romanischem Westturm. Gekuppelte Rundbogenfenster mit stark konischen Säulchen, Würfelkapitellen, steilen Basen und Ecksporen um 1140. Chor aus dem 15. Jh., barockes Langhaus. Auf dem Friedhof berühmte „Zogelsdorfer Grabsteine“ aus dem 18. Jh.

Schloß der Herren von Kirchberg. Unregelmäßiges, zweigeschossiges Viereck mit Arkadenhof und Altane. Barocker Puttenbrunnen im Garten. Heute ziemlich vernachlässigtes Wohnhaus.

Oberdürnbach: Dorf mit 230 Einwohnern. Katharinenkirche aus ehemaliger Schloßkapelle hervorgegangen. 1339 erbaut. Im Chor großartige Fresken bloßgelegt: Katharinenzyklus, Kreuzigungen, Anbetung der Könige, Apostel, Bischöfe, Stifter.

Maißau (das alte „Missov“), Stadt mit 2116 Einwohnern. Siedlungsreste aus der Jungsteinzeit (donauländische Kultur), Bronzezeit (Urnenfelderkultur) und La Tène-Zeit. Gräberfeld der Hallstattzeit mit der „Kröte von Maißau“ als bedeutendstem Fund. Siedlung erstmals 1114 erwähnt. Die Maißauer waren im Spätmittelalter unter den bedeutendsten und reichsten österreichischen Adelsgeschlechtern zu finden. Planmäßige Anlage der Burgstadt in vier Terrassen: Hochburg, Vorburg, Kirche und Rechteckplatz. Schnittpunkt zweier bedeutender Verkehrswege (Wien – Horn und Krems – Znaim). Stets Ackerbürgerstadt mit Weinbau, Viehzucht und Ackerbau als Grundlage.

Sehenswürdigkeiten: Barocke Veitskirche mit frühklassizistischer Ausstattung. Schloß urkundlich 1122, dreigeschossige Gebäudegruppe mit alten Resten, neugotisch erweitert und umgebaut. Torturm 1460. Feste Steinbrücke und vier Erkerrundtürmchen. Rundsäulenhalle mit Kreuzrippengewölbe um 1380. Burghof mit zweigeschossigem Laubengang. Frühklassizistische Brunnenstube im Park.

Ravelsbach („Ramuoltispach"), Markt mit 1797 Einwohnern. Alte Mutterpfarre aus dem 11. Jh. mit 32 Ortschaften zwischen Manhartsberg und Schmidatal. 1314 bereits Marktrecht. Sitz eines Bezirksgerichts.

Sehenswürdigkeiten: Himmelfahrtskirche als eines der besten Bauwerke Jakob Prandtauers 1721–1725 nach dem Vorbild von Melk. Fünf prächtige Altäre. Pfarrhof von 1660 mit vermauerten Arkaden.

Ziersdorf: Markt mit 3184 Einwohnern. Pfarrkirche mit Chor und Sakristei aus dem 14. Jh. mit Kreuzrippengewölbe.

Kleinwetzdorf: Gutsweiler mit 150 Einwohnern. Einstöckiges Schloß um drei Höfe mit vierzehnachsiger Hauptfassade aus dem Anfang des 17. Jh.s; im 19. Jh. stark verändert. Frei stehendes Löwentor, lebensgroße Soldaten im derzeit verwilderten Park.

Heldenberg: Spätklassizistische Erinnerungsstätte an Feldmarschall Radetzky und seine italienischen Feldzüge 1848/49, geschaffen vom damaligen Schloßbesitzer, Armeelieferant Parkfrieder. 200 überlebensgroße Büsten verdienter Kriegsteilnehmer, aber auch sämtlicher Habsburgerherrscher bis Franz Joseph I., sowie zahlreicher Feldherren und Maria-Theresien-Ritter. Krypta mit Gruft für Radetzky, Wimpffen und – Parkfrieder selbst.

c) Bemerkenswert: Schwimmbäder mit Kinderplanschbecken und Liegewiesen in Ravelsbach und Ziersdorf. Besuchszeiten des Heldenbergs: Mai bis September von 9 bis 17 Uhr, an Sonn- und Feiertagen von 8 bis 18 Uhr. Sonst, außer Montag, von 10 bis 16 Uhr.

2. Wandermöglichkeiten

Auf Feldwegen und durch Weingärten von Limberg über Oberdürnbach nach Maißau ca. 1½ St. Spaziergänge im Heldenberggelände (ungepflegter Wald mit weiteren Erinnerungsresten).

3. Zufahrt und Verkehrsverbindungen

Bahnlinie Wien – Eggenburg – Gmünd mit Stationen Glaubendorf-Wetzdorf (für den Heldenberg), Ziersdorf, Ravelsbach und Limberg-Maißau.

Buslinie Wien-Landstraße – Horn mit Haltepunkten Kleinwetzdorf, Ziersdorf, Ravelsbach und Maißau.

Pkw-Fahrer: Bundesstraße 2, bzw. Autobahn bis Stockerau, dann Bundesstraße 4 nach Kleinwetzdorf mit Auffahrt zum Heldenberg (ca. 54 km). Maißau (12 km weiter, über Ziersdorf – Ravelsbach). Landesstraße über Oberdürnbach nach Limberg (4 km).

4. Sehenswertes unterwegs

Hanak-Freilichtmuseum in Langenzersdorf. – Lenaustadt Stockerau mit Sommerfestspielen. – Barocke Pfarrkirche Fischers von Erlach in Großweikersdorf.

5. Karten und Führermaterial

Generalkarte Österreich, Kartenblatt 1, 1:200.000; Bundesamt für Eich- und Vermessungswesen, 1:50.000, Blätter 21 (Horn), 22 (Hollabrunn) und 39 (Tulln); Dehio-Kunstführer: „Niederösterreich“; Reclam-Kunstführer: „Österreich“, Band I; Kröner: „Handbuch der historischen Stätten: Österreich“, Band I; Hans Edelmann: „Führer durch Niederösterreich“; Gunther Martin: „Der Heldenberg“.

46 (G)

„ES STEHT EIN SCHLOSS IN ÖSTERREICH..."

Raum Pernegg – Horn – Rosenburg

„Auf überwachsenen Pfaden", wie Knut Hamsun sein letztes großes Werk genannt hat, will ich in der Vergangenheit forschen. Auf den Spuren des verunglückten Bruders wandern, der vor vielen Jahren auf dem Bohlensteig im Hochkönig-gebiet geblieben ist. Ich weiß, daß er, der Langstreckenfahrer, der kirchlich Ungebundene, in seinen letzten Lebensjahren einmal in der geistlichen Jugendherberge von Pernegg genächtigt hat, als ihn sein treues Stahlroß weit durch niederösterreichisches Land getragen. Ich weiß, daß er dort mit dem Pfarr- und Schutzherrn der bescheidenen Jugendherberge lange und ernsthafte Gespräche geführt hat. Ob es den wohl noch gibt?

Vergebens suche ich in der alten Kirchenburg nach ihm. Die beherbergt nun ein munteres Völkchen von Burschen und Mädchen aus Geras, ihre alten Steine und Mauern werden von neuem Leben erfüllt; doch den Pfarrherrn finde ich nicht. Dafür weisen mir freundliche Helfer den Weg zur ganz alten Burg, zu den Resten der romanischen Kapelle, die es noch geben soll. Es sind wahrhaft dicht überwachsene Pfade dorthin, mannshohes Gras, übermannshohe Königskerzen. Sie alle wuchern um die romanische Apsis und selbst in ihr, auf dem gewachsenen Fels, der einst als wehrhafter Auslug die wichtige Straße durch das Taffa- und Mödringbachtal beherrscht hat. Eidechsen sonnen sich nun auf Mauertrümmern, Erdbeeren reifen in der Sonnenglut und tief, tief unten plätschert der

Bach. Wie vergänglich ist doch Menschenwerk, wenn es der Mensch nicht ständig mit neuem Leben erfüllt, so wie ich dies dann als krasses Gegenstück am Ende der Wanderung, in der weltberühmten Rosenburg erlebe!

1. Das Zielgebiet:

a) Landschaftliches: Dreigegliederte Landschaft in fruchtbares Horner Becken, Waldviertler Hochland und die Enge der felsdurchsetzten, waldbestandenen Täler des Kamps, der Taffa und des Mödringbachs. Horn als einzige Stadt im Schnittpunkt wichtiger Verkehrswege. Große Waldgebiete mit Feldern abwechselnd, keine Einzelgehöfte. Höchste Erhebung Steinplatte bei Pernegg. Beeren- und pilzreiche Wälder.

b) Historisches: Altes Rodungs- und Kolonisationsgebiet des früheren Mittelalters.

Pernegg: Abseits stehende Kirchenburg außerhalb des Ortes hoch über dem Mödringbach. Ehemaliges Prämonstratenserinnenkloster. Heute Marktflecken mit 1007 Einwohnern. Kloster erstmals 1070/80 genannt. Babenbergischer Seitenzweig. „Comitia Bernek". Vermutlich eine der drei Grafschaften, die 1156 mit der alten bairischen Ostmark zum Herzogtum Österreich vereinigt wurden. Gründung eines Doppelklosters geplant, dann jedoch Trennung: für Männer in Geras, für Frauen in Pernegg.

Pfarrkirche ehemalige Stiftskirche des hl. Andreas. Bedeutender siebenjochiger Bau, quadratisch halb eingebauter, übereck gestellter Westturm mit Pyramidendach. Mächtiges Schiff ohne Chortrennung, gewaltige Nischen. Pernegg gilt als bedeutendstes Beispiel der Nachgotik in Österreich (Jahre 1586–1608). Reiche Fresken und Malereien, nicht weniger als neun Altäre. Spätrenaissancekanzel von 1618. Taufstein, Orgelgehäuse, Beicht- und Kirchenstühle aus dem 17. Jh. Spätgotischer Schmerzensmann vom Anfang des 16. Jh.s.

Sakristei im ehemaligen Karner, frühgotisch aus der ersten Hälfte des 14. Jh.s. Reiche Stucchi um herzförmig gemalte Felder (Norbertlegende) aus dem 17. Jh.

Ehemaliges Stiftsgebäude aus dem 17. Jh., teils Pfarrhof, teils Jugendherberge des Stiftes Geras, teilweise auch Ruine. Kreuzgang in Resten erhalten, reiches Stuckwerk. Säle im Verfall. Vesperbildgruppe um 1540.

Vorhof durch hohe Umfassungsmauern gebildet, rundbogiges, gequadertes Haupttor, Zinnenbekrönung und weitere 4 Rundtürme. Schloßruine mit Nikolaikapelle abseits auf überwuchertem Felsvorsprung gegen das Mödringbachtal aus dem 13. Jh. Langhausreste und halbkreisförmige Apsis (diese jetzt als Lourdeskapelle) erhalten. Triumphbogen mit Kämpfer und Rundprofil. Rundfenster. Im Markt zwei Tabernakelpfeiler 1535 und 1610, Pranger von 1562.

Mödring: Dorf mit 420 Einwohnern, slawischer Name für „Sumpfboden". Johanneskirche 1288 Pfarre. Schwere Leiden unter den Hussiten. Wiederherstellung 1499–1525 in jetziger Form. Hauptchor vielleicht schon 1440 erbaut. Netzrippenfenster und Maßwerkfenster. Katharinenkapelle nach 1525 mit Astwerkgotik und anderen Auflösungsformen der Gotik. Turm unten quadratisch, oben achteckig mit Giebelkranz und steinernem Spitzhelm. Holzkanzel auf steinernem Fuß aus dem 17. Jh. Taufbecken von 1505. Flügelaltar mit Fortbildung gotischer Motive. Tabernakelpfeiler Ende des 15. Jh.s und 1533.

Horn: Stadt seit 1160 mit heute 6264 Einwohnern. Bezirksvorort am Zusammenfluß von Mödringbach und Taffa. Von alters her Mittelpunkt des klimatisch begünstigten Horner Beckens. Besiedlung daher schon seit älterer Steinzeit. Urgeschichtliche Funde seit 1930 im lokalen Höbarth-Museum gesammelt. Awarische Grenzposten im Horner Raum. Ursprüngliche Kirchsiedlung am Fernweg der „Hochstraße" aus dem 10. Jh. „Hornarun" = „bei den Leuten am hornförmigen Hügel". Im 13. Jh. Maut- und Zollstätte, gräfliches Hochgericht. Wiener, Mödringer und Prager Tor im 19. Jh. abgerissen. Stadtmauer mit mehreren Wehrtürmen aus dem 14./15. Jh. erhalten. Kriegsnot unter Matthias Corvinus, Hussiten und Schweden.

Sehenswürdigkeiten: Stephanskirche Pfarre 1046. Gotischer Kreuzrippenchor mit Strebepfeilern und Maßwerkfenstern aus dem 14. Jh. Hochaltar 1646. Kreuzrippengewölbte Kapelle mit Strebepfeilern und Maßwerkfenstern. Spätgotische Steinkanzel um 1500.

Höbarth-Museum mit bemerkenswerten Früh- und Urgeschichtssammlungen im ehemaligen, 1395 gestifteten Bürgerspital. Kapellenchor um 1395, Wappengrabstein um 1600.

Schloß der Puchheim 1539 neu erbaut, im 18. Jh. gänzlich umgebaut. Empire- und Biedermeiermöbel, Gemälde der Hoyos-Sprinzenstein. Ehemaliges Landgericht an der Nordseite mit schönem Laubengang. Wappenkartuschen 1591. Reich stuckierte Tonnengewölbe.

Bezirksgericht am Hauptplatz Sgraffitohaus mit Passionsdarstellung, Szenen aus Altem Testament, Tugenden, Lebensalter, Fabeln und Planeten 1583.

Alte Säulen-Arkadenhäuser am Haupt- und Kirchenplatz.

Rosenburg: Heute Gemeinde Rosenburg-Mold mit 1140 Einwohnern. Hoch über Kamp und Taffa gelegenes Schloß, eine der schönsten Burgen Österreichs. Zur Zeit der Reformation einer der Hauptsitze des Protestantismus unter den Brüdern Grabner. Ende des 16. Jh.s Ausbau zu einem der bedeutendsten Renaissanceschlösser des Landes. Im 17. Jh. „Österreichs Wartburg" als Pflegestätte von Literatur und Kultur. Volkslied „Es liegt ein Schloß in Österreich" auf Grund kriegerischer Ereignisse im Dreißigjährigen Krieg entstanden. Weiterer Ausbau unter Joachim von Windhag im 17. Jh. 1809 abgebrannt, fünfzig Jahre später in historisierendem Stil wieder aufgebaut. Neben anderen Schausammlungen vor allem Waffen- und urgeschichtliche Sammlung.

Zugang nur von Süden möglich. Quadratischer Torturm führt in langgestreckten, rechteckigen Turnierhof mit Arkaden an drei Seiten. Zweites Burgtor mit reicher Quaderrahmung. Ritterstatuen, Löwen. Hochburg dem Burgfelsen angepaßt. Netzrippengewölbte Kapelle mit Maßwerkfenstern und bemerkenswerten Bildern um 1500. Am neuen Hochaltar Holzreliefs: Krönung Mariä, Anbetung der Könige aus dem Ende des 15. Jh.s. Teilweise spätgotische Gemälde und Bildwerke aus dem 15. bis 17. Jahrhundert.

c) Bemerkenswert: Schönes Freibad in Horn mit großem Schwimmbecken und Lagerwiesen, Wasserrutsche, Bootsverleih. Hallenbad am Kirchenplatz 6. Wildbadeplätze am Kamp.

Höbarth-Museum in Horn: Urgeschichte, Stadtgeschichte, Volkskunde. Täglich außer Montag von 9 bis 12 Uhr und von 14 bis 17 Uhr. Ab November über den Winter geschlossen.

Rosenburg: Führungen ganzjährig täglich von 8 bis 18 Uhr, November bis einschließlich März von 9 Uhr bis zum Einbruch der Dunkelheit.

Pernegg: Anfragen wegen Führungen beim Pfarramt.

Jugendherberge des Stiftes Geras in Pernegg.

Während des Sommers fallweise Stiftskonzerte im nahen Stift Altenburg. 1975 Landesausstellung „Groteskes Barock" in Altenburg. „Graselhöhlen" des legendären Räuberhauptmanns Grasel am Aufstieg zur Rosenburg und bei der Wallfahrtskirche Maria-Dreieichen.

2. *Wandermöglichkeiten*

Auf unmarkierten Feldwegen, die Straßen vermeidend, vom Bahnhof Hötzelsdorf-Geras zur Kirchenburg Pernegg ca. 1 bis $1^1/_2$ St. –

Von Pernegg auf verblaßten grünen Zeichen über Staningersdorf und das Mödringbachtal nach Mödring ca. 3 St. – Von Horn, der Taffa entlang, auf romantischem Waldweg zur Ortschaft Rosenburg ca. 2 St. – Aufstieg vom Bahnhof Rosenburg zur Burg auf steilem Fußweg über Graselhöhle ca. 1/2 St. – Markierte Wanderwege von Horn und Rosenburg nach Stift Altenburg und Wallfahrtskirche Maria-Dreieichen.

3. Zufahrt und Verkehrsverbindungen

Franz-Josefs-Bahn bis Station Hötzelsdorf-Geras, dann Fußwanderung nach Pernegg. Postautolinie von Horn über Mödring – Pernegg zum Bahnhof Hötzelsdorf-Geras und weiter nach Geras und Drosendorf mit schütterem Fahrplan.

Franz-Josefs-Bahn nach Sigmundsherberg, dann Verbindungslinie nach Hadersdorf am Kamp mit Bahnhöfen Horn und Rosenburg und zahlreichen Zwischenstationen. Auch über Absdorf – Hippersdorf und Hadersdorf am Kamp erreichbar. Buslinie Wien – Horn und weiter nach Gmünd und Weitra. Busverbindung Horn – Rosenburg.

Pkw-Fahrer: Autobahn über Stockerau, dann Bundesstraße 4 bis Horn (ca. 77 km). Horn – Mödring (ca. 4 km). Bis Pernegg, Bundesstraße 30 (weitere ca. 8 km). – Horn – Rosenburg, Bundesstraße 34 (ca. 6 km). Rückfahrt auf Bundesstraße 34 durch das Kamptal, ab Hadersdorf auf Bundesstr. 3 und Autobahn (ca. 90 km).

4. Sehenswertes unterwegs

Burg Kreuzenstein, Heldenberg bei Klein-Wetzdorf, Schloß Maißau. Auf der Rückfahrt Gars am Kamp (Kirche, Ruine) Kamptalwarte auf dem Heiligenstein, Langenlois und Hadersdorf (Ortsbilder).

5. Karten und Führermaterial

Generalkarte Österreich, 1:200.000, Kartenblatt 1; Bundesamt für Eich- und Vermessungswesen, 1:50.000, Blätter 8 (Geras) und Horn (21); Freytag-Berndt & Artaria, 1:100.000, Blatt 7 (Wachau, Kamptal); Dr. Franz Eppel: „Das Waldviertel“; Kröner: „Handbuch der historischen Stätten: Österreich“, Band I; Dehio-Kunstführer: „Niederösterreich“; Reclams Kunstführer: „Österreich“, Band I; Hans Edelmann: „Führer durch Niederösterreich“; Kamptal-Seenwegführer von Dr. Alois Mück (ÖAV-Sektion Horn); Führer durch die Rosenburg (in der Burg erhältlich).

47 (G)

UNTER DEM MALTESERKREUZ

Raum Hollabrunn – Schöngrabern – Wullersdorf – Mailberg

Im weltweit zu feiernden „Jahr des Denkmalschutzes", wofür 1975 ausersehen wurde – in dem Jahr also, da dieses Buch erscheint – wird Niederösterreich um ein „exotisches" Museum reicher sein: Das Museum der Malteserritter in Mailberg. Da ein Jahr zuvor noch nicht gut über Aufbau und Ausgestaltung dieses künftigen Museums geschrieben werden kann, sei kurz die Ordensgeschichte aus dem „Großen Brockhaus" zitiert, damit wir uns überhaupt klar werden, wo in aller Welt überall diese Ordensbrüder fochten und heilten, ehe sie in dem malerisch-beschaulichen niederösterreichischen Weinort ein Denkmal gesetzt bekommen:

„Johanniterorden, Malteser (seit 1530), lateinisch ‚Ordo militiae Sancti Joannis Baptistae hospitalis Hierosolymitari', der älteste geistliche Ritterorden. Die Anfänge sind ungewiß, wahrscheinlich gründeten Kaufleute aus Amalfi ein Spital für Pilger, dessen Vorsteher Gerhard während des 1. Kreuzzugs einen vom Papst 1099 bestätigten Orden schuf. Sein Nachfolger Raimond du Puy (1120–1160) gab ihm eine Regel. Der Johanniterorden gliederte sich in Ritter, Priester und dienende Brüder. An der Spitze stand der Großmeister, auf Lebenszeit gewählt und beraten vom Konvent der 8 Großwürdenträger, die je einer Provinz (‚Zunge') vorstanden. Der Johanniterorden machte sich während der Kreuzzüge durch vorbildliche Krankenpflege in seinen Spitälern sehr verdient, doch trat allmählich der Glaubenskampf der Ordensritter in den Vordergrund. Nach dem Fall Akkons (1291) gingen die Reste des Johanniterordens nach Cypern und gewannen im Kampf mit Seeräubern Rhodos (vor 1310). Dort erlebte der souveräne Johanniterorden, durch Besitzungen des 1311 aufgelösten Templerordens bereichert, seine Blüte als Seemacht im Kampf gegen die Türken, bis diesen Rhodos 1523 erlag. Kaiser Karl V. gab dem Johanniterorden 1530 Malta zu Lehen, wo er (als Malteser-Ritterorden) die Türkenabwehr fortsetzte. Im 18. Jh. ging die Bedeutung des Johanniterordens zurück. Unter dem einzigen deutschen Großmeister, Ferdinand von Hompesch, fiel Malta 1798 durch Verrat an Napoleon. Der Orden verlor fast allen Besitz. Nur Großmeister-Statthalter wurden noch gewählt, bis Papst Leo XIII. die Würde mit Kardinalsrang wiederherstellte. Nach dem Verlust Maltas zog sich die Ordensleitung nach Rom zurück. Seit der Wiederherstellung der Großmeisterwürde hat der Orden seine karitative Tätigkeit international ausgeweitet. Die Zahl der Mitglieder belief sich 1954 auf rund 6000; mit 19 Staaten unterhält der Orden diplomatische Beziehungen."

So wird denn Mailberg ab 1975 nicht nur landschaftlich ein Juwel zwischen Weinbergen, Kellergassen und dem fast noch urwaldartigen Buchberg sein, sondern zur äußerlichen Fassade des wehrhaften Schlosses mit der Johanneskirche und der malerischen romanisch-gotischen Kunigundenkapelle mit dem Malteserkreuz auf dem Spitzhelm auch innerhalb des Schlosses einen Hauch der großen Welt ausstrahlen, in der einst die Ordensmitglieder lebten und wirkten.

1. Das Zielgebiet

a) Landschaftliches: Gebiet zwischen dem Waldland westlich Hollabrunns, dem Oberlauf des Göllersbachs im Süden, der Pulkau im Norden, gegen Osten ohne fixe Begrenzung. Relativ waldarmes Gebiet mit Ausnahme des Buchbergmassivs (417 m) und des Waldstücks um die Wallfahrtskirche Maria-Kleindreieichen. Wein- und Ackerbaugebiet mit Obstbaumalleen und Netz kleinerer Ortschaften zwischen Hollabrunn als Bezirkshauptstadt und Mailberg. Keine Einzelgehöfte.

b) Historisches: Grenzland von Ostmark und „Böhmischer Mark“ des Mittelalters. 1082 Entscheidungskampf bei „Moureberge“ während des Investiturstreits zwischen Babenberger Leopold II. und Böhmenherzog Wratislav II. Sieg der Böhmen im Bündnis mit regensburgischem Bischof. In Mailberg älteste Johanniterkommende in Österreich.

Hollabrunn: Bezirkshauptstadt mit 10.291 Einwohnern. Hauptort des westlichen Weinviertels. 1135 erstmals als „Holerbrunen“ erwähnt, aus Doppelort mit zwei getrennten Burgfrieden entstanden. An der Grenze auf einstigem Leeberg romanische Ulrichskirche errichtet, im 14. Jh. abgebrochen und durch gotische Bettelordenskirche ersetzt. 1385 Marktrecht, 1393 schon erster Schulmeister. Heute typische Behörden- und Schulstadt (Stadterhebung 1908).

Ulrichskirche Pfarre aus dem 13. Jh. Dreijochiges Langhaus mit Tonne und Stichkappen; frühgotischer, kreuzrippengewölbter Chor, zweijochig, mit $^5/_8$-Schluß. Nördliche Seitenkapelle mit $^5/_8$-Schluß aus der ersten Hälfte des 14. Jh.s. Grabsteine aus dem 16. Jh.

Spitalskapelle mit gotischem Chor aus dem 15. Jh. als Wohnhaus umgebaut.

Neues Museum Alte Hofmühle mit Barocktor von 1618 trotz Einhebung von Eintrittsgebühren erst im Aufbau (Keramiksammlung, studentengeschichtliche Sammlung, Franz von Zülow-Sammlung des Weinviertler Malers, Schmiedekunst in Österreich, moderne Kunst, urgeschichtliche Sammlung, südmährische Keramik der „Habaner“, die in einer Art Vorgänger der heutigen „Kommunen“ lebten, die Erbsünde leugneten und immer wieder ausgewiesen wurden). Besuchszeiten: Samstag, Sonn- und Feiertag von 10 bis 12 Uhr und von 13 bis 16.30 Uhr, Eintrittspreis 1974 S 15.–.

Schöngrabern: Markt mit 600 Einwohnern, Gemeinde Grabern, aus einem im 12. Jh. planmäßig angelegten Angerdorf „Grawarn“ entwickelt. Erste Erwähnung um 1120. Franzosenkämpfe 1805 und 1807, fast der ganze Markt durch Flammen zerstört.

Pfarrkirche Mariä Geburt in Hochlage. Pfarre vor 1210. Wichtiges Denkmal spätromanischer Baubildnerei im ersten Drittel des 13. Jh.s in Niederösterreich. Zweijochiges Langhaus, Chorquadrat und halbkreisförmige Apsis, Anfang des 13. Jh.s. Außen Lisenen, zwei Reihen verschiedener Rundbogenfriese um profilierten Sockel um den ganzen Bau. Apsis in sechs Felder geteilt. Darstellungen aus dem Heilszyklus und Tierfabeln. Reliefreste (drei Apostelfiguren nach 1200) innen in Nordmauer eingelassen. Romanisches Südtor ohne Sturz und Bogenfeld. Links davon figurales romanisches Relief. Im Inneren Reliefreste, Evangelistensymbole. An Basen der Halbsäulen und des Triumphbogens Tierskulpturen und phantastische Köpfe. Gotische Wandmalereien um 1330, zwei Teufel aus dem 16. Jh. Pfarrhof mit mittelalterlichen Resten.

Wullersdorf: Markt mit 2574 Einwohnern. Schon im 11. Jh. Mutterpfarre des mittleren Weinviertels. 1108 Neuweihe der Kirche in „Wuldesdorf". 1113/14 Markt („forum Woldeisdorf"). Verwüstungen durch Hussiten, Ungarn, Preußen und Franzosen.

Große spätgotische Kirche, unter Jakob Prandtauer bemerkenswert umgebaut, von Munggenast vollendet. Spätgotische Muttergottes um 1480.

Romanischer Karner, barockisiert, alte Kryptakapelle angebaut.

Pfarrhof von 1555, vielleicht auf Resten alter Kuenringerburg. Gotische Marienstatue aus Melk um 1500. Stiftstaverne mit gotischen Wölbungen.

Rathaus von 1498, Tor von 1709. Gotischer Pranger mit Schließeisen.

Mailberg: Markt mit 768 Einwohnern. 1055 erstmals erwähnt. Früher „Moureberge" = „Mauerberg". 1140/45 Waldgebiet um „Mourperg" dem Johanniterorden übertragen. Kloster, Kirche und Hospital als erste Kommende in Österreich. Hospiz 1128, Markterhebung 1514. Johanneskirche Pfarre vor 1208. Als gotische Schloßkirche barockisiert, in beherrschender Lage innerhalb des weiträumigen Schloßgebäudes. Hochaltar mit farbig gefaßten Figuren. Holzstatuen aus der Friedhofskapelle vom Ende des 15. Jh.s. Holzgruppe der Donauschule: Beweinung Christi (um 1510). Grabsteine von Ordenskomturen aus dem 16. Jh.

Kunigundenkapelle spätromanisch-frühgotisch auf steilem, den Markt überragendem Lößhügel. Achteckige Steinkanzel und Flügelaltar um 1460.

Sechsseitige spätgotische Lichtsäule mit gedrehtem Schaft, Maßwerkgiebel und Fialen, Spitzhelm mit Kreuzblume.

Schloß als Kommende des Ordens, erbaut 1595, Umbau 1762. Unregelmäßige, zweigeschossige Anlage mit Graben und Ringmauer. Rundturm. Gürtel von Befestigungen und Wirtschaftsgebäuden. Malerische Kellergassen.

c) Bemerkenswert: Schwimmbad Hollabrunn mit Vorwärmeanlage, Sonnenbad und Tennisplatz. – Weinlandmarsch (Volkswandertag) in Hollabrunn jeweils gegen Ende Oktober. – Malteserorden-Museum in Mailberg ab 1975.

2. *Wandermöglichkeiten*

Unmarkierte, zum Teil verwilderte Wege auf den (übrigens aussichtslosen) Buchberg mit üppigen Kornelkirschenbeständen. Seltene Frühlingsflora. Markierte Wander- und Reitwege im Waldland um Maria-Kleindreieichen.

3. *Zufahrt und Verkehrsverbindungen*

Eisenbahnlinie Wien – Retz mit Bahnhöfen Hollabrunn und Hetzmannsdorf-Wullersdorf (für Schöngrabern und Wullersdorf).

Postautolinie von Hollabrunn nach Mailberg über Wullersdorf. ÖBB-Buslinie von Wien-Landstraße über Hollabrunn und Schöngrabern nach Großkadolz.

Pkw-Fahrer: Autobahn bis Stockerau (ca. 29 km), dann Bundesstraße 2 (Europastraße 84) bis Hollabrunn (ca. 23 km), Schöngrabern (ca. 5 km), Grund (ca. 3 km), hernach Landesstraße über Wullersdorf (ca. 3 km) weiter auf Bezirksstraße nach Mailberg (ca. 9 km).

4. *Sehenswertes unterwegs*

Hanak-Freilichtmuseum in Langenzersdorf. – Stadtturm in Korneuburg. – Burg Kreuzenstein. – Schloß Schönborn bei Obermallebern. – Martinskirche in Göllersdorf.

5. *Karten und Führermaterial*

Generalkarte Österreich, 1:200.000, Kartenblatt 1; Bundesamt für Eich- und Vermessungswesen, 1:50.000, Blätter 22 (Hollabrunn) und 23 (Hadres; ohne Wegmarkierungen); Dehio-Kunstführer: „Niederösterreich"; Kröner: „Handbuch der historischen Stätten: Österreich", Band I; Reclams Kunstführer: „Österreich", Band I; Hans Edelmann: „Führer durch Niederösterreich"; Helmfried Knoll: „Vom Nordwald bis zur Puszta", Kapitel 27.

48 (G)

DIE STADT UNTER DER ERDE

Raum Retz – Pulkau – Schrattental – Zellerndorf

„Die Stadt, die unter der Erde größer ist", nennt Dr. Robert Dix ein Kapitel seines köstlichen Büchleins „Raritäten und Kuriositäten in Niederösterreich" und erzählt dann u. a.:

„Der alten Weinstadt Retz sagt man nach, daß sie unter der Erde größer sei als ober der Erde. Tatsächlich sind die ausgedehnten Kelleranlagen länger als die Straßen und Gassen der Stadt. Die Retzer Chronik berichtet, daß sich im Jahre 1694 ein Magister in Retz niederlassen wollte. Er wies dem Rate der Stadt seine Tinkturen, Salben, Kräuter und Blutegel vor, doch die Ratsherren lachten nur darüber. In der Chronik heißt es dann: ‚Zu Bescheid gegeben, daß er sich wird schwörlich nähren können, dieweil sich die Leut mit guatem, altem Wein kurieren' . . ."

„Der weitläufige Hauptplatz wird fast lückenlos von uralten Häusern umsäumt: hier das zinnengekrönte Verderberhaus aus dem 16. Jahrhundert – die Straßendurchfahrt führt uns in die Altstadt –, dort das Sgraffitohaus mit Bildern aus griechischen Fabeln und biblischen Themen, geschwungene Renaissancegiebel, reizvolle Fassaden, Erker und Gitter. Im Haus Nr. 14 wohnte 1810 Ludwig van Beethoven. In der Mitte des Stadtplatzes nach Art der „Grätzl" das Rathaus. Es entstand aus einer gotischen Kirche und wir können in der Marienkapelle ein Deckenfresko des jungen Martin Johann Schmidt bewundern. Um die Entstehung der Fresken rankt sich eine hübsche Geschichte: Die Stadtväter, die den Auftrag zur künstlerischen Ausgestaltung von Kapelle und Rathaus vergeben hatten, waren sehr überrascht und beunruhigt, als der Lehrbub – eben jener Schmidt – alleine die Decke bemalte. Daß sie mit seiner Leistung und Kunstfertigkeit höchst zufrieden waren, zeigt das schöne Trinkgeld, das sie ihm nach Beendigung der Arbeit schenkten. Wie kunstsinnig sie waren, erwies sich später, als der Lehrbub als „Kremser Schmidt" weltberühmt wurde.

Über die Freitreppe des Rathauses gelangt man in das Stadtmuseum, dessen geschichtliche Sammlung auch interessante Dokumente und Schriften zeigt, u. a. als Kuriosum die genaue Abrechnung einer Henkersmahlzeit . . ."

„Mag Retz auch unter der Erde größer sein, oberhalb ist sie (die Stadt) jedenfalls interessanter. Auf dem unteren Teil des Hauptplatzes steht ein Sgraffitohaus, das im Jahre 1567 erbaut worden ist. Es ist ein Bilderbuch-Haus, die Außenwände sind mit Sgraffitobildern aus der antiken Sagenwelt und aus der Bibel übersät. Da steht z. B. unter einer Abbildung folgender Vers:

‚Narcissus schauet in ein Brunn
Und sein Gestalt selbst lieb gewunn.
Das Laster hangt uns an schier allen,
daß wir uns selbst zuviel gefallen.'"

Darum: Schauen wir weniger in den Spiegel, sehen wir uns lieber die unterirdische Stadt an, die 1974 mit neuen Attraktionen versehen wurde. Aber bleiben wir nicht nur „unter Tag", denn – wie Dr. Dix richtig sagt: Oberhalb ist Retz interessanter!

1. Das Zielgebiet

a) Landschaftliches: Weinbaugebiet des Weinviertels, im Süden vom Pulkaubach, im Nordwesten von dem waldigen Höhenrücken begrenzt, der von Horn bis Znaim streicht und im Kohlberg mit 490 m gipfelt. Waldarmes, relativ flaches Land mit alten Siedlungen und keinen Einzelgehöften.

b) Historisches:

Schrattental: Eine der kleinsten Städte Österreichs mit 1092 Einwohnern. In der heutigen Gestalt planmäßige Gründung des 15. Jh.s mit rechteckigem Straßenplatz. 1220 erstmals als „villa Schratental“ genannt. Lage am „Rittsteig“, altem Verkehrsweg von Krems nach Znaim, begünstigte Wachstum. Feste Schrattenthal unter Ulrich von Eytzing, dem Führer der Ständerevolution gegen Friedrich III., um- und ausgebaut. Vor allem gotische Martinskapelle mit Verteidigungsgang, Gußlöchern und Wehrtürmchen. 1438 Marktrecht, 1472 Stadterhebung. 1501 hier älteste Druckerei Niederösterreichs.

Sehenswürdigkeiten: Gleich breiter, durchlaufender Stadtplatz 1:13. Stadtburg im Süden. Reste der Befestigung mit Ruinen eines Tor- und Mauerturms.

Augustinkirche gotisch mit quadratischem Westturm, Chor mit 5/8-Schluß und Sternrippengewölbe aus der Mitte des 15. Jh.s. Schiff und Orgelempore etwas jüngeren Datums mit Kreuzrippengewölbe. Eytzinger Grabsteine aus dem 15. und 16. Jh.

Prangersäule von 1542.

Schloß, im alten Teil „Schafstall“ vom Ende des 15. Jh.s mit Kreuzrippengewölbe und Achteckpfeilern. Breite Freitreppe. Martinskapelle dreijochig, 5/8-Schluß, Birnstabrippen. Breiter Verteidigungsgang auf Kragsteinen über den Maßwerkfenstern. Gußlöcher, Treppentürmchen, Wehrtürmchen auf Kragsteinen, erbaut 1438. Holzkruzifix um 1520.

Pulkau: Markt mit 1919 Einwohnern. Nach siegreichem Vordringen Kaiser Heinrichs III. gegen Mähren erhielt Hochadeliger Haderich in der „Böhmischen Mark“ 1055 großes Gut am Pulkaubach. 1308 Markt urkundlich genannt.

Sehenswürdigkeiten: Michaelskirche Pfarre vor 1135, ursprünglich romanischer Quaderbau, auf einem Berg gelegen. Dreischiffige, vierjochige Pfeilerbasilika, romanischer Ostturm und Rundbogenfenster, Reste von Rundbogenfriesen und Flechtornamentstreifen. Romanische Fenster mit Ecksäulchen. In der Kapelle neues Gewölbe mit Kelch-Kapitellen, Blattornamenten und Tieren aus dem 13. Jh. Bemalte Sakramentsnische, Fresken aus Katharinenlegende vom Anfang des 14. Jh.s. Außen an Südseite eingemauertes romanisches Relief: St. Michael als Seelenwäger mit Teufel aus der zweiten Hälfte des 13. Jh.s.

Karner, spätromanisch-frühgotischer Quaderbau, zweigeschossig aus der zweiten Hälfte des 13. Jh.s. Hauptgeschoß kreisförmig,

Apsis halbkreisförmig. Romanisches Stufentor mit zwei Säulenpaaren und rautenbesetztem Bogen. Zwölfeckiges zweites Geschoß mit figurenbesetzten Giebeln und Wasserspeiern. Grufttor mit Wulstprofil. Unvollendete gotische Heiligenblutkirche, 1398 bis Anfang des 15. Jh.s errichtet, mit langem, dreijochigem Chor, Strebepfeilern und Maßwerkfenstern. Gotisches Doppeltor an der Westwand. Zierliche gotische Sitznische mit figuralem Schmuck. Wappengruppe 1496. Großer Flügelaltar der Donauschule 1515/25, Werk des „Meisters von Pulkau".

Zellerndorf: Zur Zeit des Großmährischen Reiches (zweite Hälfte des 9. Jh.s) einer der Kristallisationspunkte slawischer Besiedlung. Byzantinischer Münzfund deutet auf steinernen Vorgänger der heutigen Pfarrkirche im 9. Jh. hin. Im 12. Jh. „Celdramesdorf", von slawischem Personennamen abgeleitet. Seit 1931 Marktgemeinde mit heute 2855 Einwohnern. Bahnknotenpunkt.

Sehenswürdigkeiten: Pfarrkirche der Heiligen Philipp und Jakob. Pfarre vor 1250. Romanischer Westturm. Quaderbau aus der zweiten Hälfte des 13. Jh.s, barockisiert. Dreischiffige, dreijochige Staffelkirche, Mittelschiff ursprünglich flachgedeckt, romanisch. Chor mit 5/8-Schluß, Kreuzrippengewölben und Birnstabrippen auf hornförmigen Konsolen um 1330. Seitenchöre aus dem 14. Jh. Kleine Kapelle mit Kreuzrippen aus dem 16. Jh.

Karner frühgotischer, achteckiger Quaderbau aus dem 14. Jh. mit 5/8-Chor, zarten Strebepfeilern und Wasserspeiern. Seiten mit Giebeln gekrönt, darüber Kreuzblumen. Maßwerkfenster, vermauertes, spätgotisches Tor.

Mühle im ehemaligen Schloß aus dem 16. Jh.

Unternalb: Dorf mit 730 Einwohnern. 1108 „Naliup" von altslawisch „Naljubu" = „der Liebliche"). Teil der „Böhmischen Mark", um 1060 mit Österreich vereinigt.

Laurentiuskirche Pfarre vor 1083. Besonders massiger Nordturm (1513 restauriert) und südliche Kapelle älteste Kirchenteile (14. Jh.). Chor Umbau gotischer Reste mit Kreuzgewölbe.

Retz: Stadt mit 4780 Einwohnern. Ortskern aus zwei Siedlungen entstanden: Nördlich Dorf „Reczz", um 1180 erstmals urkundlich erwähnt, um hochgelegene Pfarrkirche gruppiert, und Ende des 13. Jh.s im Süden angelegte planmäßige Gründungsstadt mit Rechteckplatz, Wehrmauer und Rundtürmen. 1305 erstmals als Stadt bezeichnet, 1425 von den Hussiten zerstört. Schon frühzeitig Weinbau und -export.

Sehenswürdigkeiten: 2 Tortürme und 3 Rundtürme fast zur Gänze erhalten.

Stephanskirche Pfarre vor 1200, außerhalb der erst später gegründeten Stadt. Kern romanisch, Umbau 1728. Grabsteine aus dem 15. bis 18. Jh.

Dominikanerkirche charakteristische frühgotische Bettelordenskirche. Dreischiffige, fünfjochige Halle mit langgestrecktem, dreijochigem Chor und 5/8-Schluß. 1295 vollendet, nach Hussitensturm teilweise neu gewölbt. Nordtor mit frühgotischem, profiliertem Gewände, im Bogenfeld Salomons Thron, Maria mit Engeln, Löwen und Stiftern aus dem Ende des 13. Jh.s.

Kloster: Teile des gotischen Baus erhalten (Kreuzgang mit frühgotischen Tür- und Fensterresten). In der Kapelle Totentafel: Großes Holzbuch mit aufgespannten Pergamentblättern von 1513, bis ins 14. Jh. zurückreichend.

1467 geweihte, 1783 entweihte Kapelle des Bürgerspitals. Museum mit urgeschichtlicher und volkskundlicher Keramik, Waffen, bürgerlicher Wohnkultur, religiöser Kunst im Rathaus (Besuchszeiten: Mai bis Oktober Sonntag von 9 bis 12 Uhr, sonst gegen Anmeldung im Stadtamt). Rathaus selbst mit gotischer Marienkapelle im Erdgeschoß. 1367 erwähnt, 1520 umgebaut. Fresken mit eucharistischen Themen. Zahlreiche malerische Häuser (Sgraffiti, bis ins 15. Jh. zurückreichend).

Znaimer Tor 14./15. Jh. Nalber Tor mit gotischem Portal. Kalvarienberg mit sechs Sandsteingruppen.

Letzte Windmühle Niederösterreichs.

c) Bemerkenswert: Jeden Herbst großes Retzer Weinlesefest mit Umzug und Weinbrunnen. – Bassinbäder mit Vorwärmeanlage in Pulkau und Retz, Sommerbad in Schrattental. – Hermann Löns-Stein auf dem Pulkauer Heidberg. – Kaiser Maximilian von Mexiko-Gedächtnisausstellung im nahen Hardegger Schloß.

2. Wandermöglichkeiten

Thayatal-Weitwanderweg von Retz meist flußaufwärts bis zum Nebelstein, dem Schnittpunkt der drei anderen großen Weitwanderwege. – Von Pulkau verschiedenste Wandermarkierungen in alle Richtungen.

3. Zufahrt und Verkehrsverbindungen

Von Wien-Praterstern über Stockerau – Hollabrunn nach Zellerndorf und Retz (Drosendorfer Linie). In Zellerndorf Abzweigung der

Querverbindung nach Sigmundsherberg über Pulkau. Direkte Busverbindung Wien – Retz und Wien – Pulkau. Querverbindung Retz – Pulkau über Schrattental.

Pkw-Fahrer: Autobahn bis Stockerau, dann Bundesstraße 2 bis Guntersdorf (ca. 62 km). Bundesstraße 2a weiter bis Retz (ca. 16 km, Unternalb etwa 2 km früher). Retz – Pulkau über Bundesstraße 35 ca. 7 km bis Schrattental, weitere ca. 4 km nach Pulkau. Rückfahrt auf Bundesstraße 212 über Zellerndorf (ca. 8 km), dann bei Watzelsdorf wieder auf Hinfahrtroute zurück.

Variante: Autobahn bis Stockerau, Bundesstraße 4 bis Maißau, Bundesstraße 214 bis Pulkau über Eggenburg (insgesamt ca. 81 km).

4. Sehenswertes unterwegs

Burg Kreuzenstein, Museum Alte Hofmühle (Hollabrunn), romanische Kirche Schöngrabern, Schloß Guntersdorf, bzw. Heldenberg, Schloß Maißau, Krahuletz-Museum Eggenburg, Heidnische Opferstätte bei Grafenberg.

5. Karten und Führermaterial

Generalkarte Österreich, 1:200.000, Kartenblatt 1; Bundesamt für Eich- und Vermessungswesen, 1:50.000, Blätter 9 (Retz) und 22 (Hollabrunn); Alexander Handler: „Herzstück des Weinviertels"; Dehio-Kunstführer: „Niederösterreich"; Kröner: „Handbuch der historischen Stätten: Österreich", Band I; Reclams Kunstführer: „Österreich", Band I; Hans Edelmann: „Führer durch Niederösterreich"; Helmfried Knoll: „Vom Nordwald bis zur Puszta", Kapitel 26; Helmfried Knoll: „Wanderungen rings um Wien", Kapitel 10; Helmfried Knoll: „Wandern – jahrein und jahraus", Kapitel „Irrwege im Nordwald".

49 (G)

BURGEN AN DER THAYALINIE

Raum Raabs an der Thaya – Weikertschlag – Drosendorf

Voller Wunder ist das Waldviertel. Man muß sie nur aufzuspüren wissen oder einfach den Quellen folgen, die schon recht zahlreich vorhanden sind, wenn auch nicht – wie ich hoffe – in der hier dargebotenen Form der „Zielgebiete". Ein ganz besonders geschichtsträchtiger Boden ist das Waldviertler Dreieck, das die Mährische Thaya zusammen mit ihrer Schwester, der Deutschen Thaya – nach ihrem Zusammenfluß bei Raabs nur mehr Thaya genannt, und dem „Eisernen Vorhang" bildet, ehe sie wieder österreichisches Hoheitsgebiet verläßt.

In Raabs bin ich zu früh dran gewesen, um mir das Märchenmuseum im selbst schon märchenhaften Schloß anzusehen (nur die Wildschweine im Gehege sind höchst lebendig gewesen). In Großau hat mich die moderne Südmährerkapelle schmerzhaft an die Vertreibung von 1945 erinnert. In Weikertschlag der Durchblick auf den tief unten liegenden Kirchturm von den romanischen Resten der alten Habsburger-Grenzfeste gegen die Böhmen fasziniert. Auf dem windumfächelten Galgenberg, hart an den tschechischen Wachttürmen, habe ich all den herben Duft einer hochsommerlichen Prachtwiese in mich aufgesogen, ehe ich wieder in die Juliglut der Hohlwege, die Fliegenschwärme der Felder, die Feuchtigkeit der Wälder eintauchte. Hunderte und Aberhunderte – ich übertreibe nicht! – von Parasolen haben mich beinahe zur

Verzweiflung gebracht, weil ich sie zuletzt schon nicht mehr sehen, geschweige denn, mitnehmen konnte.

Und dann, inmitten dieses feuchtschwülen Dschungels verfallender Mühlen, laichbedeckter Fischteiche, wuchernder Brennesseln und Dornenranken steht sie da – die „Kirche". Die Gaberkirche, von der Dr. Franz Eppel u. a. schreibt: „Ein schlechter Feldweg führt abwärts zum Waldrand. Dahinter liegen die vom Wald bereits verwachsenen und teilweise überwucherten Reste einer mittelalterlichen Burganlage mit Wallgraben und einem Rest der äußeren Umfassungsmauer. Diese Feste entstand wahrscheinlich an der Stelle einer noch älteren, vielleicht schon prähistorischen Schanze. Nach ihr benannte sich ein 1327–1405 nachweisbares Geschlecht Gaber. Die Feste war bereits Mitte des 16. Jh.s öde, die Kapelle stand noch längere Zeit. Die Ruine der kleinen Kapelle ist noch heute erhalten: Bruchsteinhaus, Langhaus in zwei Jochen gewölbt (Ansätze der Gewölberippen um 1420), Chor mit $^5/_8$-Schluß, spärliche Reste einst schöner Maßwerkfenster. Infolge seiner Lage mitten im Walde und der prismatischen, äußerlich turmartig gestreckten Form ein bemerkenswerter, heute echt romantischer Baurest . . ."

Wieder Schweiß, Durst und Fliegen, ehe ich die eindrucksvolle Kulisse Drosendorfs schauen darf, diesen Schiffsbug, der da kühn in die Thayaschlinge hineinsticht, ein Panzer mit Wällen, Mauern und Stadttoren. Und dennoch – die Gaberkirche, sie hat mich fast noch mehr beeindruckt!

1. Das Zielgebiet

a) Landschaftliches: Hochland zwischen Mährischer Thaya, Thaya und böhmischer Grenze, im Kollmitzberg mit genau 600 m Höhe gipfelnd. Waldflächen auf die oft steilen Flußtäler und ihre Seitengräben konzentriert, teilweise malerische Blockgebilde und kühne Felswände an den Gewässern. Hochfläche Acker- und Weideland. Größere Ortschaften an den Flüssen und ihren Übergängen, kleinere Siedlungen auch im freien Hochland. Zahlreiche ehemalige Mühlen an der Thaya, heute meist Sommerwohnungen. Sonst kaum Einzelgehöfte.

b) Historisches:

Raabs an der Thaya: Stadt mit 4194 Einwohnern, am Zusammenfluß von Deutscher und Mährischer Thaya gelegen. Schnittpunkt eines alten Fernwegs von Süden nach Böhmen und Mähren, der sich hier gabelte. Raabs von steil ins Flußtal abfallendem Gneisfelsen überragt, der die geschichtsbestimmende Burg trägt. Besiedlung schon in jüngerer Altsteinzeit und in Jungsteinzeit nachweisbar (Donauländische Kultur), sowie in der La Tène-Periode. Name stammt vermutlich von einem Germanen Râtgôz. Ort Raabs (Raacz) Ende des 12. Jh.s erstmals genannt. 1230 Markt-, 1926 Stadterhebung. Planmäßige kleine Burgstadtgründung mit Dreieckplatz als Brückenstadt.

Sehenswürdigkeiten: Himmelfahrtskirche in Oberndorf. Ursprünglich spätromanische Pfeilerbasilika aus dem 13. Jh. Umbau zu dreischiffiger Staffelkirche mit Kreuzrippengewölbe im 15. Jh. Maßwerksteine, skulptierte Schlußsteine. Gotisches Ritterfresko. Südliches Seitenschiffportal aus dem 13. Jh., nördliches Seitenschiff frühgotisches Eselsrückenportal. Spätgotische Madonna. Wappengrabsteine reichen bis ins 15. Jh. zurück.

Spitalskirche heute als Aufbahrungshalle. Netzrippengewölbe 1511. Prangerreste mit Ritterfigur aus der zweiten Hälfte des 16. Jh.s.

Schloß im 11. Jh. von den Babenbergern als wichtiger Militärstützpunkt erbaut. Heutige Formen aus der Zeit der Puchheim, meist aus dem 16. Jh. Ältester Teil mit Rundturm im Westen. Eindrucksvolle Anlage von allen Seiten. Rittersaal mit Freskenresten aus dem 16. Jh. Heute Märchenmuseum und Ausstellungen in der Burg.

Kollmitzgraben: Dorf mit 80 Einwohnern der Gemeinde Ludweis-Aigen. Burgruine Kollmitzgraben eine der ausgedehntesten Anlagen Österreichs, auf drei Seiten zur Thaya abfallend, schmalste Stelle durch rund 160 m lange „Böhmische Mauer“ mit drei quadratischen Türmen geschützt. Durch den Fels gebrochener Torgraben, halbkreisförmiger Torturm mit krabbenbesetztem Spitzbogentor. „Kollmitz“ = „Berg“ auf Slawisch. 600 m hoher, heute verwachsener Berg, als Sicht- und Kreitfeuerstation bis ins 17. Jh. nachgewiesen. Rundtürme und Berchfrit aus dem 14. bis 16. Jh. Großartiger Tiefblick auf die fast kreisförmige Thaya. Ruine heute von einem Museumsverein zur Erhaltung und Restaurierung vorgesehen.

Eibenstein: Neolithische Ansiedlung durch Funde erwiesen. Dorf mit 260 Einwohnern, Gemeinde Raabs an der Thaya. Burgruine

1192/94 als „Iwenstein“ erstmals genannt, Glied der Burgenkette am Thayaufer zwischen den Großfesten Raabs und Drosendorf; Bruchsteinmauerwerk mit überragendem Berchfrit, kielartig vorragender Palas. Kapelle mit halbkreisförmiger Apsis. Spätromanisches, später verändertes Rundbogenfenster. Schöner Tiefblick auf den Ort. Küche mit Kaminanlage.

Ägydikirche in Hochlage am linken Thayaufer, spätestens im 13. Jh. als Wehrkirche errichtet. Im Kern romanisch. Friedhof mit mittelalterlicher Rundmauer, romanischer Triumphbogen.

Weikertschlag an der Thaya: Markt mit 470 Einwohnern an der Mährischen Thaya. Bodenfunde aus dem Neolithikum. Nach Wichard von Stronsdorf „Wichardsslage“ genannt. Ehemalige Burg auf Anhöhe westlich der Ortschaft einst wichtige Grenzfeste. Schon 1399 durch Habsburger wegen Unbotmäßigkeit zerstört. Heute nur mehr wuchtiger Mauerklotz des Kapellenturms, romanisches Rundbogenfenster mit instruktivem Einblick in die damalige Bauweise.

Stephanskirche 1220 Pfarre. Dreischiffige spätromanische Pfeilerbasilika, gotisiert und später stark barockisiert. Taufbecken aus einem romanischen Kapitell des 13. Jh.s herausgehauen.

Drosendorf: Mittelpunkt einer altsteinzeitlichen Siedlungslandschaft, Name von einem „Drozzo“. Äußerer Festungsgürtel gegen Böhmen. Als planmäßige Burgstadt um 1180 auf steiler Felskuppe innerhalb einer Thayaschlinge erbaut. Heute Stadt mit 1190 Einwohnern. Gut erhaltener, mächtiger Mauerring aus dem ausgehenden 12. Jh. Eindrucksvolle Hochlage.

Sehenswürdigkeiten: Spätgotische Martinskirche mit vierjochigem, kreuzrippengewölbtem, breitem Langhaus und zwei spätgotischen Toren. Taufbecken 1625, Reliquienschrein.

Schloß 1180 von Albero von Drosendorf gegründet. Umbau nach Brand Ende des 17. Jh.s unter Verwendung gotischer und Renaissancebauteile. Gotische, später barockisierte Kapelle.

Häuser zumeist aus dem 16. Jh. Haus Nr. 78 mit eingemauerter romanischer Madonna mit Kind aus dem 12. Jh. („Götzenmandl“). Prangersäule, spätgotisch (um 1500).

In der Altstadt spätgotische Peter und Paul-Staffelkirche. Verstäbte gotische Sakristeitür. Spätgotisches, über 8 m hohes Sakramentshäuschen mit reichen Fialen, Astwerkgotik um 1515. Ruine Gaberkirche bei Luden, etwa 1 St. Fußweg von Drosendorf entfernt.

c) Bemerkenswert: Naturpark Geras mit Waldbad an der Bahnlinie Wien – Drosendorf (Naturlehrpfad, Wildschweine, Auerochsen). – Strandbad Raabs an der Thaya. Flußbad Drosendorf. Wildbadeplätze an der Mährischen Thaya und der Thaya. Pilzreiche Waldungen.

2. *Wandermöglichkeiten*

Markierte Wegenetze um Raabs, Drosendorf und Weikertschlag. Thayatal-Weitwanderweg vom Nebelstein bis Retz über Kollmitzgraben und Eibenstein. Schöner, unmarkierter Spaziergang von Weikertschlag auf den aussichtsreichen Galgenberg. Fahrstraße unmittelbar entlang des „Eisernen Vorhangs" bei Weikertschlag. Vorsicht!

3. *Zufahrt und Verkehrsverbindungen*

Franz-Josefs-Bahn bis Göpfritz an der Wild, dann Flügelbahn nach Raabs an der Thaya. – Linie Praterstern – Retz – Drosendorf. – Busverbindungen von Raabs nach Drosendorf (über Eibenstein) und Weikertschlag mit spärlichem Fahrplan.

Pkw-Fahrer: Bundesstraße 2 bis Stockerau, dann 4 bis Horn, hernach Bundesstraße 70 bis Drosendorf (ca. 110 km). Nach Unterthürnau mit kürzestem Zugang zur Gaberkirche (ca. 2 km). Nach Eibenstein von Drosendorf (ca. 7 km), nach Raabs weitere 7 km. Weikertschlag über Luden – Schaditz von Drosendorf (ca. 16 km), von Raabs über Großau (ca. 11 km).

4. *Sehenswertes unterwegs*

Burg Kreuzenstein. – Heldenberg bei Kleinwetzdorf. – Maißau (Schloß), Horn (Höbarth-Museum), Pernegg (Kirchenburg). Geras (Stift, Naturpark).

5. *Karten und Führermaterial*

Generalkarte Österreich, 1:200.000, Kartenblatt 1; Bundesamt für Eich- und Vermessungswesen, 1:50.000, Blätter 7 (Groß-Siegharts) und 8 (Geras); Dr. Franz Eppel: „Das Waldviertel"; Dehio-Kunstführer: „Niederösterreich"; Kröner: „Handbuch der historischen Stätten: Österreich", Band 1; Reclams Kunstführer: „Österreich", Band 1; Dr. Franz Barta: „Raabs"; Helmfried Knoll: „Wanderungen rings um Wien", Kapitel 13; Helmfried Knoll: „Vom Nordwald bis zur Puszta", Kapitel 23; Hans Edelmann: „Führer durch Niederösterreich".

50 (G)

SCHIENEN IN DAS NICHTS

Raum Waidhofen an der Thaya – Dobersberg – Fratres

Wolkenverhangen ist der Waldviertler Himmel. Immer wieder schickt er einen kurzen Guß zur Erde, dann blinzelt ein wenig die Sonne durch, zieht bald abermals die Vorhänge zu. Denn das, was sie da sehen muß, mißfällt ihr sehr: Da schnauft doch im Jahr der Entspannung 1974, in diesem Jahr der großen Abrüstungskonferenzen ein Zügle durch den Wald, keucht die Bergstrecke hinan – und kann plötzlich nicht mehr weiter. Nicht etwa, weil ihm die Kohle ausgegangen wäre oder weil die Strecke zu steil ist. I wo – ganz einfach deshalb, weil die Schienen aufhören! Abrupt enden sie an einer Holzhütte mit der Aufschrift „Fratres“ („Brüder“!). Weil sich hinter dieser Holzhütte, durch den Bahndamm, eine Straße gefressen hat und die Brücke darüber abgetragen ist!

Ganze drei Leute steigen aus (ich darunter), schauen verwundert, knipsen ein Foto dieser höchst merkwürdigen und unfreiwilligen Endstation fern jeglicher menschlichen Siedlung. Ein schriller Pfiff – einsteigen! Und nun kommt's erst: Diese Endstation Fratres hat nicht einmal ein Verschubgeleise. Im Rückwärtsgang, im Schub muß die pfauchende Lok die beiden Waggons über die windungsreiche, abfallende Strecke zurückbugsieren: über Gilgenberg hinaus bis nach Waldkirchen an der Thaya! Fünf lange Kilometer – ein Meisterstück des Lokführers. Dann allerdings darf er sich zwei volle Stunden erholen, ehe er sein Zügle – nun wieder verschoben und ziehend – nach Schwarzenau zurückführen muß. Wäre man ein Vogel oder ein Segelflieger, man könnte jenseits des „Eisernen Vorhangs“, in Zlabings oder Slavonice, ähnliches sehen: den toten Bahndamm bis zur Grenze, die Kopfstation, die einst ein wichtiger Bahnhof an der Strecke Schwarzenau – Iglau gewesen ist. Aber überlassen wir diese Betrachtungen lieber den Vögeln: denn auch friedliche Segelflieger werden gern abgeknallt. Geschichte, erlebt 1974 . . .

1. Das Zielgebiet

a) Landschaftliches: Einzugsgebiet der Deutschen Thaya, eines der beiden großen Quellflüsse der Thaya. Waldviertler Hochland mit relativ vielen freien Äckern und Wiesen. Höchste Erhebung der waldbedeckte Predigtstuhl (718 m) zwischen Waidhofen an der Thaya und Groß-Siegharts. Zahlreiche kleine Zuflüsse zur Thaya. Fisch- und Badeteiche vornehmlich um Waidhofen und Windigsteig.

b) Historisches:

W a i d h o f e n a n d e r T h a y a : Auf einem steil zur Thaya abfallenden Felsplateau gelegene Stadt, Bezirksvorort mit 5111 Einwohnern. Dorf Alt-Waidhofen bereits in der ersten Hälfte des 12. Jh.s entstanden Burgsiedlung des heutigen Stadtkerns aus der zweiten Hälfte des 12. Jh.s. 1230 Stadtrecht. Ummauerung durch Burg, Stadttore, Kirche und Pfarrhof. Bereits im 15. Jh. Fischzucht im Jägerteich. 1850 Bezirkshauptmannschaft.

Sehenswürdigkeiten: Dreiecksplatz mit Stadtburg in Tieflage an der Ostspitze. Teilweise erhaltener Mauerring. Türme in die Häuser 8 und 24 eingebaut.

Himmelfahrtskirche (barock) zwischen ehemaligen Stadttoren am westlichen Rand. Reicher Freskenschmuck. Auf Seitenaltar Muttergottesstatue um 1440. Taufbecken Ende des 15. Jh.s. Wappengrabsteine aus dem 14. bis 18. Jh.

Bürgerspitalskirche mit gotischem Chor und Maßwerkfenstern. Holzrelief der Muttergottes mit 13 Nothelfern um 1510.

Schloß mit reicher Gemäldesammlung, 1770 anstelle älterer Anlage errichtet. Radschloß- und Steinschloßgewehrsammlungen.

Freistehendes Rathaus in der Mitte des Dreieckplatzes. Im Kern Renaissancebau aus dem 16. Jh. mit Ortsteineinfassung und Stufengiebel.

Pfarrhof mit Torturm und Wehrmauer aus dem 15. und 16. Jh. Malerische Häuser, besonders am Dreiecksplatz.

Windigsteig: Das alte „Windistey“, gegen die Winden zu gelegene Tij (Thaya!), Markt mit 1425 Einwohnern. Pfarre seit 1330. Lorenzikirche ursprünglich gotisch, 1437 geweiht. An einem Seitenaltar Muttergottesfigur um 1510. Gruppe „Erziehung Mariä“ Ende des 15. Jh.s. Wappengrabsteine aus dem 16. Jh. Gnadenbild aus ehemaliger Wallfahrtskirche Maria Rafings am Hochaltar.

Rafingsberg: Kirchenruine der 1325 urkundlich genannten Wallfahrtskirche. Gotischer Bau mit zwei Westtürmen. Chorschlußmauer mit 5 Spitzbogenfenstern und Rippenansätzen.

Meires: Ort mit 250 Einwohnern, zur Gemeinde Windigsteig gehörig. Ehemaliges Wasserschloß aus dem 16. Jh., urkundlich schon 1305. Rundtürme an drei Ecken. Laubengang mit Korbbogenarkaden.

Vestenötting: Malerisch an Steilhang gelehnter Ort mit 90 Einwohnern (Gemeinde Waidhofen an der Thaya). Kleines, einstöckiges Schloß mit 14 Fensterachsen zum Hof. Alter Kern, Turm aus dem 18. Jh.

Thaya: Markt mit 1755 Einwohnern, altes Breitangerdorf „Tiahe“. 1175 einer der Hauptorte der Grafschaft Raabs. Peter und Paul-Kirche ursprünglich romanisch. Wehrcharakter. Heutige Gestalt von 1435.

Spital mit hölzernem Schmerzensmann aus dem 15. Jh. Pranger mit Ritterstatue aus der ersten Hälfte des 17. Jh.s, Brunnen aus der zweiten Hälfte des 16. Jh.s. Nischenbildstock, bezeichnet 1408.

Dobersberg: Aufblühender Marktflecken mit 1935 Einwohnern. Schon 1188 als „Tobraischirch“ Kirchort des Rodungsgebiets an der Thaya. Straßenplatz im Verhältnis 1 : 11.

Schloß von den Puchheimern um 1570 erbaut; heute Gemeindeamt und Wohnhaus. Wesentlicher Umbau 1805. Vier Flügel um Rechteckhof, drei Rundtürme mit Kegeldach, ein weiterer Turm in der Mitte der Westfront.

Lambertkirche Pfarre 1254. Gotischer Kreuzrippenchor. Spätgotisches Sakramentshäuschen um 1500.

Waldkirchen an der Thaya: Markt mit 1080 Einwohnern. Längsangerdorf mit Gartenacker. Martinskirche Pfarre 1282. Gotischer Chor mit geradem Schluß und zwei Strebepfeilern. Kanzel und Chorstühle aus dem ausgehenden 17. Jh. Muttergottesstatue vom Anfang des 16. Jh.s.

c) Bemerkenswert: In Waidhofen an der Thaya Alligatorenzucht im Gasthaus Gramanitsch (Orient-Bar). Badegelegenheiten in der Deutschen Thaya und verschiedenen Teichen. Heimatmuseum in

Waidhofen an der Thaya mit heimatkundlichen Sammlungen, Volkskunde, Münzen, Waffen und naturkundlichen Sammlungen. Gregorius-Handschrift von Hartmann von Aue um 1300, Stadtbuch seit 1383.

Unterbrochene Bahnlinie in Fratres mit Rückschub bis Waldkirchen.

2. *Zufahrt und Verkehrsverbindungen*

Franz-Josefs-Bahn von Wien über Eggenburg – Sigmundsherberg – Schwarzenau. Von dort Flügelbahn über Waidhofen bis Fratres.

Direkte Postautolinie Wien – Waidhofen an der Thaya – Litschau. Postautobus Waidhofen – Kautzen – Dobersberg.

Pkw-Fahrer: Bundesstraße 4 von Wien über Stockerau – Horn bis hinter Göpfritz, dann Bundesstraße 5 bis Waidhofen an der Thaya (ca. 120 km). Landesstraßen nach Windigsteig (südlich, ca. 8 km) und Thaya (5 km), Dobersberg (8 km), Waldkirchen (7 km), Fratres (6 km) nördlich.

3. *Wandermöglichkeiten*

Bezeichnetes Wanderwegnetz um Waidhofen bis Vestenötting und zum Predigtstuhl, sowie im Bereich Dobersberg. Vorsicht im Grenzgebiet von Fratres!

4. *Sehenswertes unterwegs*

Burg Kreuzenstein, Heldenberg bei Kleinwetzdorf, Maißau (Schloß), Horn (Höbarth-Museum), Schwarzenau (Schloß).

5. *Karten und Führermaterial*

Generalkarte Österreich, 1:200.000, Kartenblatt 1; Bundesamt für Eich- und Vermessungswesen, 1:50.000, Blätter 6 (Waidhofen an der Thaya) und 7 (Groß-Siegharts); Dr. Franz Eppel: „Das Waldviertel"; Dehio-Kunstführer: „Niederösterreich"; Reclams Kunstführer: „Österreich", Band I; Kröner: „Handbuch der historischen Stätten: Österreich", Band I; Dr. Robert Dix: „Raritäten und Kuriositäten in Niederösterreich".

STICHWORTVERZEICHNIS

Anmerkung: Aus Gründen der Übersichtlichkeit wurden nur die Ortsnamen aus den Teilen 1 b) „Historisches“ und 4) „Sehenswertes unterwegs“ – sofern nicht unter 1 b) beschrieben – in dieses Stichwortverzeichnis aufgenommen.

Abstetten 146
Aggsbach-Dorf 193
Aggsbach-Markt 197
Aggstein (Ruine) 192 f.
Albrechtsberg an der Großen Krems 218 f.
Albrechtsberg an der Pielach 166
Alland 131
Altenburg (Stift) 234
Altenmarkt an der Triesting 136
Althöflein 44
Altlengbach 147
Alt-Lichtenwarth 44
Amstetten 182
Anzendorf-Schollach 170
Araburg 137
Ardagger-Markt 185
Ardagger-Stift 185
Arelape 188
Arnstein 132
Artstetten 189
Asparn an der Zaya 135
Aspern 57
Außerkasten 153

Bad Deutsch-Altenburg 62 f.
Baden 108 f.
Bad Fischau 113
Bad Vöslau 108
Bisamberg (Ort) 21
Bockfließ 40
Böheimkirchen 152
Breitenbrunn 84
Bromberg 101
Bruck an der Leitha 78
Bruckneudorf 79
Brunn am Gebirge 118
Buchberg am Kamp 223

Carnuntum 64 f.
Chorherrn 141

Deutsch-Altenburg, Bad 62 f.
Deutsch-Wagram 47
Dobersberg 254
Donarstein 185

Donnerskirchen 83
Drasenhofen 30
Drösing 53
Drosendorf 250
Dürnkrut 52
Dürnstein 202
Dunkelsteiner Wald 165

Ebenfurth 95
Ebreichsdorf 95
Edelstal 69
Eggenburg 246
Eibenstein 249 f.
Eichmeierhöhle 217
Einhornhöhle 114
Einödhöhle 109
Eisenstadt 88 f.
Eisensteingrotte 113
Els 218
Emmerberg 113
Emmersdorf an der Donau 189
Engabrunn 195
Ernstbrunn 26

Falkenstein 31
Felleismühle 185 f.
Fels am Wagram 226
Fischamend 66, 71
Fischau, Bad 113
Föhrenhain 36
Föllik 89 f.
Förthof 202
Frankenfels 156
Fratres 255
Frauenkirchen 74

Gaaden 131
Gaberkirche 248
Gänserndorf 54
Gansbach 194
Gars am Kamp 222 f.
Geras 251
Gerolding 165
Getzersdorf 160
Gneixendorf 214
Gobelsburg 225
Göllersdorf 240
Göttlesbrunn 80
Göttweig 205
„Goldburg“ 146
Gols 74
Gossam 197
Gottsdorf 175
Grafenberg 246
Grafenegg 226
Graselhöhlen 234
Greifenstein 143
Grinzing 18
Großau 247
Großengersdorf am Rußbach 40
Großenzersdorf 58
Großheinrichschlag 218
Großhöflein 89
Großkrut 44
Großweichselbach 170
Großweikersdorf 230
Grünbach am Schneeberg 114
Gudenushöhle 218
Gumpoldskirchen 109
Guntersdorf 246
Gurhof 194
Gutenstein 163

Hadersdorf am Kamp 225 f.
Hafnerbach 165
Haidhof 77, 79
Hainburg 63 f.
Halbturn 74
Hartenstein 218

Haunoldstein 165
Hauskirchen 44
Heidnische Opferstätte 246
Heiligenkreuz 130f.
Heiligenkreuz-
Gutenbrunn 161
Heiligenstadt 18
Heiligenstein 224
Heldenberg 229
Herzogenburg 160f.
Hirschstetten 59
Hochwolkersdorf 101
Hofamt 198
Hohenau 54
Hohenegg 165
Hollabrunn 238
Hollenburg 159
Hollenthon 101
Holzern 176
Horn 233
Hornstein 89
Hundsheim 64

Imbach 213

Jedenspeigen 52
Jois 84

Kahlenberg 15
Kahlenbergerdorf 15
Kaisersteinbruch 79
Kamegg 222
Karnabrunn 27
Kasten 153
Kaumberg 136f.
Kirchberg am Wagram 226
Kirchberg an der
Pielach 155
Kirchstetten 153
Kirchstetten-Neudorf 32
Kirchschlag 101
Kittsee 69
Kleinengersdorf 22
Kleinhöflein 89
Kleinmariazell 136
Kleinpöchlarn 189
Klein-Schweinbarth 30
Kleinwetzdorf 229
Klement 27
Klosterneuburg 16ff.
Königsbrunn (Bruck/L.) 77
Königsbrunn (Weinviertel) 22
Königshöhle (Baden) 108
Königstetten 141f.
Kollmitzberg 185
Kollmitzgraben 249
Korneuburg 21
Kottes 219
Krems an der Donau 212f.
Kreuzenstein 22
Kronberg 41

Laa an der Thaya 31f.
Lange Brücke 123
Langenlois 224f.
Langenzersdorf 23
Lanzendorf 152
Lanzing 165
Laxenburg 85, 97
Leesdorf 108
Leithaprodersdorf 87f.
Leopoldsberg 15
Lichtenegg 101
Lichtenwörth 96
Liechtenstein (Burg) 118f.
Limberg 228
Loosdorf 166
Loretto 88
Luden 250
Ludweis-Aigen 249

Maiersdorf 113
Mailberg 239

Maißau 228 f.
Malleitenberg 112
Marbach 189
Marchegg 54
Margarethen am Moos 71, 76
Maria Anzbach 153
Maria Dreieichen 234
Maria Ellend 66
Maria Enzersdorf am Geb. 118
Maria Hafnerberg 132
Mariahilfberg 123
Maria Kleindreieichen 240
Maria Laach 197
Maria Langegg 194
Maria Schnee 101
Maria Taferl 189
Markersdorf bei Neulengbach 147
Markgrafneusiedl 48
Matzen 54
Matzleinsdorf 170
Mauerbach 148
Mauer bei Melk 165
Mautern an der Donau 201 f.
Mayerling 131
Meires 254
Melk 164 f.
Michelstetten 26
Miesenbach 124
Mistelbach an der Zaya 35
Mödling 119
Mödring 233
Mönchhof 74
Müllendorf 89
Muggendorf 124
Murstetten 146
Muthmannsdorf 113

Neuhaus 138
Neuhofen an der Ybbs 181
Neulengbach 148
Neunkirchen 104 f.
Neusiedl am See 76
Neustadtl an der Donau 185 f.
Niederleis 26
Nitzing 141
Nixhöhle 156
Nöstach 131
Nußdorf an der Traisen 160
Nußdorf bei Wien 15

Oberberg (Eisenstadt) 88
Oberdürnbach 228
Obergrafendorf 157
Oberlaa 90
Oberleis 25
Oberloiben 202
Oberndorf 249
Oberpiesting 112
Obersiebenbrunn 48
Ödes Kloster 79
Oggau 84
Orth an der Donau 58
Ossern 160
Osterburg 165
Ottenthal 31

Pama 69
Parbasdorf 47
Parndorf 78
Perchtoldsdorf 117 f.
Perersdorf 152
Pernegg 232
Persenbeug 175
Pertholdstein 159
Petronell 64 f.
Petzenkirchen 176
Pfaffenberg 63
Pfaffstätten 109
Pielach (Ort) 165
Pillichsdorf 40
Pitten 99

Plank am Kamp 224
Plankenberg 146
Pöchlarn 188
Pottenbrunn 151
Pottenburg 71
Pottendorf 95
Pottenstein 138
Poysdorf 33
Prellenkirchen 69
Probstdorf 58
Prossetschlucht 113 f.
Prottes 54
Pulkau 243 f.
Purbach am Neusiedler See 83 f.
Purk 219

Raabs an der Thaya 249
Rabenstein an der Pielach 155
Rafingsberg 254
Raipoltenbach 147
Rappoltenkirchen 147
Rauchbuchberg 146
Rauheneck (Ruine) 108
Rauhenstein (Ruine) 108
Ravelsbach 229
Rehberg 213
Retz 244 f.
Ried am Riederberg 146
Rodaun 117
Römerbrücke (Dunkelsteiner Wald) 165
Rohrau an der Leitha 70
Rosenburg 234
Rossatz 203
Rothmühle (Schloß) 71

Sachsengang 58
Säusenstein 176
St. Andrä bei Herzogenburg 161
St. Andrä vor dem Hagentale 142
St. Christophen 148
St. Egyden am Steinfeld 105
St. Georgen am Leithagebirge 89
St. Georgen an der Donau 161
St. Johann (Waldviertel) 218
St. Leonhard am Forst 169
St. Lorenzen 203
St. Michael in der Wachau 207
St. Pankrazi 132
St. Pölten 150 f.
Sarling 175 f.
Schallaburg 170 f.
„Schanze“ (Kamp) 223
Scheiblingkirchen 100
Scheuchenstein 124
Schimmelsprung (Ruine) 223
Schlatten 101
Schönabrunn 70
Schönberg am Kamp 224
Schönborn 240
Schöngrabern 238
Schrattental 243
Schwadorf 80
Schwallenbach 208
Schwarzenau 255
Schwechat 66
Seebenstein 99
Seegrotte 120
Senftenberg 213
Sieghartskirchen 146
Sittendorf 126
Sitzenthal 166
Slavonice 253
Sollenau 94
Sparbach 126
Spitz an der Donau 207
Staatz 32
Stammersdorf 33
Starhemberg (Ruine) 112
Stein 212 f.
Steinerner Saal 219

Stickelberg 101
Stiefern am Kamp 224
Stillfried 52
Stockerau 230
Stollhofen 160
Straß im Straßertale 226
Straßhof 42
Stützenhofen 30

Tausendeimerberg 207
Teufelsrast 217
Thallern 109
Thaya (Ort) 254
Thernberg 100
Thunau 223
Toberstetten 181
Traiskirchen 109
Traismauer 159f.
Traunfeld 41
Trautmannsdorf
an der Leitha 80
„Türkensturz" 100
Tulbing 141
Tulln 140f.

Ulmerfeld-
Hausmening 181
Ulrichskirchen 41
Umbach 165
Unterberg 89
Unterloiben 202
Unternalb 244
Unterwaltersdorf 87
Urschendorf 105

Vestenötting 254
Vöslau, Bad 108

Waidendorf 52
Waidhofen an der Thaya 253
Waidmannsfeld 124
Waldegg 112
Waldkirchen an der Thaya 254
Wasserburg 152
Weiden am See 73
Weigelsdorf 95
Weikersdorf am Steinfelde 105
Weikertschlag an der Thaya 250
Weinzierl 218
Weißenkirchen in der Wachau 203
Weißenburg (Ruine) 155
Weitenegg 190
Wiener Neustadt 93f.
Wieselburg an der Erlauf 177
Wiesmath 101
Wildegg 126
Wilfersdorf 33
Winden am See 84
Windigsteig 254
Winklarn 181
Winzendorf 105
Wöllersdorf 113
Wolfsberg 152
Wolfstein 183
Wördern 142
Wolkersdorf 40f.
Wotansfelsen 217
Wullersdorf 239

Ybbs an der Donau 174f.

Zeiselmauer 142
Zelking 170
Zellerndorf 244
Ziersdorf 229
Zillingdorfer Kohlenrevier 90
Zistersdorf 45
Zlabings 253
Zöbing am Kamp 224

Helmfried Knolls Wanderbücher

Wanderungen rings um Wien
Vom Nordwald bis zur Puszta

im Urteil der Presse:

Autofahrer und Wanderer werden erstaunt sein, welch großer Behelf dieses Wanderbuch für sie ist, wieviel Landschaft ihnen mit aktuellster Sachkenntnis in jeder Hinsicht offensteht.
53 Wanderwege in Niederösterreich und im Burgenland, aber auch in Wien und nicht nur „rings um Wien" werden beschrieben. Das Buch gibt aktuelle Erklärungen für Autofahrer, Bahnreisende und Wanderer. Selbst der passionierte Autofahrer wird da und dort gerne auf öffentliche Verkehrsmittel umsteigen, oder er wird seine Benzinkutsche stehenlassen, um sich ganz der noch unverfälschten Landschaft hinzugeben.

Wiener Bücherbriefe

Das hier beschriebene Wandergebiet erstreckt sich zwischen Nordwald und Puszta, von den Wäldern und Einöden im Waldviertel bis zur Steppe des Seewinkels, vom Brandstetterkogel bis zur Dreiländerecke im südlichen Burgenland. Die Wandervorschläge sind eine überlegte und wohldosierte Auswahl von geruhsamen Spazier- und Wanderwegen bis zu Wanderrouten in die Gebirgsregion von Niederösterreich.

Alpinismus, München

Eine ganz ausgezeichnete Sache, dieser neue „Knoll"! Ausgezeichnet deshalb, weil wirklich alles zusammenpaßt: Auswahl der Routen, Art und Umfang der Beschreibung, Handlichkeit des Bändchens. Wanderführer für Niederösterreich gab's ja schon bisher eine ganze Menge; Knoll scheint mir derzeit ein Optimum zu bieten.

Niederösterreichische Nachrichten

Die 53 Wanderungen erfordern keine alpinistischen Kenntnisse, nur Gehtüchtigkeit und Freude an der Natur. Die Beschreibung des Wegverlaufes geht bis in die Einzelheiten; die Wegskizzen machen ein Verlaufen unmöglich. Die Hinweise erstrecken sich sogar auf die Möglichkeit, Schwammerln oder Erdbeeren zu finden. *Erwachsenenbildung in Österreich*

Das Buch ist so fesselnd geschrieben, daß man es nicht nur für die Vorbereitung eines Ausfluges zur Hand nimmt. Es gibt durch die genauen Beschreibungen der Routen, Angaben über den Wegverlauf, denen übersichtliche Skizzen beigefügt sind, viele Anregungen, vor allem für Kurzurlaube und für den Ausflug am Sonn- und Feiertag. *Wiener Wochenspiegel*

Helmfried Knoll berichtet in seinem Vorwort, daß es ihm gar nicht leicht gefallen sei, in der ungeheuren Fülle der Möglichkeiten eine Auswahl zu treffen. Sie ist ihm aber ganz trefflich gelungen, und er legt dem Leser ein Buch vor, dessen Bedeutung über einen reinen Wanderführer weit hinausgeht.

Wiener Zeitung

Tyrolia-Wanderbücher

in allen Buchhandlungen

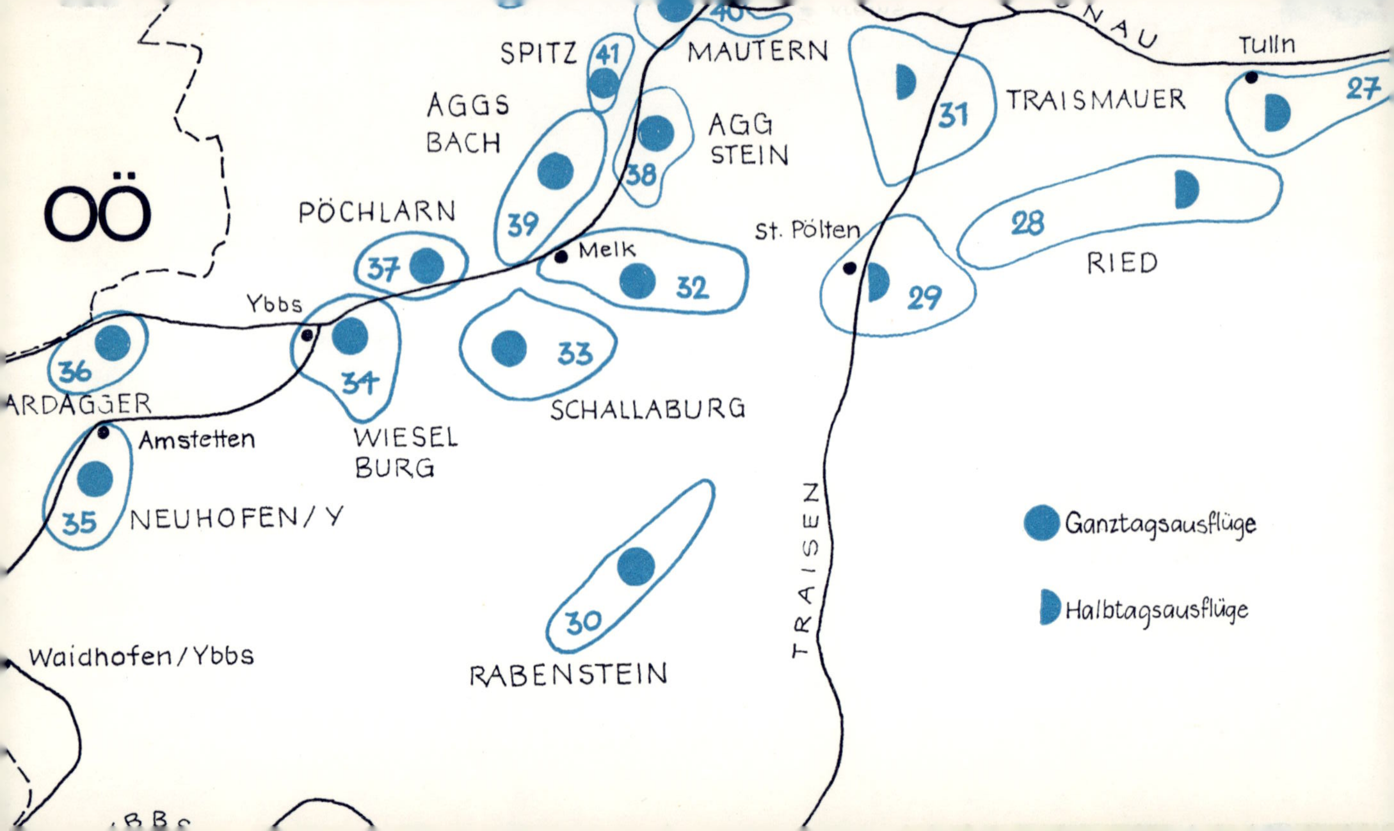

OÖ
SPITZ
MAUTERN
AGGS
BACH
AGG
STEIN
TRAISMAUER
Tulln
NAU
PÖCHLARN
Melk
St. Pölten
RIED
Ybbs
ARDAGGER
Amstetten
WIESEL
BURG
SCHALLABURG
NEUHOFEN/Y
TRAISEN
RABENSTEIN
Waidhofen/Ybbs
27
28
29
30
31
32
33
34
35
36
37
38
39
40
41
Ganztagsausflüge
Halbtagsausflüge